应用型本科院校"十三五"规划教材/思想政治教育类

Ideological and Moral Cultivation and Legal Basis Learning Guidance Book

思想道德修养与法律基础
学习辅导用书
（第3版）

主　编　杨　楠　王曼青
副主编　刘　欢　屈　宏　李小平

 哈尔滨工业大学出版社
HARBIN INSTITUTE OF TECHNOLOGY PRESS

内 容 简 介

当前,随着科学技术的进步和社会多元化的发展,大学的学习生活和社会需求之间的矛盾给大学生带来许多困扰。本书从大学新环境的适应入手,从思想道德和法律两个方面,对大学生如何培养良好的思想意识进行分析,以理性思维帮助新生了解大学,端正态度,顺利开始大学学习生活。

本书是为哈尔滨剑桥学院一年级学生编写的辅导教材。

图书在版编目(CIP)数据

思想道德修养与法律基础学习辅导用书/杨楠,王曼青主编.—3版.—哈尔滨:哈尔滨工业大学出版社,2017.6(2018.8重印)
应用型本科院校"十三五"规划教材
ISBN 978-7-5603-6710-1

Ⅰ.①思…　Ⅱ.①杨…　②王…　Ⅲ.①思想修养—高等学校—教学参考资料　②法律—中国—高等学校—教学参考资料
Ⅳ.①G641.6　②D920.4

中国版本图书馆 CIP 数据核字(2017)第 125582 号

策划编辑　杜　燕　赵文斌
责任编辑　苗金英
封面设计　高永利
出版发行　哈尔滨工业大学出版社
社　　址　哈尔滨市南岗区复华四道街10号　邮编150006
传　　真　0451-86414749
网　　址　http://hitpress.hit.edu.cn
印　　刷　哈尔滨市工大节能印刷厂
开　　本　787mm×960mm　1/16　印张 13.5　字数 288 千字
版　　次　2014年8月第1版　2017年6月第3版
　　　　　2018年8月第2次印刷
书　　号　ISBN 978-7-5603-6710-1
定　　价　28.00元

(如因印装质量问题影响阅读,我社负责调换)

《应用型本科院校"十三五"规划教材》编委会

主　任　修朋月　竺培国

副主任　张金学　吕其诚　线恒录　李敬来　王玉文

委　员　（按姓氏笔画排序）

丁福庆　于长福　马志民　王庄严　王建华

王德章　刘金祺　刘宝华　刘通学　刘福荣

关晓冬　李云波　杨玉顺　吴知丰　张幸刚

陈江波　林　艳　林文华　周方圆　姜思政

庹　莉　韩毓洁　蔡柏岩　臧玉英　霍　琳

序

哈尔滨工业大学出版社策划的《应用型本科院校"十三五"规划教材》即将付梓,诚可贺也。

该系列教材卷帙浩繁,凡百余种,涉及众多学科门类,定位准确,内容新颖,体系完整,实用性强,突出实践能力培养。不仅便于教师教学和学生学习,而且满足就业市场对应用型人才的迫切需求。

应用型本科院校的人才培养目标是面对现代社会生产、建设、管理、服务等一线岗位,培养能直接从事实际工作、解决具体问题、维持工作有效运行的高等应用型人才。应用型本科与研究型本科和高职高专院校在人才培养上有着明显的区别,其培养的人才特征是:①就业导向与社会需求高度吻合;②扎实的理论基础和过硬的实践能力紧密结合;③具备良好的人文素质和科学技术素质;④富于面对职业应用的创新精神。因此,应用型本科院校只有着力培养"进入角色快、业务水平高、动手能力强、综合素质好"的人才,才能在激烈的就业市场竞争中站稳脚跟。

目前国内应用型本科院校所采用的教材往往只是对理论性较强的本科院校教材的简单删减,针对性、应用性不够突出,因材施教的目的难以达到。因此亟须既有一定的理论深度又注重实践能力培养的系列教材,以满足应用型本科院校教学目标、培养方向和办学特色的需要。

哈尔滨工业大学出版社出版的《应用型本科院校"十三五"规划教材》,在选题设计思路上认真贯彻教育部关于培养适应地方、区域经济和社会发展需要的"本科应用型高级专门人才"精神,根据前黑龙江省委书记吉炳轩同志提出的关于加强应用型本科院校建设的意见,在应用型本科试点院校成功经验总结的基础上,特邀请黑龙江省9所知名的应用型本科院校的专家、学者联合编写。

本系列教材突出与办学定位、教学目标的一致性和适应性,既严格遵照学科体系的知识构成和教材编写的一般规律，又针对应用型本科人才培养目标及与之相适应的教学特点，精心设计写作体例，科学安排知识内容，围绕应用讲授理论，做到"基础知识够用、实践技能实用、专业理论管用"。同时注意适当融入新理论、新技术、新工艺、新成果，并且制作了与本书配套的PPT多媒体教学课件，形成立体化教材，供教师参考使用。

《应用型本科院校"十三五"规划教材》的编辑出版，是适应"科教兴国"战略对复合型、应用型人才的需求，是推动相对滞后的应用型本科院校教材建设的一种有益尝试，在应用型创新人才培养方面是一件具有开创意义的工作，为应用型人才的培养提供了及时、可靠、坚实的保证。

希望本系列教材在使用过程中，通过编者、作者和读者的共同努力，厚积薄发、推陈出新、细上加细、精益求精，不断丰富、不断完善、不断创新，力争成为同类教材中的精品。

第 3 版前言

大学是什么？山东大学校长徐显明曾经说过：大学就是一群有经验、有理性、有既定观点的人和一群有热情、有理想、有冲动而缺乏经验的人相互激荡思想与学术的地方。前一种人是老师，后一种人是学生。在这里，他们共同探求未知，探究学术，追求真理，这就是大学的生活方式，也是大学精神一个很重要的内涵。这样的精神来源于洪堡大学。洪堡大学对人类高等教育最大的贡献，不在于它创造了新的人才培养模式，而在于它贡献了当今几乎所有著名大学都共同采用的现代大学制度，即确立了大学的教学和科研两大职能，并把科研看作是大学的生活方式。这就是现代大学精神的一个来源，即把自由地探求未知和养成人们探求未知的习惯作为大学的生活方式。

当你满怀憧憬来到了大学，新的生活对你来说充满一切的未知和可能，你准备如何度过你的大学生活呢？你眼中的大学是什么样子的呢？大学究竟对你来说意味着什么呢？在大学里我们究竟应该怎样学习，学习什么呢？有怎样的思考就会有怎样的行动，让我们一起走进"思想道德修养与法律基础"的课堂，一起来解答这些疑问，一起成长吧！

本书由杨楠、王曼青担任主编，由刘欢、屈宏、李小平担任副主编。编写分工如下：杨楠编写第五章、第六章第一、二、三节；王曼青编写第二章、第六章第四、五、六节；刘欢编写第一章；屈宏编写第三章；李小平编写第四章。

本书参考和借鉴了国内相关学术著作和考试辅导材料，在此向这些著作和辅导材料的作者表示感谢。

由于编者水平有限，书中难免有不足之处，欢迎广大同学、读者批评指正，以待进一步完善。

编　者
2017 年 5 月

目 录

第一章　人生的青春之问 ·· 1

第二章　坚定理想信念 ··· 30

第三章　弘扬中国精神 ··· 63

第四章　践行社会主义核心价值观 ·· 94

第五章　明大德守公德严私德 ··· 132

第六章　尊法学法守法用法 ·· 166

参考文献 ·· 203

第一章
Chapter 1

人生的青春之问

学习目标

大学时代,是大学生形成正确人生观的关键时期。怎样才能不虚度人生?这是萦绕在每一位大学生心头的青春之问。面对信息时代各种思潮的相互激荡,面对纷繁多样的社会现象,面对学业、情感、职业选择等多方面的考量,大学生要学会在科学理论指导下树立正确的人生观,把自己的人生追求同国家发展进步、人民伟大实践紧密结合起来,通过不懈努力实现人生价值。

核心问题解析

第一节　人生观是对人生的总看法

大学生思考和规划自己的人生之路,首先要学会科学看待人生的根本问题,认识个人与社会的辩证关系,掌握人生观的基本理论。

一、人生与人生观

1. 正确认识人的本质

马克思指出,人的本质不是单个人所固有的抽象物,在其现实性上,它是一切社会关系的总和。社会属性是人的本质属性。

人生观的主要内容包括人生目的、人生态度和人生价值。人生观就是人们关于人生目的、人生态度、人生价值等问题的总观点和总看法。

人生目的是指生活在一定历史条件下的人在人生实践中关于自身行为的根本指向和人生追求，是人生观的核心。人生态度是指人们通过生活实践形成的对人生问题的一种稳定的心理倾向和精神状态，是人生观的重要内容。人生价值是指人的生命及其实践活动对于社会和个人所具有的作用和意义。

2. 人生观与世界观

世界观是人们对生活在其中的世界以及人与世界的关系的总体看法和根本观点。世界观决定人生观，有什么样的世界观，就会有什么样的人生观。

二、个人与社会的辩证关系

个人与社会是对立统一的关系，两者相互依存、相互制约、相互促进。个人与社会的关系中，最根本的是个人利益与社会利益的关系。

第二节 正确的人生观

树立正确的人生观、明确人生目的、端正人生态度、认识人生价值，为创造有意义有价值的人生奠定良好的基础。

一、科学高尚的人生追求

大学生只有把自己的人生目的与国家前途、民族命运、人民幸福联系在一起时，才能自觉自愿地把自己的一生奉献于利国利民的事业。

二、积极进取的人生态度

没有积极进取的人生态度，再崇高的人生目标也难以真正实现。走好人生路，需要大学生正确认识、处理生活中各种各样的困难和问题，保持良好的人生态度，人生须认真、人生当务实、人生应乐观、人生要进取。

三、人生价值的评价与实现

1. 正确评价人生价值

坚持能力有大小与贡献须尽力相统一；坚持物质贡献与精神贡献相统一；坚持完善自身与贡献社会相统一。

2. 人生价值的实现条件

实现人生价值要从社会客观条件出发;实现人生价值要从个体自身条件出发;不断增强实现人生价值的能力和本领。

第三节 创造有意义的人生

一、辩证对待人生矛盾

树立正确的幸福观;树立正确的得失观;树立正确的苦乐观;树立正确的生死观;树立正确的荣辱观。

二、反对错误人生观

(1)反对拜金主义、享乐主义、极端个人主义等错误的人生观。

(2)拜金主义、享乐主义、极端个人主义,没有正确把握个人与社会的辩证关系,忽视或否认社会性是人的存在和活动的本质属性,对人的需要的理解极端、狭隘和片面,其出发点和落脚点都是一己私利。大学生应该认清这些错误思想的腐朽观念的实质,追求服务人民、奉献社会的人生实践,才能创造人生美好价值。

三、成就出彩人生

当代大学生要担负起新时代的历史责任,应当与历史同向、与祖国同行、与人民同在,在服务人民、奉献社会的实践中成就有意义的出彩人生。

案例共享

案例1

感动中国人物——徐本禹

"我愿做一滴水/我知道我很微小/当爱的阳光照射到我身上的时候愿意无保留地反射给别人。"

——摘自徐本禹的日记

新旧年交替的前夕,又一次见到了徐本禹。一如半年前的他,记者面前的徐本禹,依然是黑瘦黑瘦的,脚上还是那双蓝帮黑底的运动鞋,身着褪了色的牛仔裤,半旧的暗条纹的夹克衫,只是戴着黑边眼镜的眼中多了几分沧桑和成熟,头上也多了很多的白发。

徐本禹是华中农业大学的在读研究生。这位22岁的小伙子一年前保留研究生学籍2年,志愿到贵州贫困山区义务支教。一年多来,在乌蒙山区腹地的农村小学,他忍受着孤独和寂寞,用爱心精心栽培和呵护贫瘠土地上的花朵,用真诚和行动实践着一名当代大学生的社会责任及一名共产党员的神圣使命。他被评为2004年中央电视台"感动中国"十大人物之一。

一位普普通通的大学生,究竟有什么样的力量感动中国,感动千千万万善良的人们?

"因为别人帮助了我,我一定要帮助别人。"

2003年,徐本禹以372分的高分考取了本校农业经济管理专业的硕士研究生。然而,2003年4月16日,徐本禹却做出了让所有人大吃一惊的决定:放弃攻读研究生的机会,去岩洞小学支教……电话那头,听到这个消息的父亲哭了,父亲用发颤的声音说:"全家尊重你的选择,孩子,你去吧,我们没有意见……"

徐本禹出生于山东聊城的一个贫穷的农村家庭。2004年以前,走进聊城县郑家镇前景屯,村里最矮的土坯房就是徐本禹的家。他的父亲教了一辈子小学,最多的时候每月能拿到270元的工资,最少的时候一个月只有十几元,直到2003年转为正式教师后基本工资才到了800元。这点工资几乎就是全家的收入来源。

让徐本禹记忆深刻的是母亲说起的一件事:小时候,有一次家中没有钱吃饭,是母亲向邻居家借了2元钱才渡过难关。"我娘讲的事让我明白了一个道理:当别人需要帮助的时候,伸出你的手!"

1999年,徐本禹成为华中农业大学的一名学生。那年秋冬之交时,天气很冷,他还只穿着一件单薄的军训服。一位同学的母亲送了他两件衣服,并对他说:"天气冷了,别冻着。在生活方面有什么困难和叔叔阿姨讲。"第一次远离家乡,第一次远离亲人,第一次在外地得到好心人的帮助……或许是这么多的第一次交织在一起,让徐本禹至今不能忘怀,"当时我知道无论说什么都是苍白无力的。我唯一能做的就是把爱心传递下去。别人帮助了我,我一定要帮助别人。"

徐本禹开始向弱者频频伸出援助之手。大一上学期,徐本禹拿到他在大学的第一笔勤工俭学的50元工资后,他把其中的43元捐给了山东费县一个面临辍学的小学生孙珊珊。感恩的闸门打开后就再也没有关闭,第二学期,学校发给徐本禹300元特困生春季补助,徐本禹只给自己留了100元,其余的全部捐给了"保护母亲河"的募捐活动。大学期间,他用奖学金和勤工助学报酬,坚持资助山东聊城、湖北荆州、本班的几位贫困生,其中对湖北荆州许星星的资助目前仍由徐本禹所在学院的经济学党支部"接力"……即使常常身无分文,徐本禹也寻思着"为他人做点什么"。

2001年12月,辅导员陈曙发现徐本禹还在穿着单衣薄裤。按学校规定,徐本禹这个学期可以领到不少于400元的冬季特困补助金,为了防止他又把补助金捐给别人,陈曙和院领导商量,不得不将徐本禹的补助金转为棉衣和棉鞋。

徐本禹的"还"并不只是还给了曾给予他帮助的人,他将爱心和恩情无限复制,放大,扩散以至无穷,达到了一种无比深沉的博爱境界。正是这种博爱,让他与贵州两所小学的传奇有了可能。

"有的人一辈子收获不了一滴眼泪,可这个暑假,我几乎每天都被感动包围。"

徐本禹第一次知道狗吊岩是在2001年,当时他读大三,很偶然地在《中国少年报》上读到了一篇题为《当阳光洒进山洞里……》的文章:"阳光洒进山洞,清脆的读书声响起,穿越杂乱的岩石,回荡在贵州大方县猫场镇这个名叫狗吊岩的地方。这里至今水电不通,全村只有一条泥泞的小道通往18千米外的镇子,1997年,这里有了自己的小学——建在山上的岩洞里,五个年级146名学生,三个老师……"读着读着,徐本禹哭了。

大一就被别人的帮助温暖着的徐本禹,曾立志帮助和自己一样贫困的孩子,以此回报别人的关心。他用自己勤工俭学挣来的微薄工资和奖学金,在大学4年里悄悄资助着5个比自己更困难的孩子!读完《中国少年报》上的文章,他决定要用自己的方式帮帮这些山洞里的孩子。徐本禹在学校里就开始为岩洞小学募捐,号召大家和他一起利用暑假时间到贵州支教,"给孩子们带去一些希望"。

在华中农业大学团委和他所在的经贸学院支持下,2002年暑假,徐本禹带着募集来的三大箱子衣服、一口袋书和500元钱,和几个同学坐上了开往贵州的火车。

"有的人一辈子收获不了一滴眼泪,可这个暑假,我几乎每天都被感动包围,收获着泪水。"这是徐本禹回来后写在日记本上的话,每一次翻开它,狗吊岩的孩子们拿着自制的小红旗簇拥在自己身旁,硬把几个煮熟的鸡蛋塞进他背包的场景,就浮现在眼前,孩子们擦着泪眼,不停地问:"徐老师,你还会回来吗?"

2003年,徐本禹本科毕业了,他觉得这是兑现承诺的时候了,不管多大的代价,答应孩子们了,就一定要做到!

当徐本禹决定放弃学籍去支教的事在华中农业大学传开后,很多人为之感动并主动追随。学校破天荒做出决定,为他保留两年研究生学籍。

"希望自己像根火柴,点燃千千万万人的爱心。"

大方县位于贵州省西北部的乌蒙山区,全县人口90万,除汉族外,还有彝、苗、白、仡佬、蒙古、布依、满等少数民族。猫场镇位于大方县西部,距县城51千米,路况很差。全镇总人口3.2万多,其中苗、彝等少数民族占2/3。狗吊岩村位于猫场镇西端,属于喀斯特地貌,没有成片的耕地。全村供电无法保证。

徐本禹回到了狗吊岩村,向村主任报到,与他一起报到的还有7名志愿者。来到这里以后,那7位同学都说,这里生活条件比他们想象中的要艰苦。这里是一个信息封闭的孤岛,不通公路、不通电话,物质文化生活极度匮乏,晚上只能点油灯照明,寄一封信也要在周末跑上18千米崎岖的山路……晚上,满身乱爬的跳蚤几乎让他们无法入睡,浑身被咬得都是包。在这里,他们吃的是玉米面、土豆和酸汤,村主任怕这些大学生吃不消,就特地买了100多千克米。志愿者后来享受的是土豆、茄子、西红柿汤和火腿肠做成的饭菜,这已经是最高级的待遇了。但是，他们最后还是由于水土不服病倒了，其中有两个人病得很厉害。

一个又一个志愿者离开了。8月1日这天，最后一个同来的志愿者也坐上了返回武汉的长途车，车窗内外，去送行的徐本禹同他无语对视。"如果感觉真的坚持不下去，就回学校吧，要不，你在这里自己开火做饭也行，你这样也坚持不下去的。"同学的一番话让他对自己有些担心。

后来，徐本禹和村主任一家吃住在一起。原来徐本禹是不吃辣椒的，可是来到这里以后，每天都要吃辣椒，让他不太适应。而且这里的卫生条件很差，苍蝇到处乱飞，在吃饭的时候经常发现苍蝇在里面。"当地情况就是这样，刚开始很恶心。我对自己说，就当没看见罢了。饿的时候，一顿可以吃三碗玉米饭。只有吃饱了，身体才有保障，才能在这里支教下去。"

徐本禹住在一间10多平方米的房子里，房间里很少见到阳光，这个小空间成了他学习的乐园——一张比较大的桌子上摆满了书籍，地上摆放着生活用品和好心人捐的物品，原本狭小的房间变得更加狭小。

徐本禹在这里一周要上6天课，每天上课时间达8个小时。他自己负责五年级1个班，除了教语文、数学外，还要教英语、体育、音乐等。由于信息闭塞，学生不了解外面的任何东西。学生写一篇200多字的文章有20多个错别字是很正常的现象。"刚开始上课的时候，我问全班40名学生中有多少人听说过雷锋的名字，结果只有4个人知道；全班没有一个人听说过焦裕禄；只有一个学生听说过孔繁森，我心中有一种钻心的痛，我不知道这些孩子应该从什么地方教起。"

2003年12月7日，下了一夜的雨，崎岖不平的小路变得更加泥泞。12月8日，当徐本禹走进教室的时候，发现有5名学生没有来上课，其他学生反映说因为天气太冷，路不好走，来到半路又回去了。当天上午，徐本禹没有上课，来到了没有上学的黄绍超家，黄绍超看到徐本禹就哭了。徐本禹劝黄绍超上学，说不会批评他。但怎么说黄绍超就是不去，劝了他一个多小时，结果还是无济于事。在家玩的还有黄绍超的弟弟，这个孩子已经半个月没有去上学了。后来徐本禹得知黄绍超的爸妈都外出务工了，家中只有爷爷奶奶，老人很少过问孩子的学习，像这样的家庭在这里还有很多。这样一来督促学生学习的任务全部落在了教师的身上。

第二天，在徐本禹来到教室之前，黄绍超已经早早地坐在了教室里。徐本禹没有像往常那样批评他，也没有提前一天的事儿。徐本禹把他叫进了办公室，一改以前严厉的做法，送给他两个本子，平和地说："以后要好好学习，不要再迟到、旷课了！"

从此以后，黄绍超总是早早地来到教室，再也没有旷过课。

通过这些点点滴滴的努力，慢慢地，"孩子们可以听懂普通话了，与人交流也不害羞了。"为民小学的创办者吴道江说。徐本禹的到来，为狗吊岩带来了前所未有的活力。因为徐本禹，学校的学生也增多了。现在学生从140人上升到了250人左右。

2003年3月，徐本禹被列入"贵州省扶贫接力计划"，成为"体制内"的志愿者，每月可领取500元生活补助。2004年暑假期间，徐本禹回到武汉向社会募捐，总共募集到了几千册图书和4集装箱衣服。

2004年4月,徐本禹回到母校华中农业大学做了一场报告。谁也没料到,他在台上讲的第一句话是:"我很孤独,很寂寞,内心十分痛苦,有几次在深夜醒来,泪水打湿了枕头,我坚持不住了……"本以为会听到激昂的豪言壮语的学生们惊呆了,沉默了。许多人的眼泪夺眶而出。

报告会后,他又返回了狗吊岩村,依然每天沿着那崎岖的山路,去给孩子们上课。

徐本禹在狗吊岩的岩洞小学支教半年后,学校从山洞搬下来,修建了新的校舍,办学条件有了很大改善。2004年春天,大方县大水乡党委书记沈义勇邀请徐本禹去做报告。

在开往大水乡的车上,沈义勇和徐本禹聊了很多,希望徐本禹能充分发挥自身优势以及华中农业大学的优势,为该地区经济的发展创造条件,从根本上解决该地区的基础教育问题。沈义勇觉得他的专业和所在学校对当地的发展"有招可施"。他还告诉徐本禹,希望他能到大水乡支教。

"农村孩子读不起书的原因是经济落后。"沈义勇对记者说,"所以,我就请徐本禹到大水乡来,想利用他自身的资源为大水乡的发展带来机遇。"

这次谈话后,徐本禹的想法开始改变,希望从单纯的支教行为变为带动地方经济发展。"我一直在考虑如何才能在支教的同时,利用自己所学的知识为当地经济的发展做一点事情,在更大程度上发挥志愿者的作用和价值。大水乡大石小学的办学条件更差,学生更需要帮助,因此我决定忍痛割爱,离开狗吊岩,到更需要帮助的地方去!"

贵州大方县大水彝族苗族布依族乡是一个少数民族人口占80%左右的民族乡,大自然的鬼斧神工用独特的喀斯特地貌造就了满目的奇山秀岭,同时也带来了贫瘠的土地和极为不便的交通。直到2004年5月这里才通电,村民们辛勤劳作一年,菲薄的收获还不够吃半年的口粮,他们只好去当地的小煤窑背煤,当起了最廉价的运输工具。很多学生因为交不起每年140元的学杂费而辍学。

大石小学的校舍是一座有几十年历史的两层木楼,上面一层摇摇欲坠,其中一间是四年级教室,另一间门口挂着牌子:危险,不要靠近。教师们的办公室得低着头才能进去,掉了一扇门的木柜上贴着早已褪色的对联。在这海拔1600米的高原,冬天的风会像刀子一样穿透木板间拳头大的缝隙,割在孩子们和教师们的脸上。

另一间教室用建筑工地常见的那种有红白相间条纹的塑料布搭起来,木板搭就的课桌和凳子随时可能倾覆,但孩子们似乎早就习以为常,趴在"课桌"上,眼神那么专注。

这一切深深震撼着徐本禹。他给华中农业大学团委书记写了三封信,谈了自己的想法。

2004年夏天,无数的人因为徐本禹而感动,因为感动而行动。

这三封信引起学校的极大关注。学校党委书记李忠云教授说:"要去人看看,要支持徐本禹,可以给点钱把小学的校舍修一修。作为一所全国重点大学,应该为西部基础教育做点事,这是大学的社会责任。"

2004年6月26日，华中农业大学的教授彭光芒和一位教师来到了贵州省大方县。他们看望了徐本禹，考察了猫场镇狗吊岩小学和大水乡大石村小学，深受震动。大方县委、团县委负责人表示，尊重徐本禹的意愿，不管他在大方县哪儿支教，都坚决支持。就在华中农业大学两位教师在大方县的山路上颠簸的时候，他们接到了华中农业大学校长张端品教授打来的电话。张端品说："学校决定捐助8万元帮助徐本禹，用来为当地小学修建新校舍。"

让两位大学教师深受震动的不仅是大石村的贫穷，还有当地老百姓同贫穷的顽强搏斗和孩子们强烈的求知渴望。他们在给学校党委提交的考察报告中写道："大石村民风淳朴，有尊师重教传统。村办小学年久失修，摇摇欲坠，教室间用竹篱隔断，透光透风。屋顶大面积破漏，用塑料布和硬纸板遮雨。地板早已磨得凹凸不平，四处开裂，嘎吱作响，走在上面令人提心吊胆。教室里光线昏暗，课桌残缺不全，不少学生用破木板搭在两端的课桌上，挤在一起上课。黑板小而破旧。在这样的教室里，孩子们学习认真专注，书声琅琅，响彻山野，闻者无不动容。"

2004年7月11日是华中农业大学暑假的第一天。从贵州归来的一位教师把在大方县拍的照片选出100幅，配上简要文字，以《两所乡村小学和一个支教者》为题发到了网上。接下来的事情让所有人都感到意外：仅仅几个小时的工夫，存放照片的服务器就因为访问量过大而发生堵塞，跟帖的数量急剧增加，不少热心的网友更是将这篇帖子整理后发到了国内外各大论坛。从发出帖子的7月11日到7月20日短短9天，这篇帖子在各个网站点击总数就超过了百万！很多网友是流着眼泪读完这篇帖子的。他们在跟帖中用得最多的一个词是"感动"。

紧接着，从祖国内地到港澳台，从亚洲到欧洲，从北美到澳洲，要求捐款捐物的电子邮件雪片似的飞来。成千上万的网友在邮件中表达了一个共同的意愿：因为徐本禹的故事而感动，因为感动而行动。

华中农业大学一批教师和学生放弃休假，自发组织起来办理网友的捐款事宜，学校也破例为这个名为"华农贵州支教基金"的义工小组开设了一个专用账户，由学校、媒体和专家教授共同进行监督管理。点对点的资助学生工作也随即展开，大石小学176名贫困学生很快全部得到资助。7月6日，中共贵州省委书记钱运录对此事做出批示，省、地、县教育主管部门研究解决大石小学的校舍问题。到记者采访时，大石小学已更名为"华农大石希望小学"，完成37万元建校资金的筹集，新校舍已经动工修建。

目前已有13个国家的热心人士通过网络了解到徐本禹的支教事迹，并要求资助大石小学的贫困学生。美籍华人陈旭昭女士还在美国进行募捐，为大石小学的学生资助2 000美元。54岁的王昌茹一直在关注徐本禹的事迹，2004年7月初她从武汉赶到了大方县，"我是冲着徐本禹来的，徐本禹走到哪儿，我就跟到哪儿。"她决定与徐本禹一起支教。

据大水乡政府统计，截至去年年底，共有36名志愿者在大水乡支教或考察，受捐赠的小学生达188人。

——转载自新华网山东频道，2015年5月29日

案例 2

一辈子隐姓埋名的科学家

1961年的春天,钱三强在他的办公室里静静地等待着王承书。他要向王承书谈一件他思考已久的事情。1960年,中国的核武器研制刚刚起步,而苏联突然撤走了全部专家,并带走全部资料。以生产浓缩铀为目标的气体扩散厂,只留下一堆机器和厂房。苏联专家临走时甩下一句话:"你们的这个扩散厂只能是一堆废铜烂铁了。"

看来,我们只能依靠自己的科学家来解决这一高科技领域中的大难题了。选谁来担当这一重任呢?钱三强思来想去,最后认定王承书是最佳人选。但王承书是研究理论物理的,在稀薄气体的研究领域中已取得了许多令世人瞩目的成就,在国际理论物理学界也已颇有名气。钱三强心里清楚,让这样一位科学家离开自己已付出20多年心血的领域,就如同让一位建筑师推倒自己已建起的大厦一样,是需要做出重大牺牲的。

门"吱呀"一声开了。王承书站在了钱三强的面前。沉默了一会儿,钱三强轻声问:"你愿意隐名埋姓一辈子吗?"

"我愿意!"王承书几乎是不假思索地就说出了这三个字。

"好!那你去搞浓缩铀的理论和技术,为中国的扩散厂上马铺路搭桥。"

从此,王承书便从国际、国内的物理学术的舞台上消失了。自那以后,她在国内外所有的学术刊物上再没有发表过一篇论文,不仅公开的,就连内部刊物和工作报告上,她也从不署名。她实现了隐名埋姓一辈子的诺言。

攻关是从王承书带领大家共同学习开始的。因为,包括王承书在内,谁都没有接触过浓缩。接着,在王承书的率领下,又开始了技术方案的攻关。计算、推导、数字、公式;白天、黑夜、办公室、实验室。王承书的身心全部融进了工作中,甚至忘记了远在北京寄宿学校中望眼欲穿地等着妈妈的心爱的儿子。

由于浓缩铀技术的攻关是为了启动气体扩散厂,所以,两年多的时间中她那瘦弱而刚强的身影无数次走进蒸汽推动的火车头,来往奔波于西北边陲和北京的研究所之间。在1963年底这个紧要的时刻,在苏联杜布纳联合研究所工作的她丈夫张文裕难得有一次回国探亲的机会,但王承书来不及与他见上一面,就带着研究成果与她的助手们又一次登上了西去的列车。

那是1964年的元旦,机器启动了,分析结果一批批出来。一切吻合,启动一次成功。高丰度、高纯度的浓缩235在王承书和她的同伴们的手中诞生了!

1964年10月16日,罗布泊上空升起了蘑菇云,超级大国的核垄断被中国打破了。王承书抑制不住心头的激动,两行热泪从她那消瘦的脸上潸潸流下。

中科院院士、工程物理学家、我国核同位素分离科学家的学术奠基人王承书,于1994年6

月 18 日不幸病逝,享年 82 岁。

王承书的遗书是两年前就写好了的。遗书说:虚度 80 春秋,回国已 36 年,虽然做了一些工作,但是由于客观原因,未能全部实现回国前的初衷,深感愧对党、愧对人民。死是客观规律,至于什么时候却是未知数,"笨鸟先飞",留下自己的几点希望:①不要任何形式的丧事;②遗体不必火化,捐赠给医学研究或教学单位,希望充分利用可用的部分;③个人科技书及资料全部送给三院;④存款、国库券及现金等,除留 8 000 元给未婚的大姐王承诗补贴生活费用外,零存整取的作为最后一次党费,其余的全部捐给"希望工程"。

这不仅仅是一份遗书,同时,也是一位共产党员把一切献给党的誓言。

人们粗略地算了一下,她捐给"希望工程"的部分约 10 万元。10 万元,对于像王承书这样的科学家,那是她一生的积蓄。而在这之前的 1992 年,当她的丈夫张文裕去世时,她也遵照张文裕生前与她的共同约定——不为儿子留任何遗产,将张文裕一生积攒的 10 万元全部捐给了"希望工程"。

王承书生前曾对她的朋友说过,她曾想给她最疼爱的孙子留几千元钱,可是又一想,这几千元钱对她的孙子无关紧要,却可以救助几十名失学儿童。于是,她决定一分钱也不留了。

——摘自成都航空职业技术学院"思想道德修养与法律基础"精品课网站

【思考讨论】

人的一生到底应该追求什么?看了王承书的故事,你有何感想?

案例 3

我的世界观(爱因斯坦)

我们这些总有一死的人的命运是多么奇特呀!我们每个人在这个世界上都只作一个短暂的逗留;目的何在,却无所知,尽管有时自以为对此若有所感。但是,不必沉思,只要从日常生活就可以明白:人是为别人而生存的——首先是为那样一些人,他们的喜悦和健康关系着我们自己的全部幸福;然后是为许多我们所不认识的人,他们的命运通过同情的纽带同我们密切结合在一起。我每天上百次地提醒自己:我的精神生活和物质生活都依靠着别人(包括生者和死者)的劳动,我必须尽力以同样的分量来报偿我所领受了的和至今还在领受着的东西。我强烈地向往着俭朴的生活,并且时常为发觉自己占用了同胞的过多劳动而难以忍受。我认为阶级的区分是不合理的,它最后所凭借的是以暴力为根据。我也相信,简单淳朴的生活,无论是在身体上还是在精神上,对每个人都是有益的。

我完全不相信人类会有那种在哲学意义上的自由。每一个人的行为,不仅受着外界的强迫,而且要适应内心的必然。叔本华说:"人虽然能够做他所想做的,但不能要他所想要的。"这句话从我青年时代起,就是对我一个真正的启示;在我自己和别人生活面临困难的时候,它总是使我们得到安慰,并且永远是宽容的源泉。这种体会可以宽大为怀地减轻那种容易使人气馁的责任感,也可以防止我们过于严肃地对待自己和别人;它还导致一种特别给幽默以应有地位的人生观。

要追究一个人自己或一切生物生存的意义或目的,从客观的观点看来,我总觉得是愚蠢可笑的。可是每个人都有一定的理想,这种理想决定着他的努力和判断的方向。就在这个意义上,我从来不把安逸和享乐看作是生活目的本身——这种伦理基础,我叫它猪栏的理想。照亮我的道路,并且不断地给我新的勇气去愉快地正视生活的理想,是善、美和真。要是没有志同道合者之间的亲切感情,要不是全神贯注于客观世界——那个在艺术和科学工作领域里永远达不到的对象,那么在我看来,生活就会是空虚的。人们所努力追求的庸俗的目标——财产、虚荣、奢侈的生活——我总觉得都是可鄙的。

只要我们全面考察一下我们的生活和工作,我们就马上看到,几乎我们全部的行动和愿望都同别人的密切联系在一起。我们看到我们的全部自然生活很像群居的动物。我们吃别人种的粮食,穿别人缝的衣服,住别人造的房子。我们的大部分知识和信仰都是通过别人所创造的语言由别人传授给我们的。要是没有语言,我们的智力就会真的贫乏得同高等动物的智力不相上下;因此,我们应当承认,我们胜过野兽的主要优点就在于我们生活在人类社会之中。一个人如果生下来就离群独居,那么他的思想和感情中所保留的原始性和兽性就会达到我们难以想象的程度。个人之所以成为个人,以及他的生存之所以有意义,与其说是靠着他个人的力量,不如说是由于他是伟大人类社会的一个成员,从生到死,社会都支配着他的物质生活和精神生活。

一个人对社会的价值首先取决于他的感情、思想和行动对增进人类利益有多大作用。我们就根据他在这方面的态度,说他是好的还是坏的。初看起来,好像我们对一个人的评价完全是以他的社会品质为根据的。

但是这样的一种态度还是会有错误的。显而易见,我们从社会接受到的一切物质、精神和道德方面的有价值的成就,都是过去无数世代中许多有创造才能的个人所取得的。有人发明了用火,有人发明了栽培食用植物,并且有人发明了蒸汽机。

只有个人才能思考,从而能为社会创造新价值,不仅如此,甚至还能建立起那些为公共生活所遵守的新的道德标准。要是没有能独立思考和独立判断的有创造能力的个人,社会的向上发展就不可想象,正像要是没有供给养料的社会土壤,人的个性的发展也是不可想象的一样。

因此,社会的健康状态取决于组成它的个人的独立性,也同样取决于个人之间的密切的社会结合。有人这样正确地说过:希腊—欧洲—美洲文化,尤其是它在那个结束中世纪欧洲停滞状态的意大利复兴时的百花盛开,其真正的基础就在于个人的解放和个人的比较独立。

我们所能有的最美好的经验是奥秘的经验。它是坚守在真正艺术和真正科学发源地上的基本感情。谁要是体验不到它,谁要是不再有好奇心也不再有惊讶的感觉,他就无异于行尸走肉,他的眼睛是迷糊不清的。就是这样奥秘的经验——虽然掺杂着恐怖——产生了宗教。我们认识到有某种为我们所不能洞察的东西存在,觉到那种只能以其最原始的形式为我们感受到的最深奥的理性和最灿烂的美——正是这种认识和这种情感构成了真正的宗教感情；在这个意义上，而且也只是在这个意义上，我才是一个具有深挚的宗教感情的人。我无法想象一个会对自己的创造物加以赏罚的上帝，也无法想象它会有像在我们自己身上所体验到的那样一种意志。我不能也不愿去想象一个人在肉体死亡以后还会继续活着；让那些脆弱的灵魂，由于恐惧或者由于可笑的唯我论，去拿这种思想当宝贝吧！我自己只求满足于生命永恒的奥秘，满足于觉察现在世界的神奇的结构，窥见它的一鳞半爪，并且以诚挚的努力去领悟在自然界中显示出来的那个理性的一部分，即使只是其极小的一部分，我也就心满意足了。

　　人既是孤独的人，同时却又是社会的人。作为孤独的人，他企图保卫自己的生存和那些同他最亲近的人的生存，企图满足他个人的欲望，并且发展他天赋的才能。作为社会的人，他企图得到他的同胞的赏识和好感，同他们共享欢乐，在他们悲痛时给以安慰，并且改善他们的生活条件。只是因为存在着这些多种多样的、时常相互冲突的努力，才能说明一个人所独有的性格，而且这些努力的特殊结合就决定了个人所能达到的内心平衡的程度，以及他对社会福利所能做出贡献的程度。这两种倾向的相对强度很可能主要取决于遗传。但他最后表现出来的个性，它的形成主要取决于人在发展中所处的环境，取决于他所成长于其中的社会的结构，取决于那个社会的传统，也取决于社会对各种特殊行为的评价。对于个人来说，"社会"这个抽象概念意味着他对同时代人以及以前所有各代人的直接关系和间接关系的总和。个人是能够自己进行思考、感觉、奋斗和工作的；但在他的肉体、理智和感情的生活中，他是那样地依靠着社会，以至在社会组织以外，就不可能想起他，也不可能理解他。是"社会"供给人以粮食、衣服、住宅、劳动工具、语言、思想形式和大部分的思想内容；通过过去和现在亿万人的劳动和成就，他的生活才有可能，而这亿万人全都隐藏在"社会"这两个小小字眼的背后。

　　因此，个人对社会的依赖，显然是自然界的一个不能抹杀的事实——蚂蚁和蜜蜂也正是那样。可是，蚂蚁和蜜蜂的整个生活过程，甚至在最微小的细节上也都是由遗传下来的不变的本能所决定的，而人类的社会形式和相互关系却是非常不固定的，容易改变的。记忆力、重新组合的能力、口头交谈的才能，已在人类中间造成了一种不听命于生物学上的必然性的可能发展。这种发展表现在传统、制度和组织中；表现在文学中；表现在科学和工程成就中；表现在艺术作品中。这也就解释了，为什么在某种意义上来说人能够通过自己的行动来影响生活，为什么自觉的思考和愿望能够在这种过程中起着作用。

　　人在出生时，通过遗传已得到了一种生物学上的素质，我们应当把它看作是固定的和不变的，这种素质包括那些作为人类特征的自然冲动。此外，在他的一生中，他也得到一种文化上的素质，这是他从社会中通过交往以及其他许多类型的影响而取得的。这种文化上的素质，随着时间的流逝而起变化，它在很大程度上决定着个人同社会之间的关系。近代人类学通过所谓原始文化的比较研究告诉我们：随着主要的文化形式和社会中占优势的组织类型的不同，人类的社会行为可以相差很大。那些企图改善人类命运的人就可以此为根据，建立起他们的希望：人类不是由于他们的生物学的素质而注定要互相毁灭的，或者要听任那残酷的、自作自受的命运来摆布的。

如果我们问自己,社会结构和人的文化面貌应当怎样改变才能尽量使人类生活感到满意,那么,我们应当经常意识到,有些条件我们是无法改变的。如前面所提到的,人的生物学本性实际上是不会变化的。此外,最近几个世纪来技术和人口的发展所创造的一些条件,也已扎下根来。在定居人口比较密集的地区,要为他们继续生存生产必需的物品,极细分工和高度集中的生产设备都是绝对必要的。个人或者相当小的集团完全自给自足的时代——回顾起来,它似乎多么有田园风味呀——已一去不复返了。只要稍微夸张一点,不妨说:人类甚至在目前就已经组成了一个生产和消费的行星公社。

达尔文的生存竞争以及同它有关的选择理论,被很多人引证来作为鼓励竞争精神的根据。有些人还以这样的办法试图伪科学地证明个人竞争这种破坏性经济斗争的必然性。但这是错误的,因为人在生存竞争中的力量全在于他是一个过着社会生活的动物。正像在一个蚂蚁窝里的个别蚂蚁之间的交战说不上什么是为生存所必需的,人类社会中各个成员之间的情况也是这样。

因此,人们应当防止向青年人鼓吹那种以习俗意义上的成功作为人生的目标。因为一个获得成功的人,从他的同胞那里所取得的,总是无可比拟地超过他对他们所做的贡献。然而看一个人的价值,应当看他贡献什么,而不应当看他取得什么。

——摘自《爱因斯坦文选》

【思考讨论】

结合材料分析,一个人应该拥有怎样的世界观?

案例4

世界首富与大学生的对话

1997年5月下旬的一个温暖的星期五下午,坐落在西雅图的华盛顿大学内,学生们排成的长队穿过了爱斯基摩俱乐部大楼的走廊和大门。这些穿戴整洁正规的学生们排着长队并不是购买音乐会入场券,而是为了得到一场特殊讲演的好座位。学生们以及为数不多的嘉宾应邀聆听当今两位富有的实业家罕见的公开对话,其中一位是微软公司创始人和首席长官比尔·盖茨,另一位是伯克希尔·哈萨维公司的总裁沃伦·巴菲特。

问:你们是怎样变得如此富有的?

巴菲特:对我来说这个问题很简单,原因不在于智商,我想你们对此会感到高兴。重要的是理性。我一贯把智商和天资比作马达的马力,然而输出,也就是马达的工作效率,取决于理性。许多人在工作之初像拥有400马力的马达,可是输出只有100马力,那么,这还不如他们拥有200马力,但将全部马力变为输出释放出来。

为什么聪明人所做的事会阻碍他们释放或全部输出呢?原因在于习惯、个性、气质,在于受理性控制的行为。不要太随心所欲。就像我曾经说过的,在座的每一位都有绝对的能力和我做得一样,并且超过我。其中有些人能做到,可有些人却做不到,对做不到的人而言,不是由于社会不允许你做,而是由于你太随心所欲。所以我要向你们提一个小小的建议:选出你最崇拜的人物,记下你崇拜他们的原因。你目前和他们还不可相提并论。但经过锻炼,你所崇拜的人所具有的品质可以成为你拥有的品质,成为你的行为习惯。

如果不是过于沉重而被打破,习惯的束缚令人难以察觉。像我这样年纪的人无法再改变习惯,我们已经迟钝了。可是你们从现在起有20年的时间,可以锤炼你想拥有的好习惯。因此我建议你们注意一些人具有的令你所崇拜的行为,并以此为榜样养成自己的好习惯。同时注意另外一些人沾染的使人讨厌的恶习,并引以为戒。如果你能这样做,你会发现你已将所有的马力转变为输出。

盖茨:我认为沃伦关于习惯的见解绝对正确。我很幸运在很年轻的时候就将事业的方位定在计算机领域,当时计算机很昂贵,其功能也有限,但仍令人心醉神往。我和我的朋友们经常谈论这些,并且认定,令人惊奇的芯片技术最终将使计算机变成人人都能使用的工具。我们根本不认为计算机的潜力会走入尽头,我们真正感觉到编写计算机软件是件美妙无比的事情。于是我们雇请了几位朋友编写软件,试图做成某种真正的工具,在信息时代,这种工具不仅仅代替人的体力,而且能延伸人的脑力。

由于锲而不舍、始终如一地强烈追求,加之处于计算机产业兴起的初期,这一切促使我们建立起自己的公司,并保持公司在伟大的产业革命中一直起着举足轻重的作用,令人感到幸运的是,这场革命仍然处于起步阶段。23年前我们建立了自己的公司。如果我们继续坚持我们拥有的习惯,毫无疑问,在未来的23年里,我们将获得更多的机遇,也许最终更接近实现我们的初衷:"每一个家庭,每一张书桌上都有一台计算机。"

问:你们是如何理解成功的?

巴菲特:我可以肯定地将"成功"定义为幸福快乐,因为这正是我的感受。每一年的每一天,我都在做着我喜欢做的事,与我喜欢的人在一起,根本不必与那些令我倒胃口的人打交道。在我的工作中我唯一不愿做、可是隔三四年就要做的事,就是有时我不得不解雇某个人。

有人说:"成功是得到你想得到的,幸福是想着你所得到的。"我不知道这两者哪一个更确切,但我确实明白我所做的一切。在此我奉劝你们,当你们进入社会开始工作时,一定要选择你所崇拜的人物所在的单位,这样做可以激发你积极向上。我总是对某种人表示担忧,他们的口头禅是:"我只打算在这里干上10年,我真的很不喜欢这里,10年后我会……"这种想法很成问题。

我曾经放弃过几笔很有做头的买卖,原因只是我不喜欢将要与之打交道的人。我认为没有必要掩饰自己,陷入那些令你倒胃口的人的圈子里,就好像与金钱结婚,这在任何情况下都是不明智的,而对于一个富翁来说,这简直是发神经。

盖茨:我非常同意"成功的关键标志是从每天所做的一切中得到享受"。对我而言,成功就是和非常聪明的人一起工作,成功就是解决新出现的问题。每当我们意识到"嗨,我们又取得了小小的成功"时,都相当谨慎以免太沉湎于此,因为工作标准在提高。我们总是能听到消费者的反馈,他们说机器太复杂了,使用起来不方便。竞争、技术突破和研究开发使计算机产业,特别是软件产业成为最令人兴奋的领域,而我在这个行业中所从事的是最好的工作。

——资料来源:百度文库

案例5

坚持不懈最终实现人生价值(居里夫人)

居里夫人是法国籍波兰科学家,研究放射性现象,一生两度获诺贝尔奖。居里夫人的故事非常励志。

(1)1935年11月23日,在美国纽约市罗里奇博物馆,科学巨匠爱因斯坦对一个永远不朽的名字所出了这样的评价:"她一生中最伟大的科学功绩——证明放射性元素的存在并把它们分离出来——所以能取得,不仅是靠着大胆的直觉,而且靠着在难以想象的极端困难情况下工作的热忱和顽强,这样的困难,在实验科学的历史中是罕见的。"这位令她尊敬的女性正是玛丽娅·斯可罗多夫斯卡娅,即我们大家熟知的,被誉为"镭的母亲"的居里夫人。

玛丽·居里这位伟大的女科学家,以自己的勤奋和天赋,在物理学和化学两大领域,为人类做出了杰出的贡献。她一生共获得10项奖金、16种奖章、107个名誉头衔,不仅自己获得过两次诺贝尔奖,她的女儿女婿——约里奥-居里夫妇在其指导下,也于1935年获得了诺贝尔化学奖。这样的成就在世界科学史上都空前绝后,但是她是一位真正的科学家,一切荣誉、金钱、灾难都在她科学之光的照耀下荡然无存。这位"镭"的发明者本可以成为亿万富翁,但是她终生拒绝财富,放弃了专利,将镭的发明专利无私奉献给了全人类,一生都过着简朴清贫的生活,并以她的无私感动了所有的人!"人类也需要梦想者,需要醉心于事业的大公无私。"这句她自己说的话是她一生最好的写照。到居里夫人的故居瞻仰,是我这次来华沙的一大心愿。

这是一栋巴洛克式三层公寓楼,墙体是咖啡色和粉色相间,二楼的中间有一个小阳台,里面就是居里夫人的诞生地。1867年11月7日,居里夫人就诞生这座普通的住宅里,弗雷塔大街16号。这座普通得不能再普通的住宅,距离中国驻波兰大使馆仅500米,要不是门口挂着一个小牌子,我是绝对想不到这里就是居里夫人故居。里面的陈设非常简陋,陈列着居里夫人的简介及部分生活工作用品。与在其他地方参观不同,所有在里面的人都非常安静,每个人都是带着泪水参观完这位伟大、无私的科学家的故居的。

居里夫人以她归真返璞、贫贱不移的一片丹心,不仅感动了科学巨匠,而且激励了成千上万的莘莘学子,在科学探索的荆棘之途中,前仆后继,鞠躬尽瘁!1986年,当李远哲博士获得诺贝尔化学奖时,他吐露出了引导他走上科学之路的正是他小时候所读的《居里夫人传》。主人公勤劳不懈、热爱生命的高贵情操和理想,使他确立了一生追求的目标。2007年9月19日,在南京大学为庆祝我国著名核物理学家施士元先生百岁寿辰暨文集首发式上,这位作为居里夫人为中国培养的唯一物理学博士,老人家写下了如下感言:"我习惯于泰然处世,可以说是无忧无虑地走过了百年……"老人的长者风范与淡泊豁达的人生态度令在场的所有人感动,我想这与老人年轻时所受到的居里夫人的影响是分不开的。

在居里夫人出生的年代,她的祖国波兰还处于俄国沙皇侵略者的统治之下,正处于内忧外患的战乱之中,虽然离乡去远,但是她却心牵故园,一直思念着自己的祖国。1898年,为了纪念自己的祖国波兰,居里夫人将她新发现的元素命名为"钋",也就是波兰的意思。1934年7月6日,居里夫人下葬于巴黎梭镇居里墓穴,她的哥哥和姐姐向墓穴中洒下了从她的祖国波兰带来的泥土……

居里夫人自强不屈的精神和伟大的人格魅力深深地感染着我,在前往格但斯克的火车上,望着窗外美丽的风景,我的思绪还沉浸其中,从居里夫人艰难坎坷的一生到"兆瑞环球网"创办至今所经历的风风雨雨,一切一切我想了很久很久……借用居里夫人的一句话送给我自己,也送给"兆瑞环球网"的所有同事们和朋友们吧——"我们必须相信,我们对每一件事情都具有天赋的才能,并且,无论付出任何代价,都要把这件事完成。当这件事情结束的时候,你要能问心无愧地说:我已经尽我所能了。"

(2)1898年12月26日,玛丽在提交给法国科学院的报告中宣布他们又发现了一个比铀的放射性要强百万倍的新元素——镭。这是皮埃尔·居里和他的妻子玛丽娅·斯可罗多夫斯卡娅后3年的伟大爱情的结晶。这一发现把当时在物理学领域中信奉了几个世纪的整个理论翻了个底朝天。一些保守的科学家表示怀疑"镭在哪里?指给我们看看,我们才能相信!"皮埃尔和玛丽决心以事实来回答这一切怀疑。但是,要提炼出纯镭,必须要有大量的矿物和较大的实验室。沥青铀矿是一种最贵的矿物,他们买不起,后来在奥地利的一位教授的帮助下,他们花掉了全部的存款,变卖了所有值钱的东西,才买到十几麻袋沥青铀矿渣。为了实验室,居里夫妇同巴黎大学交涉,回答他们的是一番无情的嘲笑。最后是理化学校同意供给他们一个长期不用的木棚。木棚的地面是用沥青铺的,玻璃房顶破旧得不蔽风雨。室内只有两张破旧的桌子,一只炉子和一块皮埃尔用来进行计算的小黑板。居里夫妇就在这样的破屋里开始了伟大的科学试验。

在柏克勒尔对于铀的放射性质进行了开创先河的观察和研究以后,跟着便发现铀的射线也像X射线,能使空气和其他气体产生导电性,而钍的化合物也经人发现有着类似的性质。1896年起,居里夫人和她的丈夫一起进行了系统的发现,在各种元素与其化合物以及天然物中寻找这种效应。

玛丽娅·斯可罗多夫斯卡娅,即著名的居里夫人,1867年11月7日诞生于波兰华沙的一个书香门第之家。父亲是物理教授,母亲是钢琴家。玛丽亚具有父亲的智慧和母亲的灵巧,从小就对科学实验发生了浓厚的兴趣。

1891年,她到巴黎求学。学业完成后,她原本打算回到正在遭受着沙皇铁蹄践踏的祖国,去为祖国竭尽自己的绵薄之力,同时,也为父母尽一个女儿的孝心。

但是,同法国物理学家皮埃尔·居里先生的相识、相恋和成为终身伴侣,彻底改变了她原来的计划，她只好侨居法国，并于1897年生了一个可爱的女儿。

柏克勒尔现象，引起了居里夫妇的浓厚兴趣，射线放出来的力量究竟是从哪里来的呢？这种放射的性质又是什么呢？

居里夫人把自己的全部身心都投入到铀盐的研究中去了，她广为搜罗并研究了各种铀盐矿石，她被铀盐矿石神奇的射线所吸引，她把特别的爱奉献给了这种特别的矿石。

接受过严格而又系统的高等化学教育的居里夫人，在研究铀盐矿石时想到，没有任何理由可以证明铀是唯一能发射射线的化学元素。她猜想，一定还会有别的元素也具有同样的力量，只不过人们目前还不知道罢了。

她依据门捷列夫的元素周期律排列的元素，逐一进行测定，结果很快发现另外一种钍元素的化合物，也自动发出射线，与铀射线相似，强度也较接近。

居里夫人认识到，这种现象绝不只是铀的特性，必须给它一个新名称，居里夫人就把它命名为"放射性"，铀、钍等有这种特殊"放射"功能的物质，叫作"放射性元素"。后来，在她的丈夫皮埃尔先生的帮助下，她又测定了能够收集到的所有矿物，她想知道还有哪些矿物具有放射性。

在测量中，她获得了又一个戏剧性的发现，在一种来自当时的捷克斯洛伐克的沥青铀矿中，她发现，其放射性强度比原先设想的要大不知多少倍。那么，这种不正常的而且过度的放射性又是从哪里来的呢？用这些沥青铀矿中的铀和钍的含量，决不能解释她观察到的放射性的强度。

因此，只能有一种解释，这些沥青矿物中含有一种比铀和钍的放射性作用强得多的新元素，而且不是当时人类已经知道的元素，它一定是一种未知的元素。居里夫人的发现吸引了皮埃尔先生的注意，居里夫妇携起手来，并驾齐驱，向科学的未知领域发起强有力的进攻。在条件极其简陋的实验室里，经过居里夫妇锲而不舍的长期努力，1898年7月，他们宣布发现了这种新元素，它比纯铀放射性要高出400倍。

（3）居里夫人是在波兰出生、长大的。那时的波兰正处在沙俄的统治之下，玛丽从小就尝够了做亡国奴的滋味，她私下里接受了许多抵抗侵略的思想，从心底热爱着自己的祖国，她发誓要为了祖国的解放而学习。在玛丽很小的时候她妈妈就去世了，父亲因为亡国失去了工作，仅靠以前的一点积蓄和在家给别的孩子上课挣点钱养活她们，家里的生活非常艰苦。艰苦的环境磨炼了玛丽姐妹的意志，在学校里，她们都是最优秀的学生，深受老师喜爱。

玛丽中学毕业了，由于才学出众，她获得了金质奖章。可是她却不能继续上学了，因为沙俄统治下的波兰，大学里面是不收女学生的，到巴黎上学，家里又拿不出那么多钱。要知道，同样获金质奖章毕业的姐姐已在家待了3年，去巴黎上学的愿望还没有实现。

玛丽回到家里，父亲因供不起女儿上学伤心地落下了泪，玛丽一边劝父亲，一边想着办法。她和姐姐商量先由她做家教，供姐姐读书，姐姐毕业后有了工作就可以供她读书了。就这样，姐姐拿着全家人凑起的钱迈向了巴黎，玛丽一边学习一边挣钱，终于在1891年也进入巴黎大学理学院学习。

玛丽到巴黎后,先是住在姐姐家,因为姐姐家离校较远,为了节省时间且有一个更为安静的学习环境,玛丽搬到了学校附近的一间小阁楼上。阁楼条件相当艰苦,冬天又无法取暖,玛丽常常被冻醒,她不得不起来,把所有的衣物都盖在身上,有时甚至把凳子压在身上增加重量。玛丽生活极其简单,每天仅以几片面包充饥,有几次连这也忘了,正在读书,突然昏倒,多亏同学发现通知了姐姐。玛丽的姐姐为此操透了心,玛丽自己却不以为然。

所有的艰苦条件,丝毫没有影响玛丽的学习。她每天总是第一个来到教室里在前排座位上坐下来,认真听老师讲课,晚上10点钟图书馆的灯熄灭了,她才依依不舍地离去,回到自己的小屋,煤油灯又常常是亮到了夜里两三点钟。短短的两年,她连续获得物理学和数学两个硕士学位,这个穿着破旧毛衣、脸色苍白的女孩于1893年以第一名的成绩从巴黎大学毕业了。

玛丽没有因成绩优异而满足,她要再接再厉,继续攻读,摘取人类历史上第一顶属于女性的博士桂冠。就在这时,玛丽遇见了法国优秀的物理学家皮埃尔·居里,共同的理想,使两人走到了一块,他们相爱并且结合,成为人类科学史上的一段佳话。

他们从朋友那儿借来一间破旧的贮藏室,居里夫人把它打扫了一番,又用平时积攒的钱购置了一些必需的仪器设备,两人开始了艰苦卓绝的研究。居里夫妇对凡是能够找到的化学试剂、矿物一一进行了精心的检测,发现沥青铀矿具有明显的放射性,他们判定该矿中含有某种放射性新元素。居里夫人在简陋的条件下对几十千克的沥青铀矿进行了一系列的处理,终于找到了这种具有放射性的新元素,玛丽用她的祖国的名字命名了这种新元素,这就是"钋"。

"钋"找到了,居里夫妇却没止步,因为在提炼"钋"的过程中,他们发现分离出的钡化合物具有更为强烈的放射性,据分析这是又一种未知放射性元素。他们把这种元素称为镭。居里夫妇向世界公开了这一发现,因为没有人亲眼看见过镭,许多人对这一发现持怀疑态度。为了证实镭的存在,居里夫妇投入了更加艰苦的奋斗,他们要提炼出镭来。

没有实验工厂,他们向朋友借了一间破木棚做工厂;没有资金购买贵重的沥青铀矿,他们买来了廉价的废矿渣。居里夫人穿着一身油污的工作服,不停地出入院子和屋子之间,她时而在院子里加煤烧火、熔炼矿渣,时而在屋里结晶浓缩物,20多公斤重的容器居里夫人要不断地搬进搬出。无论严寒还是酷暑,居里夫妇没日没夜地干着,几万次的提炼,整整4年的奋斗,1902年,他们梦寐以求的镭终于被分离出来了。

1903年,居里夫人获得了历史上第一个女博士学位。同年,他们夫妻又荣获诺贝尔奖。居里夫人成为人类历史上最伟大的一个女性,她的故事激励一代又一代青年成长,她的名字被亿万人传颂着。

【思考讨论】

结合案例分析,从居里夫人的人生经历中得到启示,谈一谈如何创造有意义的人生。

思想精华

三军可夺帅也,匹夫不可夺志也。

——论语

自强为天下健,志刚为大君之道。

——清·康有为

坚志者,功名之柱也。

——晋·葛洪

好汉全凭志强,好马全凭强壮。

——蒙古族谚语

人无志向,和迷途的盲人一样。

——朝鲜谚语

无志无息地了却一生是平庸的。

——荷马

教育并不仅仅用于装点记忆力和启发理解力,它的主要职责应该是引导意志力。

——儒贝尔

志道者少友,逐利者多俦。

——汉·王符

喜欢社会中一小群志同道合的朋友,这是人的社会属性的基本原则。

——埃德蒙·伯克

志合者,不以山海为远;道乖者,不以咫尺为近。

——晋·葛洪

饮酒莫教饮大醉,大醉伤神损心志。

——佚名

君子之行,静以修身,俭以养德,非淡泊无以明志,非宁静无以致远。

——三国·诸葛亮

志量恢弘纳百川,遨游四海结英贤。

——元·马致远

老骥伏枥,志在千里;烈士暮年,壮心不已。

——曹操

儿童有无抱负,这无关紧要,可成年人则不可胸无大志。

——乔·吉·霍兰

立志难也,不在胜人,在自胜。

——韩非子

有志不在年高,无志空活百岁。

——清·石玉昆

志不立,如无舵之舟,无衔之马,漂荡奔逸,终亦何所底乎。

——明·王守仁

男儿不展同云志,空负天生八尺躯。

——明·冯梦龙

男子千年志,吾生未有涯。

——宋·文天祥

心随朗月高,志与秋霜洁。

——唐·李世民

沧海可填山可移,男儿志气当如斯。

——宋·刘过

古之立大事者,不唯有超世之材,亦必有坚忍不拔之志。

——宋·苏轼

扩展阅读

材料1　人生应当如何?

知足才能常乐,珍惜才会幸福。人生许多痛苦,都是分不清需要和渴望造成的。需要越少,就越容易满足;渴望越多,失望也越多。太多失望和不满,都源于对人生过度索求。其实,幸福不是你想象的那样,而是你感受到的那样。如果懂得珍惜自己的拥有,那么人生无处不是幸福的鲜花。

要学会如沐春风才身心健康。为琐事烦恼者,因计较得失抱怨,郁闷,生气,伤身。人生短之岁月长河,渺小于苍茫之微尘。得到的能拥有几时,得失在一瞬之间。追求现实而伤身伤神,不如淡看红尘,得失俯仰间一样呼吸同一样的空气,何必争易逝的东西。修身养性而强身心,珍惜年华。

一个人至少拥有一个梦想,有一个理由去坚强。淡定的人生,不是想来就会来的。人活在世上,第一重要的还是做人,懂得自爱自尊,让自己拥有一颗坦荡充实的心灵,足以承受得住命运的打击,也配得上命运的赐予。倘能这样,也就算得上做命运的主人了。

人与人之间的关系是什么？人与人之间，友好相处的根基是自尊与平等互尊，其中没有自尊就没有平常互尊，而没有平等互尊，人与人之间就会成为仇敌，人与人之间如果有了自尊与平等互尊基础，就是互不相识的路人也可以互致问候；而如果缺少了基础，就算是父母、子女这些至为重要的人，都敬而远之。

眼中有物，满目皆可生香；心里有景，荒凉亦是繁华。别奢望诸事顺心、好运永伴，世界给予你什么，这并不重要，紧要的是，你用何种心态来回应和诠释。困境前要从容，诱惑中要淡定，苦难时要乐观，唯有心的纯净、豁达、感恩，才能陪你走得更远。

人生如三道茶：第一道，苦若生命；第二道，甜似爱情；第三道，淡若微风。茶味不尽在茶，更在其心。淡淡如禅的意境是茶给的，更是自己的心灵给的。携一缕茶香，在心灵的风景里穿行，人生疾驰的风景里也多了一抹禅意。人生的起落沉浮，是静品的一杯禅境。心若长满绿荫，春天便不再是遥远的事情。

面对失败和挫折，一笑而过是一种乐观自信，然后重整旗鼓，这是一种勇气；面对误解和仇恨，一笑而过是一种坦然宽容，然后保持本色，这是一种达观；面对赞扬和激励，一笑而过是一种谦虚清醒，然后不断进取，这是一种力量；面对烦恼和忧愁，一笑而过是一种平和释然，然后努力化解，这是一种境界。

没达成结果，不是因为事情太难，而是因为你内在不够坚定。迟迟不能到来的结果后面，可能是缘分因果，可能是障碍丛生，但一定有一颗摇摆的犹豫的心。不够坚定，有时是因为砝码不够，有时是因为太求周全，不管哪种，都意味着，时间荒芜，岁月零落，人生苍白。

人生本就是如此，痛苦中的徘徊，失去后的懂得，正是因为这样，我们才能不断地成长，不断地感悟，虽然过程是那么的辛酸，但只要对方能够幸福，悲伤也会化为天边的彩虹，哪怕是悲伤的彩虹，也能让两个人的故事，永久地定格在那美好的一刹那。

材料2　活鱼逆流而上，死鱼随波逐流

总以为，那个一路陪着的人不会走，那双一直牵着的手不会松。谁曾想，再见只是一句脱口而出的话语，诀别只是一个简单随意的转身。有很多人，慢慢地就散了，有很多事，渐渐地就淡了。有些路段，只能你一个人寂静地走；有些辛酸，只有我一个人无奈地尝。人生苦短，但愿有人，给我一世纵容。

可以忍受贫穷，不能背叛人格；可以追求财富，不能挥霍无度；可以发表歧见，不能拨弄是非；可以不做善人，不能为非作歹；可以不做君子，不能去做小人；可以容忍邋遢，不能容忍颓废；可以没有学位，不能没有品位；可以风流偶觉，不能纵欲无度；可以不说感谢，不能不懂感恩。

生活就是一场修行，得到了磨砺，就变得坚强；有了离别，才会感知聚的喜悦；吃到了苦，才知道什么是甜；经历了失去，就会懂得拥有时的珍惜；经历了失意，就能学会从容地选择；经受了缺憾,才能领略完美的含义。苦乐离合,花开花落,留一份珍重;一路走过,一路安然,一路喜乐。

人们常常开玩笑说,别用别人的错误惩罚自己,然而我们还是很在意。我们会对某些人恨之入骨,其实这种恨是对自己的束缚,你恨他与否对他并无影响,但恨却在你心里,所以别除对别人的恨实际上是别除自己心中的恨。

不为鸡毛蒜皮的事情而斤斤计较。不执于苦时,苦就渐渐远了。不执于乐时,乐就渐渐近了。给世界一个微笑,一份善意,一份担待,一份宽容!心宽了,路就宽了。趁岁月安好,种上一片福田,趁阳光温暖,播撒福报的种子,就让所有的相遇都是生命中没有遗憾的永恒。知足者得乐,惜福者得福。

所谓烦恼,就是杂念。我们每个人都会有种种的杂念,这些杂念有大、有小、有欢喜的、有苦恼的,大家也都习以为常了,不觉得这是一种苦。但是,如果有的杂念发展到很强烈的程度,就是痛苦了。能够看到每个念头的根源,这就是智慧。有智慧就能心态平和,就能更好、更圆满地行善。

有时候人的眼睛,看世间、看万物、看他人,就是看不到自己;能看到别人的过失,却看不到自己的缺点;能看到别人的贪婪,却看不到自己的吝啬;能看到别人的愚昧,却看不到自己的无知,能看到别人的目光短浅,却看不到自己的狭隘。人生就是要多些反思,要多些扪心自问,才能认识自己,否则就会活得很痛苦。

来者要惜,去者要放。人生是一场旅行,不是所有人都会去同一个地方。路途的邂逅,总是美丽,分手的驿站,总是凄凉。不管喜与愁,该走的还是要走,该来的终究会来。人生的旅程,大半是孤单。懂得珍惜,来的俱是美丽;舍得放手,走得没有负担。对过去,要放;对现在,要惜;对将来,要信。

没有过不去的事情,只有放不下的心情。为什么烦恼那么多?因为有太多的放不下。被批评了,面子放不下;被误解了,委曲放不下;被欺骗了,报复放不下;被伤害了,怨恨放不下……若心中只有一个"我",难免只见万般的不如意;若心中还能有众生,便能互相理解和体谅,不会伤到彼此的心灵。

脾气越大,身体越差;脾气越温,福报越深。声音越大,修养越差;声音越柔,德行越厚。性子越急,智慧越低;性子越稳,智慧越深。妻子越贤,夫祸越少;丈夫越仁,妻子越美;子女越孝,父母越安;父母越慈,子孙越贤!自己越孝,家族越旺!

一个人的心,占据身体的面积其实只有拳头大小,或者更大一些,要装载的不用太多,有爱,有慈悲,足矣。不要去记恨他人,恨是虚幻的,是无形的,驻扎在心只是一段时间的愤怒,而没有半点得益。何不将它逐开,让爱与慈悲填补所有空缺。心中有爱,才会像海一样宽广、辽阔,而一颗慈悲的心能佑你平安喜乐。

一旦被欲望的毒箭射中,心会变得麻木,失去知觉,甚至疯狂。如果没有及时清醒,就会如同爱美的飞蛾扑向火焰、贪吃的鱼儿被钓钩钓起,当发现自己身处险境时,后悔也来不及了。

我们常说:无知者无畏。很多时候,正是由于不知道面临着怎样的境况,我们才会无畏地去面对生活,也相信自己能够克服困难。但是,一旦我们清楚地看到了自己的处境,反而会被自己的心灵限制住,而无法成功战胜那些本来可以克服的困难。任何时候,都不要被自己内心的恐惧所震慑,这才是我们成功的开始。

活鱼逆流而上,死鱼随波逐流;禅师说:"真的很累吗?累就对了,舒服是留给死人的!苦——才是人生,累——才能磨炼,变——方能解脱,忍——才是坚强,容——才是智慧,静——才是修养,舍——才是得到,做——才是拥有!如果,感到此时的自己很辛苦,告诉自己:容易走的都是下坡路,坚持住,因为你正在走上坡路!"

材料3　人的一生会遇上的四个人(英/索尔安东尼)

人生就是为了找寻爱的过程,每个人的人生都要找到四个人。第一个是自己,第二个是你最爱的人,第三个是最爱你的人,第四个是共度一生的人。

首先会遇到你最爱的人,然后体会到爱的感觉,因为了解被爱的感觉,所以才能发现最爱你的人。当你经历过爱人与被爱,学会了爱,才会知道什么是你需要的,也才会找到最适合你、能够相处一辈子的人。但悲哀的是,在现实生活中,这三个人通常不是同一个人;你最爱的,往往没有选择你;最爱你的,往往不是你最爱的;而最长久的,偏偏不是你最爱也不是最爱你的,只是在最适合的时间出现的那个人。

你,会是别人生命中的第几个人呢?没有人是故意要变心的,他爱你的时候是真的爱你,可是他不爱你的时候也是真的不爱你了,他爱你的时候没有办法假装不爱你;同样地,他不爱你的时候也没有办法假装爱你。当一个人不爱你要离开你,你要问自己还爱不爱他,如果你也不爱他了,千万别为了可怜的自尊而不肯离开。如果你还爱他,你应该会希望他过得幸福快乐,希望他跟真正爱的人在一起,绝不会阻止,你要是阻止他得到真正的幸福,就表示你已经不爱他了。而如果你不爱他,你又有什么资格指责他变心呢?

爱不是占有,你喜欢月亮,不可能把月亮拿下来放在脸盆里,但月亮的光芒仍可照进你的房间。换句话说,你爱一个人,也可以用另一种方式拥有,让爱人成为生命里的永恒回忆。如果你真爱一个人,就要爱他原来的样子,爱他的好,也爱他的坏,爱他的优点,也爱他的缺点,绝不能因为爱他,就希望他变成自己所希望的样子,万一变不成就不爱他了。真正爱一个人是无法说出原因的,你只知道无论何时何地、心情好坏,都希望这个人陪着你;真正的感情是两个人能在最艰苦中相守,也就是没有丝毫要求。毕竟,感情必须付出,而不是只想获得。

辅助练习

一、单项选择题

1. 所谓人生观是指( )。
   A. 人们对自然界的本质和发展规律最根本的观点和看法
   B. 人们对整个世界的最根本看法和观点
   C. 人们在实践中形成的对人生目的和人生意义的根本看法和态度
   D. 人们对社会历史的本质和发展规律的最根本的观点和看法

2. 世界观是指( )。
   A. 人们对生活在其中的世界及其人与世界关系的总体看法和根本观点
   B. 人们认识主观世界改造客观世界的根本方法
   C. 人们对人生目的、人生价值的根本看法
   D. 科学的人生态度

3. 世界观来源于( )。
   A. 人的思想意识　　　　　　B. 生产实践
   C. 伟大人物的著作　　　　　D. 哲学家

4. "人的本质不是单个人所固有的抽象物,在其现实性上,它是一切社会关系的总和。"这句话说明( )。
   A. 自然属性是人的本质属性
   B. 社会属性是人的本质属性
   C. 自然属性和社会属性都是人的本质属性
   D. 自然属性和社会属性都不是人的本质属性

5. 人生观的核心是( )。
   A. 人生价值　　　　　　　　B. 人生目的
   C. 人生态度　　　　　　　　D. 人生信仰

6. 马克思中学毕业时即表示要"为人类福利而劳动",毛泽东年轻时期便立志"以天下为己任",周恩来在南开读书时就决心"为中华之崛起而读书"。这充分表现了革命领袖志存高远,在年轻时就( )。
   A. 形成了正确的人生目的　　B. 完成了人生修养的过程
   C. 实现了自己的人生价值　　D. 达到了人生奋斗的目标

7. 人生态度主要回答( )。
   A. 人为什么活着　　　　　　　B. 世界的本源是什么
   C. 人应当怎样对待生活　　　　D. 什么样的人生才有意义
8. 科学的人生观是( )
   A. 个人主义的人生观　　　　　B. 享乐主义的人生观
   C. 服务人民、奉献社会的人生观　D. 拜金主义的人生观
9. 把追求金钱作为人生的至高目的,认为金钱可以主宰一切的错误人生观是( )。
   A. 享乐主义的人生观　　　　　B. 禁欲主义的人生观
   C. 拜金主义的人生观　　　　　D. 极端个人主义的人生观
10. 人生价值是自我价值和社会价值的统一。人生的自我价值主要表现为( )。
    A. 个体的人生活动对社会、他人所具有的价值
    B. 个体的人生活动对自己的生存和发展所具有的价值
    C. 国家对个人的积极评价
    D. 个人通过劳动、创造为社会和人民所做贡献
11. 衡量人生社会价值的标准应该是( )。
    A. 拥有的财富　　　　　　　　B. 获得的职称或学位
    C. 个体对社会和他人的贡献　　D. 品德修养
12. 积极进取的人生态度是( )
    A. 人生须认真　　　　　　　　B. 人生当享乐
    C. 人生应拜金　　　　　　　　D. 人生应安逸
13. 实现人生价值的根本途径是( )。
    A. 树立为人民服务的人生观
    B. 自觉提高自我的主体意识
    C. 选择正确的人生价值目标
    D. 进行积极的创造性的实践活动
14. 爱因斯坦说:"人只有现身社会,才能找出那短暂而有风险生命的意义。"这段名言表明( )。
    A. 人生价值的实现必须有良好的社会环境
    B. 人生价值的实现需要发挥主观能动性
    C. 要实现社会价值必须先实现自我价值
    D. 人的自我价值和社会价值是统一的
15. 个人与社会的关系,最根本的是( )
    A. 个人理想与社会理想的关系　B. 个人利益与社会利益的关系
    C. 个人道德与社会道德风尚的关系　D. 个人财富与社会发展的关系

二、多项选择题

1. 关于世界观的说法,正确的是( )。
   A. 世界观是人们对生活在其中的世界以及人与世界关系的总体看法和根本观点
   B. 人们的世界观总是通过观察和处理具体事物和具体问题时所持有的态度和所采取的方法表现出来
   C. 世界观是人们主观精神的产物
   D. 有什么样的人生观就有什么样的世界观
   E. 世界观是人们在长期的社会实践活动中形成的

2. 人生观与世界观的关系是( )。
   A. 人生观是世界观的重要内涵
   B. 世界观决定人生观
   C. 人生观决定世界观产生和发展
   D. 人生观对世界观的巩固、发展和变化起重要作用
   E. 世界观与人生观没有关系

3. 人生观主要表现为( )。
   A. 人生目的   B. 人生态度
   C. 人生价值   D. 人生环境
   E. 世界观

4. 人生价值实现的条件包括( )
   A. 实现人生价值只需注重个人利益的实现
   B. 实现人生价值要从社会客观条件出发
   C. 实现人生价值要从个体自身条件出发
   D. 不断增强实现人生价值的能力和本领

5. 端正人生态度,需把握以下几点( )。
   A. 人生须认真   B. 人生当务实
   C. 人生应乐观   D. 人生要进取
   E. 人生不能得过且过,好高骛远,消极悲观

6. 错误的人生观的共同特征包括( )。
   A. 都是剥削阶级的人生观,反映的都是狭隘的剥削阶级的利益
   B. 都没有把握个人与社会的正确关系,忽视或否认社会性是人的存在和活动的本质属性
   C. 对人的需要的理解都是片面的,夸大了人生某方面需要
   D. 都不能代表人民群众的利益,不可能具有无产阶级的宽广胸怀、远大志向
   E. 讨论人生的出发点都是一己之私利

7. 评价社会成员人生价值的大小,应坚持( )。

A. 物质贡献与精神贡献相统一
B. 动机与效果相统一
C. 完善自身与贡献社会相统一
D. 目的与手段相统一
E. 索取与享受相统一

8. 人生社会价值和自我价值的关系为(　　)。
   A. 两者完全对立
   B. 两者共同构成人生价值的矛盾统一体
   C. 人生的自我价值是个体生存和发展的必要条件
   D. 人生的社会价值是实现人生自我价值的基础
   E. 人生的自我价值是实现人生社会价值的基础

9. 人生价值实现的个人条件主要包括(　　)。
   A. 选择确定的人生价值标准
   B. 立足于现实,坚守岗位做贡献
   C. 从个体自身条件出发
   D. 要有自强不息的精神
   E. 增强实现人生价值的本领

10. 成就出彩人生要(　　)。
    A. 与历史同行
    B. 与祖国同行
    C. 与人民同在
    D. 与享乐同存

11. 树立正确的得失观,(　　)。
    A. 不要拘泥于个人利益的得失
    B. 不要满足于一时的得
    C. 不要惧怕一时的失
    D. 不要追求个人的利益实现

12. 以下哪些是当代大学生应当提倡和践行的(　　)。
    A. 坚持以热爱祖国和服务人民为荣
    B. 坚持以崇尚科学和辛勤劳动为荣
    C. 坚持以团结互助和诚实守信为荣
    D. 坚持以遵纪守法和艰苦奋斗为荣

13. 以下哪些内容是当代大学生应当批评和抵制的(　　)。
    A. 以危害祖国和背离人民为耻
    B. 以愚昧无知和好逸恶劳为耻
    C. 以损人利己和见利忘义为耻
    D. 以违法乱纪和骄奢淫逸为耻

14. 歌德说过:"你若喜欢你自己的价值,你就得给世界创造价值。"这说明(　　)。
    A. 个人对社会的责任和贡献应该是第一位的
    B. 个人的自我价值的实现,要以个人对社会的贡献为基础

C. 个人对社会的奉献既体现了个人的社会价值,也体现了个人的自我价值

D. 个人为社会做贡献是自我价值的基本标志

E. 社会对个人的满足应当是第一位的

15. 个人主义(　　)。

A. 主张一切从个人出发,把个人的利益放在集体利益之上

B. 强调为个人本身就是目的,具有最高价值

C. 是资产阶级世界观的核心

D. 与社会主义为人民服务的人生观是根本对立的

E. 在资产阶级革命早期,在争取个人权利和自由、反对封建专制方面具有积极意义

三、辨析题

1. 在处理个人和社会的关系问题上,有人主张"主观为自己,客观为别人"。

2. 人的本质是自私的。

四、材料分析题

材料1　留美女博士成毒枭

王致梅是国家破格选派到美国攻读博士人员之一,学业有成之后,她不留恋国外优厚的条件义无反顾地返回祖国,成为优秀的化工专业人才,国家和社会给了她很多荣誉。但她后来在金钱的诱惑下,误入歧途,由一名对国家"有突出贡献的专家"沦落成丧尽天良的大毒枭。

问题:

通过留美女博士王致梅变成毒枭的案例,分析大学生应当注意什么问题?

材料2

北京某大学一名女生,写了遗书,女扮男装出走了。她在上大学的第一篇日记中写道:"我上了大学,一百个不幸者中的四个幸运儿之一。我努力,我聪明,战胜了九十六人,只要我不懈,我还能夺得四人之魁。"她曾经下决心研究美术史,但后来发现自己并没有美术天分;她也曾爱好文学,但她认为:人都是自私的,因而害怕接触人;她又去报考北大双学位,结果落榜了。最后在遗书中她写道:"我陷入了绝望,一切都无目标,一切都无意义了。我恨我自己,我开始折磨自己,几乎每天都在泪水中度过。我活着的价值在哪里?地球在宇宙中算得了什么?何况我这样失去了信心的人呢?我想到自杀。"就这样,她出走了。

问题:

请根据这一材料,运用人生价值观与案例分析该学生走上了人生歧途的原因。

【参考答案】

一、单项选择题

1. C　2. A　3. B　4. B　5. B　6. A　7. C　8. C　9. C　10. B　11. C　12. A　13. D

14. D　15. B

二、多项选择题

1. ABE 2. ABD 3. ABC 4. BCD 5. ABCD 6. ABCDE 7. ABC 8. BCD
9. ABCDE 10. ABC 11. ABC 12. ABCD 13. ABCD 14. ABCD 15. ABCDE

三、辨析题

1. 这种观点是错误的。

（1）所谓"主观为自己，客观为别人"又称"合理利己主义"，是资产阶级所奉行的人生观的一种形式，其实质上是利己主义。这种说法的基本理论依据是人性自私论。

（2）从动机和效果的角度分析，"合理利己主义"的所谓"为别人"，实质是达到"为自己"目的的一种手段，这与我们所倡导的"为人民服务"有着原则性的区别。

（3）从个人与社会的关系来看，首先，个人与社会是不可分离的。社会是个人生存和发展的基础，个人是构成社会的前提。其次，个人与社会的关系，归根结底是个人利益与社会整体利益的关系。在社会主义社会个人利益与社会整体利益在根本上是一致的，但社会整体利益不是个人利益的简单相加，而是所有人利益的有机统一，它体现了作为社会成员的个人的根本利益和长远利益。因此，当个人利益与社会利益发生矛盾时，个人利益要自觉服从社会利益。最后，个人的权利、自由是在社会中获得的。没有社会，个人的权利自由也就无从实现。因此，承担社会的责任和义务，为社会做贡献，是社会存在和发展的必不可少的前提。

2. 这个观点是错误的。

（1）把人性中的自然属性误认作人的本质属性，同时抹杀了人与其他动物的根本界限。

（2）混淆了"个人利益"和"自私"两个不同意义的概念，在逻辑上是不可能成立的。

（3）将自私视为对人性的一般概括，与历史事实不符。

四、材料分析题

1. （1）人生的价值分为自我价值和社会价值。

（2）人生价值评价的基本尺度，是劳动以及通过劳动对社会和他人做出的贡献，这是社会评价一个人的人生价值的普通标准。

（3）大学生应在积极投身社会，在对企业和他人做贡献的过程中实现人生价值和理想。

2. 这个学生在探索人生价值的道路上走入歧途，她刻意追求自我价值，而没有树立科学的人生价值观，没有将自我价值与社会价值统一起来，而最终走上悲观厌世的道路。

第二章
Chapter 2

坚定理想信念

学习目标

理想信念激励着人们为着一定的社会理想和生活目标而不断努力追求。树立崇高的理想信念就是要确立马克思主义信仰,做中国特色社会主义共同理想和共产主义远大理想的忠诚实践者。青春只有在为祖国和人民的真诚奉献中才能更加绚丽多彩,只有融入国家和民族的伟大事业才能闪闪发光。新时代的大学生应当把个人的命运与国家和人民的命运联系在一起,立为国奉献之志,立为民服务之志,自觉把个人的理想追求融入为实现中华民族伟大复兴中国梦的奋斗当中。

核心问题解析

第一节 理想信念的内涵及重要性

1. 怎样理解理想信念的含义和特征?

理想:人们在实践中形成的、有可能实现的、对未来社会和自身发展的向往与追求,是人们的世界观、人生观和价值观在奋斗目标上的集中体现。

理想的特征:

(1)理想具有时代性:理想是一定时代的产物,都带着特定历史时代的烙印。

(2)理想具有超越性:理想之所以能够成为一种推动人们创造美好生活的巨大力量,就在于它不仅源于现实,而且超越现实。

(3)理想具有实践性:作为一定社会实践的产物,理想是处在特定历史条件下的人们对于社会实践活动理性认识的结晶。离开了实践,任何理想的产生都是不可思议的。理想在实践中产生,在实践中发展,也只有在实践中才能得以实现。

信念:认知、情感和意志的有机统一体,是人们在一定认识基础上确立的对某种思想或事物坚信不疑并身体力行的心理态度和精神状态。

信念的特征:(1)稳定性:一旦形成,终生不渝并具有巨大惯性。

(2)多样性:人们需要的丰富多彩,导致信念的丰富多样。

(3)执着性:努力身体力行,不达目的誓不罢休。

(4)实践性:根源于实践并积极反作用于实践。

理想与信念的关系:信念是对理想的支持,是人们追求理想目标的强大动力。

(反思:每个人通常都有理想,但是并不是每个人都能实现,关键在于没有把理想和信念联系在一起。)

2. 为什么说理想信念是精神之"钙"?

理想信念昭示奋斗目标;理想信念提供前进动力;理想信念提高精神境界。

3. 理想信念对大学生成长成才有什么样的重要意义?

引导大学生做什么人;指引大学生走什么路;激励大学生为什么学。

(反思:为什么在课程的起始要谈理想和信念?因为理想和信念是我们面对挫折与失败时能够坚持自己的前进方向、勇于挑战挫折与失败的强大精神动力。)

第二节 崇高的理想信念

1. 为什么要信仰马克思主义?

马克思主义体现了科学性和革命性的统一——深刻揭示了自然界、人类社会、人类思维发展的普遍规律,维护、发展人民的根本利益。

马克思主义具有鲜明的实践品格——重视理论与实践相结合。

马克思主义具有持久生命力——与本国国情结合、与时代发展同步、与人民共命运。

2. 怎样树立中国特色社会主义共同理想?

"三坚定":坚定对中国共产党的信任、坚定对中国特色社会主义的信念、坚定对实现中华民族伟大复兴的信心。

3. 大学生如何正确认识共产主义远大理想和中国特色社会主义共同理想之间的关系?

实现共产主义是我们的远大理想,坚持和发展中国特色社会主义,就是向着远大理想所进行的实实在在的努力。心中有信仰,脚下有力量。走好新时代的长征路,大学生要不断增强中国特色社会主义道路自信、理论自信、制度自信、文化自信,自觉做共产主义远大理想和中国特色社会主义共同理想的坚定信仰者、忠实实践者,为崇高的理想信念而矢志奋斗。

第三节 在实现中国梦的实践中放飞青春梦想

1. 如何在实践中化理想为现实?

(1)正确认识理想与现实的关系是实现理想的思想基础。

(2)坚定的信念是实现理想的重要条件。

(3)勇于实践、艰苦奋斗是实现理想的根本途径。

2. 为什么说理性具有长期性、艰巨性和曲折性?

理想变为现实不是一蹴而就、一帆风顺的,往往会遭遇波澜和坎坷。理想的实现是一个过程(实现过程复杂),理想实现过程中既有顺境也有逆境,要正确对待。

3. 如何认识个人理想与社会理想及其相互关系?

个人理想:指处于一定历史条件和社会关系中的个体对于自己未来的物质生活、精神生活所产生的种种向往和追求(包括具体的社会政治理想、道德理想、职业理想和生活理想等)。

社会理想:指社会集体乃至社会全体成员的共同理想,指在全社会占主导地位的共同奋斗目标。

二者的关系:社会理想规定、制约着个人理想;社会理想又是个人理想的凝练和升华。

4. "立志高远"与"始于足下"有什么关系?

立志,就是确立理想和信念。因此:

立志当高远——就是要放开眼界,不满足于现状,也不屈服于一时一地的困难,更不会斤斤计较个人私利。

立志做大事——要以国家民族的命运为己任,不要以个人的荣华富贵为人生理想。在今天,做大事就是献身于中国特色社会主义伟大事业。

立志须躬行——千里之行,始于足下。实现崇高的理想,要从我做起,从现在做起,从平凡的工作做起。

案例共享

案例 1

信念的价值

美国诺必塔小学的董事兼校长皮尔·保罗对所有的学生都是一视同仁的,在他的心目中根本没有什么"优生"和"差生"之别。因而,他对所有学生都给予热忱的鼓励,从而在他们心中树起一面旗帜,而孩子确实是需要鼓励、需要有一面旗帜的。在他的学生中,有一位叫罗杰·罗尔斯的学生后来成为美国纽约州历史上第一位黑人州长。

罗杰·罗尔斯出生在纽约的大沙头贫民窟。那里环境恶劣,充满暴力。罗杰·罗尔斯所在的诺必塔小学的学生不与老师合作,旷课、斗殴,甚至砸烂教室黑板。皮尔·保罗想了很多办法来引导他们,可是没有一个是奏效的。后来他发现这些孩子都很迷信,于是在他上课的时候就多了一项内容——给学生看手相。他用这个办法来鼓励学生。

有一天,当罗尔斯从窗台上跳下,伸着小手走向讲台时,皮尔·保罗说:"我一看你修长的小拇指就知道,将来你是纽约州的州长。"当时,罗尔斯大吃一惊,因为长这么大,只有他奶奶让他振奋过一次,说他可以成为五吨重的小船的船长。这一次,皮尔·保罗先生竟说他可以成为纽约州的州长,着实出乎他的预料。他记下了这句话,并且相信了它。

从那天起,"纽约州州长"就像一面旗帜飘在罗尔斯的心中,他的衣服不再沾满泥土,说话时不再夹杂污言秽语。他开始挺直腰杆走路,在以后的40多年间,他没有一天不按州长的身份要求自己。51岁那年,他终于成了州长。

在就职演说中,罗尔斯说:"信念值多少钱?信念是不值钱的,它有时甚至是一个善意的欺骗,然而你一旦坚持下去,它就会迅速升值。"信念,可以成为所有奇迹的萌发点;鼓励,能够成为一个人一生的动力。

——摘自《别让自己的提醒晚到一步》,厉尊,中国纺织出版社,2004年

【思考讨论】

在我们的社会中,一些学校、校长和教师总喜欢在学生中分出优的、差的,并给予不同的态度——对所谓的"优的""好的"当然是锦上添花;而对所谓的"差的""坏的",则往往是"雪上加霜",这样的教育方法其实是与教育的宗旨相悖的。

请结合自身实际谈一谈:

1. 是什么力量使得罗尔斯终于在51岁那年成为美国纽约州的州长的?
2. 这些力量是如何发挥作用的?

案例 2

相信年轻人

12月16日电 "2014年两岸企业家台北峰会"15日在中国台北登场,阿里巴巴集团董事局主席马云出席并演讲。中国台湾《中时电子报》报道说,短短30分钟,马云直白论述为什么要重视年轻人、相信年轻人,并分享曾经彷徨的心路历程。

该网站还摘录了马云谈话的10个重点:

1. 相信年轻人,你才能说未来是美好的。

15年前,阿里巴巴还是小得不能再小的企业,从没有想过会有今天,我从没有想过今天能在中国台湾跟这么大的企业家进行沟通和交流,是时代给我们机会,是社会给我们机会,是国家给我们机会,更是同事、朋友给我们机会。

如果你相信未来,你就要相信年轻人,如果你相信年轻人,你才会真正觉得未来是美好的。

2. 金庸小说里说"年纪越大武功越高",这是违背规律的。

我跟金庸探讨过,我在他的武侠小说里,看到"年纪越大武功越高",我认为这是违背规律的,我们应该把机会给年轻人。

过去15年间,中国台湾看不见什么新的年轻企业家,这是值得反思的问题。

3. 成功人士,多反思自己;失败的人,不要埋怨别人不给机会。

每个人都要经过挫折,如果没有这么多年的痛苦和彷徨,不可能有今天。所以年轻人痛苦和彷徨很正常,重点是要思考:自己该做些什么。

4. 如果老板看不上你,要学会欣赏自己。

我跟很多名牌大学毕业的人讲,你要用欣赏的眼光,看看那些非名牌大学毕业的人。如果你毕业于像我这样的学校(杭州师范学校),甚至连我这样的学校都不是的话,请你用欣赏的眼光看看自己。

如果有跟别人不一样的话,是我们这些人看世界的角度和看问题的深度不一样。我自己觉得每一代、每一个人都有自己的机会,只是你是否能把握。

5. 人有三层机会,最后一层是给别人机会。

人生一般有三层机会。第一层,年轻的时候你什么都没有,其实这个时候都是机会,因为你满手都是空的时候,想做什么就做什么。

第二层机会呢,你刚刚有点成功的时候,你觉得到处都是机会。有人跟我说,马云,现在互联网到处都是机会。是啊,你没钱时你骗别人,你有钱时别人骗你。你自己觉得都是机会的时候,反而要想清楚,你有什么、你要什么、你放弃什么,而其实真正属于你的机会并不多。

最后一层机会,是给别人机会。30岁跟别人干,40岁为自己干,50岁要给别人干,要给别人机会,给年轻人机会。

6. 未来的经济一定是利他主义。

未来世界是从IT(information technology)向DT(data technology)转移、向数字技术转移。DT是让别人更强大,未来的经济是讲求利他主义,讲求分享、透明及担当。昨天的IT是自我思想,利我为主,并且封闭,自己掌握资源,不让别人知道这时代已经发生天翻地覆的变化。

7. 啥机会都没有,就是到处都是机会。

当世界全是抱怨和不满时,其实机会就在其中,只要将这些抱怨变成创业的理想,就是未来成功的时候。

8. 完善小人物的需求,才有今天。

你每天盯着李嘉诚、比尔·盖茨、马云,你不会有机会的。我那时候也一样,每次看到比尔·盖茨、郭台铭火气就大,他们把我的机会都拿走了,我什么时候可以成为比尔·盖茨?我什么时候可以超越李嘉诚?

但是我放下这些东西,去看到旁边的这些人,看到小王小李(的需求),然后再一点一点完善(这些需求)的时候,才开始有今天。

你今天看到的大人物,是大人物他们想让你看到他们的东西。但你要看到他们背后的辛酸与努力,以及付出的巨大代价。我自己刚过50岁,现在讲话有点哲理,讲话有哲理的人,一般是吃苦多的人。

9. 只有改变自己才能改变世界。

只有我们改变了,才能改变世界,因为改变世界其实很难,轮不到你,但改变自己却是每个人都可以做到的。

多想想,自然就会成功起来。但最关键的是,我们不要"晚上想想千条路,早上起来走原路"。我们很多年轻人,晚上想要干这干那,早上起来就骑车去上班了。我觉得改变从现在开始,行动是一切真正所在。

10. 今天很残酷,明天更残酷,才能看到后天的太阳。

最后,我还是想讲,鼓励大家创业是容易的,但坚持创业理想、完善自己,是很艰难的。

创业这条路,我每天都在提醒自己:今天很残酷,明天更残酷,但后天很美好。但大部分人都死在明天晚上,他不可能看到后天的太阳。所以你要不断改变自己,让自己今天活得好、活得强,才能看到后天的太阳。

——转自中国新闻网新闻中心,2014年12月16日

【思考讨论】

阅读上述内容,结合本章关于理想信念的理论,谈一谈马云成功的原因是什么。

案例3

能吃苦的大学生吃香了

最近,在湖北经济学院招生与就业网上,美尔雅服饰有限公司在招收应届毕业生的要求中明确指出,应聘毕业生须来自农村,能吃苦。据该校就业指导处的俞主任介绍,现在企业招聘

行情显示:学历不再是用人单位首选,能否吃苦耐劳越来越受到重视。(7月7日武汉晨报)

像这样把吃苦耐劳作为"选才要求"的并非独此一家。越来越多的用人单位,重视实际工作能力和优秀品质,而不是"唯学历是用"。这不仅是因为企业竞争激烈,工作节奏快,怕招进的大学生吃不了这番辛苦,同时也表明"实用"思想已成为人才市场的主导,企业人才定位趋于合理化。

事实上,意志坚强、不怕困难、百折不挠、开拓进取是一个人优秀的品质,这种品质是经过艰苦锤炼形成的,什么时候都不会过时。世上的任何事情要想获得成功,实现任何一种理想,必须经过奋斗和努力,克服这样或那样的困难,有时要付出很大的代价,没有吃苦的精神是不能到达胜利的彼岸的。一个人要实现自己的理想,成就一番事业、有所建树,历经磨难、吃一点苦是必要的。就是有真才实学,如果不肯吃苦耐劳,也难以保持良好的竞技状态,不仅适应不了激烈的竞争形势,还极容易被困难吓倒,被挫折击垮,更谈不上理想的实现。

吃苦耐劳受宠,给我们两点启发,一方面说明了面对日趋激烈的社会竞争,大学生除了要在科学知识、职业技能方面有所储备外,还应多参与一些力所能及的劳动。只有乐于吃苦,自觉地与学习中、生活中、劳动中、体育锻炼中的困难做斗争,向自我挑战,将来才能战胜自我,勇挑重担。

另一方面,只要调整择业心态,肯吃苦耐劳,愿到基层一线,仍有很多的就业机会。大学生不应把自己看成是所谓的"天之骄子",只能"劳心",不能"劳力",应适时调整自己的心态,勇于到艰苦的地方去,为个人赢得更广阔的发展空间。

——摘编自《能吃苦的大学生吃香了》,锦州晚报,2003年7月25日

【思考讨论】
1."能吃苦"这样一个"优势"究竟有多么重要?
2.这一"优势"尤其对于三表本科院校的学生来说意味着什么?

案例4

共产党人不变的"赶考"精神

"时代是出卷人,我们是答卷人,人民是阅卷人。"2018年1月5日,习近平总书记在新进中央委员会的委员、候补委员和省部级主要领导干部学习贯彻习近平新时代中国特色社会主义思想和党的十九大精神研讨班开班式上郑重宣告。

进入新时代,党的面貌一年一个样,五年大变样,作为世界上最大的政党,我们党用实际行动生动诠释了"大就要有大的样子"。从回归世界舞台到日益走近世界舞台中央,在团结带领中国人民从站起来、富起来到强起来的伟大历史进程中,中国共产党赶考者的姿态始终如一。

69年前,党中央从西柏坡动身前往北京时,毛泽东同志意味深长地说:"今天是进京赶考的日子。"

"60多年的实践证明,我们党在这场历史性考试中取得了优异成绩。同时,这场考试还没有结束,还在继续。"2016年7月1日,在庆祝中国共产党成立95周年大会上,习近平总书记

谆谆告诫。

党的十八大以来,以习近平同志为核心的党中央继承和发扬了毛泽东同志关于"赶考"的论述,重申了"赶考"精神对于新时代坚持和发展中国特色社会主义的重大意义。

始终坚持"赶考"精神,面对时代课题,承担使命担当,艰苦努力奋斗,迎接人民检验,是中国共产党人成功的精神密码,也是不变的精神品质。

"赶考"精神源自危机意识

改革开放40年来,中国特色社会主义取得了辉煌成就,中国特色社会主义道路、理论、制度、文化不断发展,我国综合国力、经济实力和人民群众的获得感、幸福感持续增强,国际地位不断提高,中国特色社会主义进入了新时代。

成绩固然可喜,但前路依然艰辛,必须始终保持危机意识。党的十九大报告强调,要深刻认识党面临的执政考验、改革开放考验、市场经济考验、外部环境考验的长期性和复杂性,深刻认识党面临的精神懈怠危险、能力不足危险、脱离群众危险、消极腐败危险的尖锐性和严峻性。

在中国特色社会主义进入新时代的历史时刻,面对我们党在坚持和发展中国特色社会主义的历史进程中可能遇到的各种危险考验,以习近平同志为核心的党中央再次强调"赶考"精神,对于党的事业意义重大。

保持危机意识,应当坚持问题导向,回答时代之问和人民之问。时代是出卷人,我们所处的时代充满了风险和挑战。中国共产党是世界上为数不多仍然坚持和发展马克思主义的执政党,中国是世界上为数不多依然坚持社会主义和共产党领导的国家,中国特色社会主义进入新时代,既是对之前历史时期所取得成果的概括和凝练,也是对下一阶段所面临挑战和风险的提示。

保持危机意识,对于维护党和国家长治久安,维护人民根本利益有着重大意义。面对经济发展进入新常态等一系列深刻变化,面对人民日益增长的美好生活需要和不平衡不充分发展之间的矛盾,面对各种重大自然灾害和突发事件的挑战,面对外部的种种杂音和挑战,中国共产党人筑牢"四个意识",保持对"四大考验""四种危险"的敏锐判断和高度警觉,始终以昂扬斗志迎接形形色色的风险和挑战,确保党始终屹立于不败之地。

提升执政本领积极"应考"

面对时代考题,作为答卷人,我们党必须答好考卷。面对日趋复杂的国内外环境,面对各种执政考验的挑战和冲击,我们党既要有敢于担当的铁肩膀,也要有善于成事的真本领。只有不断提高执政能力和定力,提高答卷的能力,保持答卷的定力,才能够积极"应考",答好考卷。

执政能力,是一个党能否长期执政、稳定执政的关键。中国共产党面临"四大考验""四种危险",既需要能够意识到问题所在,又需要能够以高超的治国理政能力予以应对。党的十八届三中全会把推进国家治理体系和治理能力现代化作为全面深化改革总目标,从而将党的执政能力建设在国家层面具体化为国家治理能力,党的十九大报告在"执政能力建设"提法的基础上,提出"长期执政能力建设"的新要求,对于执政能力建设提出了新的建设目标。始终坚持执政能力建设,不断加强对马克思主义及其中国化理论成果的学习,对现代国家治理方式的学习,对先进科学技术的学习,对中国传统文化的学习,不断提升执政水平,不仅以高超的政治意识、政治觉悟把握方向、坚持底线,而且能够以高超的执政本领应对问题、解决问题。

执政定力,是中国共产党人大局观念和顽强毅力的集中体现。党的十八大以来,习近平总书记高度重视保持战略定力的重要性,在加强执政能力的同时,也加强执政定力,时刻保持共产党人的无畏气魄。"空谈误国、实干兴邦",体现了中国共产党坚强的执政定力。不论经历何种风云变幻和考验,我们党始终坚持马克思主义的指导思想不动摇,坚持走自己的发展道路不动摇,坚持以人民为中心的立场不动摇,坚持党的基本理论、基本路线和基本方略不动摇,在世界形势深刻变化的历史进程中始终保持昂扬向上的精神面貌和斗志,始终成为全国人民的主心骨。

为政之要,莫先于得人,人才是加强执政能力和定力的关键。执政能力关键是人的能力,执政定力关键是人的定力,加强执政能力和定力,关键是把人的工作做好,把人才作为推动党的各项工作的第一资源。人才是党和国家的宝贵资源,人才工作是党和国家的重要工作。注重遴选人才、培养人才、运用人才,用人才工作引领执政能力的提高和执政定力的强化,在党内形成人才合理使用、有序发展的局面,培养数以万计的人才投身党的事业,从而使得人才工作成为加强执政能力和定力的牵引力和总抓手。

敢于担当、善于担当,是加强执政能力和定力的核心。加强执政能力和定力,需要有敢于担当的品质和善于担当的能力。只有敢于担当、善于担当,高超的执政能力和坚定的执政定力,才能转化为解决问题的实效和推动发展的成果。担当是加强执政能力和定力的灵魂,中国共产党人需要有描绘蓝图的能力,也需要有"一张蓝图绘到底"的定力。没有担当精神,执政能力和定力都只能是纸上谈兵,只能是空中楼阁,而不可能对党的事业和实践发展产生推动作用。

正风肃纪是"赶考"的重要保障

人民是阅卷人,人民的获得感、满意感、安全感是检验我们党"赶考"成绩的关键。"赶考"精神要求中国共产党人始终以迎考的心态面对时代的挑战,时刻接受人民的检验。

加强党的作风建设,是坚持"赶考"精神的重要保障。党的十九大报告指出,伟大斗争、伟大工程、伟大事业、伟大梦想,紧密联系,相互贯通,相互作用,其中起决定性作用的是党的建设新的伟大工程。办好中国的事情,关键在党,关键在党要管党,全面从严治党。在"赶考"中取得好成绩,获得时代和人民的认可,需要中国共产党人持之以恒正风肃纪,强化不敢腐的震慑,扎牢不能腐的笼子,构筑不想腐的堤坝。

共产党人的危机感、使命感,需要持之以恒正风肃纪。中国共产党治国理政既面临形形色色的艰难险阻和困难风险,也承担着全面建设社会主义现代化强国和实现中华民族伟大复兴中国梦的使命,共产党人的危机感和使命感是始终保持"赶考"精神的思想根源。统一党的思想,规范党员行为,突出使命担当,用纪律和制度构筑起拒腐防变之墙,以持之以恒正风肃纪维系初心和使命,是中国共产党人能够经历各种风浪考验的保障。

回应时代需求、满足人民向往,需要持之以恒正风肃纪。时代需求是指引我们前进的导向,是否满足人民的向往是评判我们成绩的标准。时代要求中国共产党承担起中华民族伟大复兴的历史使命,人民要求不断满足日益增长的美好生活需要,回应时代需求和满足人民向往的关键,在于我们党能否始终保持旺盛活力、浩然正气和昂扬斗志。

确保党始终保持先进性、纯洁性,必须持之以恒正风肃纪。改革开放以来,对党的肌体侵害最大的是腐败,持之以恒正风肃纪,不断推进全面从严治党和反腐败斗争,是坚持"赶考"精神的题中应有之义。党的十九大报告指出,人民群众最痛恨腐败现象,腐败是我们党面临的最大威胁。只有以反腐败永远在路上的坚韧和执着,深化标本兼治,保证干部清正、政府清廉、政治清明,才能跳出"历史周期率",确保党和国家长治久安。中国共产党人回应时代需求,满足人民向往,必须持之以恒正风肃纪,以永远在路上的执着把全面从严治党引向深入。

中国共产党带领中国人民走过了97年的光辉岁月,开展了伟大的社会实践,其中一条宝贵经验就是,不论顺境还是逆境,不论成功还是挫折,中国共产党始终能够坚持"赶考"精神这一珍贵品质。

在新时代新征程上,必须继续坚持"赶考"精神,把握时代的考题,切准时代的脉搏,接受人民的检验和评判,保持危机意识,不断加强执政能力和定力,持之以恒正风肃纪,始终保持党的先进性和纯洁性,不断为中国特色社会主义和中华民族伟大复兴的中国梦书写新的篇章。

——摘编自《共产党人不变的"赶考"精神》,祝捷,半月谈网,2018年7月4日(http://www.banyuetan.org/sx/detail/20180704/1000200033136141530666281569609124_1.html)

【思考讨论】
什么样的理想信念使得共产党在历史性的考试中取得了优异的成绩?

案例5:

"精日"分子有病且病得不轻——得治

穿"鬼子"服参加校运会、"四行仓库军服"事件、"紫金山"事件……各种匪夷所思的"精日"分子总有办法跃入眼帘。于是终于出离愤怒,这些人真的有病吧!病得不轻啊!这些"中国人的败类"一路走到黑的时候,还有得救吗?

1. **症状:不遗余力为日本的错误和罪行"洗地"**

熟悉二次元文化的人都知道,"精日"是"精神日本人"的简称。根据有关部门掌握的情况,"精日"分子可以崇拜日本达到仇视中国人民、仇视中华民族,以身为中国人为耻的地步;将日本视为"理想国",甚至不遗余力地为日本军国主义的错误和罪行"洗地"。

2018年4月,网民"洁洁良"参加相关活动时,因不满现场留下大量垃圾,用十分"精日"的语言发布微博。当网友指出其言论不当后,"洁洁良"变本加厉,拒不删帖。经调查,"洁洁良"曾就读于辽宁师范大学,后为厦门大学环境与生态学院在读研究生。事件发生后,厦门大学立刻表示将依纪依规对该生进行严肃的党纪校纪处理。

如果你以为"精日"分子只会用网民的身份掩护来作死,那你就低估了他们的"病情"。

2017年,"八·一三"淞沪抗战纪念日前夕,四名男子穿二战日军制服在上海四行仓库抗战纪念馆前合影。上海警方调查后认定该事件为有计划、有组织的行为,其中有两名参与者曾多次发布身着日军军装的照片。他们携带的服装中,既有日本军服,也有二战德军军服、伪满洲国军服以及日本腰刀等配饰。

2018年2月,两名男子身着侵华日军的军装在南京紫金山抗战遗址前摆拍合影。其中一人手持军刀,一人手持带刺刀步枪,枪上挂着写有二战时日军用语字样的白底红日旗。

2. 病因:我过得不好,你也别想舒坦

不少"精日"分子最初是从对日本ACGN(动漫游戏等二次元文化)作品极度迷恋开始的,继而爱上了ACGN构筑的日本"理想国"。

尤其是一些人生价值观未成熟的青少年,对比自己生活小圈子里的焦虑不安、挫折坎坷,更向往想象中的日本的安逸和文明。

问题是,自己没钱没才甚至没成年,去不了日本,走不出厌倦透顶的一方天地,怎么办?

所以仇怨开始蔓延:我过得不好,你也别想舒坦,我要用你最大的屈辱打击你,那就是曾经被日本侵略者践踏的民族自尊。

这大概是"精日"分子最阴暗的心理,也是刺激感的来源。

正如自媒体作家"柜子说"分析的那样:年轻人受了伤害,把自身念念不忘的仇恨转移到"国家""民族"的宏大层面来"稀释"和"解释"。

自身的卑微催生对强大力量的渴求,而这种对"强大"的理解又是扭曲的,所以曾经屠杀中国人的日本侵略者,令他们折服。

在国家公祭日当天发表侮辱南京大屠杀死难者言论的王某,佐证了上述说法。他在朋友圈曾大放厥词"南京大屠杀还是死的中国人少,不然我怎么还是娶不上媳妇呢?"王某同时转载了"四行仓库军服"事件的相关新闻链接,并说"是我的话我也这么做"。

如果说愤懑与仇恨还是浅层次的"病因",那么意识形态的背叛就是深层次"病根"。

"精日"分子某种程度上来说都是幻想主义者。对现实不满的青少年看了动漫就以为日本真有那么好,幻想"如果自己生来是日本人能怎么怎么样",被过分渲染的美感和幸福感所盅惑。

在历史学家和传播学者看来,不可否认,日本自有的一套逻辑严密、内容丰富的对本国历史、世界地位的描述是吸引人的。

在这些描述中,自然少不了理想化的意识形态构建和灌输,并潜移默化地隐藏于"瑰丽多彩"的文化艺术作品中,进而传播感染他人。

加上"有心之人"的引导和一些圈层文化的封闭式"洗脑",结果就显而易见了。"精日"

分子的言论和行为从本质上来说,是对自身文化的否定和摒弃。

"精日"群体在不知不觉中成为文化观念斗争的"试验品"乃至"战利品"。

3. 治疗:严惩不贷 + 长期调理

对于病情严重的人,必然是要下猛药的。针对疯狂的"精日"分子,完善相关法律法规,严惩不贷势在必行。

全国两会期间,继39位全国政协委员联名递交相关提案后,又有多位全国人大代表联名提交关于《完善立法保护国格与民族尊严》的议案,呼吁从立法层面对"精日"分子予以严惩。

"必须要在法律上给类似行为划出红线。"南京大屠杀史与国际和平研究院执行院长张建军认为,我国目前在惩治"精日"方面,只能参照治安管理处罚法第二十六条中的"其他寻衅滋事行为",由公安机关处十日以上十五日以下行政拘留,即使合并执行拘留处罚,也不超过20天。

这显然是不足够的。"要明确告知相关言论和行为的恶劣程度,以及让违法成本高到肇事者难以承受,这样传播力和破坏力才会快速下降。"此外,应把一般治安意义上的寻衅滋事和在特定公共场合、特定历史文化遗址挑衅人类良知与共同价值的行为区别开来。

对于病情尚可控、可转化、可治愈的潜在"精日"分子,则需要长期处方来引导和调理。

一个24岁的在校大学生,曾坦言自己正游走在"哈日"和"精日"的边缘。"每次自己遇到不公、不顺,或者看到一些身边发生的负面舆情事件,都会很失望、愤怒,然后就不自觉地给日本加分。我知道自己接受的信息很多时候是不客观不全面的,但情绪控制不了。有时候也会很混沌。"

这样的心理历程,确实可以给我们启示。复旦大学新闻学院教授李双龙说,要警惕"精日"的危害,更要谨防青少年群体中"哈日"到"精日"的转变。"这是外在到内涵的转变。基于一些文艺作品和碎片化的信息来进行社会学和价值观的判断,这是很危险的。"

所以,要把强化青少年的国家和民族教育作为长期系统工程来做,特别是涉及日军侵华等历史真相的研究和传播。

正如作家陆琪所说,75后、80后的一批人也曾受日本动漫文化影响很深,但为什么很少会被"洗脑"成"精神日本人"呢?

我们要反思,是什么纵容了遗忘和姑息,是谁在低估问题和形势。

——摘自《半月谈评论:"精日"分子有病且病得不轻——得治》,俞菀,半月谈网,2018年5月10日(http://www.banyuetan.org/pl/test/detail/20180510/1000200033136001525913550192194894_1.html)

【思考讨论】

阅读上述内容,结合本章关于理想信念的理论,谈谈树立科学的理想信念对于大学生成长成才的重要意义。

案例6

农科大学生为何难入农

《瞭望》新闻周刊记者近日在宁夏走访多场招聘会发现，农业企业成为招聘会上颇受冷落的"丑小鸭"。受工作环境、薪资待遇、职业认同感等因素制约，农业企业"招人难"问题比较突出。

另一方面，专业培养与就业方向脱节，使农科大学生到农企农村工作底气不足，不少农企对应届农科大学生的能力也心存质疑。

采访中，宁夏大学农学院副书记李文华告诉本刊记者："宁夏大学农学院去年虽然有80%的应届本科毕业生在涉农领域工作，但真正到农企工作的学生却并不多，下到农企的硕士生和博士生就更少了。"

如何让农科大学生投身农业、下沉农村？受访企业、涉农院校认为，应加大对农业人才实际运用能力的培养；同时要加大政策支持，让人才"有回报""有身份"，全面提升人才获得感。

农企招聘会不受待见

最近，各地迎来"招聘季"。本刊记者了解到，一场200多家企业参与的招聘会中，农企只有三四家，还大多门庭冷落。

宁夏春杞枸杞科技公司总经理沈兴虎已连续6年参加招聘会，均失望而归，今年他在招聘会上只等了一天便打道回府了。"产品再好卖不出去还是没有价值，今年我们打算招8名销售人员，等了一天却只有2人报名。"

目前，电商已成为宁夏农企销售和品牌建设的重要渠道，不少农企对电商均有布局，对电子商务人才需求大增。宁夏中玺枣业公司市场部经理杨松泉说，电商销售额占到公司总销售额的20%，今年企业想招3名电商基础运营人才，但来了两天一个合适的都没有。

由于电商人才缺乏，宁夏部分农企被迫在沿海城市组建电商团队，宁夏则成了"发货中心"。例如，宁夏正鑫源发展集团公司在杭州组建了电商团队，公司副总经理包嘉鹏说，在宁夏组建电商团队人才难招、难留，人才素质参差不齐，把电商团队放在杭州，尽管成本高一些，但是队伍稳定、效益好。

农企招人难的背后是人才供需失衡。本刊记者采访了解到，以宁夏大学农学院为例，学校每年都举办农科类专场招聘会。2017年全院应届毕业生只有300人，参加招聘的80多个企业提供了1 000多个就业岗位，人才供需比达到1∶4。但是，"从去年的情况看，真正到农企工作的学生却并不多，下到农企的硕士生和博士生就更少了。"李文华说。

为缓解人才不足，宁夏农企大多通过校企合作、开展后续培训等方法补齐产品研发、技术创新等方面的短板，既加速院校科研成果落地，又减轻企业人才压力。宁夏千叶青农业科技发展公司总经理马占义说，通过校企合作，大量借用"外脑"，公司的技术力量才够用。

一些农企则通过降低门槛，先把人招进来，通过后期培训培养人才。宁夏永宁县誉方圆农资公司技术经理李天阳说,他们选拔人才时更看重的是勤奋和对农业的热爱。

一些农企通过高薪"挖人"的方式解决农科人才短缺的问题。沈兴虎说,因为农技人才相对稳定且需求量相对较少,实力稍强的企业更倾向于招聘有经验、能力强的农技人员。

能"下地"的人才凤毛麟角

姚珊是宁夏大学农学硕士研究生,2013年毕业后来到宁夏平罗县一家苜蓿种植企业,迅速成长为骨干,期间还放弃了银川市某事业单位的工作机会。"我在这里专业对口,5000元的月工资在当地已很不错。这5年来我的综合能力提升快,从苜蓿种植到企业管理都学到了不少东西,对个人以后发展有信心。"姚珊对《瞭望》新闻周刊记者说。

但是,姚珊的故事并不是普遍现象。受工作环境影响,一些农科大学生对农企仍心存偏见。本刊记者随机采访时发现,农企工作地点大多在县城、乡镇甚至农村,加上交通不便、生活单调,很多农科大学生不愿"屈就"。即使部分大学生暂时到基层农企工作,也多是"曲线救国"。宁夏大学农学院大四学生王天佑说,现在单位招聘多要求有工作经验,找个合适的工作并不容易,毕业后打算先在农企积累工作经验,以后有机会再往城里走。

宁夏大学农学院大四学生马贵红说:"我来自条件艰苦的西海固,考上大学不容易,家里也希望我留在城里。毕业后我打算留在银川,希望工作环境好一点,专业不对口无所谓。"

另一方面,农业是高投入、高风险、低回报的行业,而且由于粗放式经营、劳动力成本升高,宁夏农企大多规模小、效益低,不少企业处于亏损状态。农企不仅无力高薪引才,对人才发展也缺乏长期规划,农科大学生缺乏稳定的就业预期。在宁夏广银米业公司工作4年的农科大学生吕永杰说:"班里40多个同学,现在'下地'的就我一个。在农企工作累且待遇一般,岗位难调整,家里也三番五次劝我去城里工作,未来如何发展我有点迷茫。"

乡村振兴战略虽然振奋人心,但是对农村的偏见仍束缚了年轻人的手脚,身份难被认同成为人才下沉农村的实际障碍。"我们公司离银川20公里,在农企中条件算好的,可在家长眼里孩子'下地'就成了农民,大学等于白上。去年,公司仅有的三名大学生被父母拽走了两名。"宁夏贺兰县一家农企负责人赵建文说。

除了苦、脏、累,对农民身份缺乏认同感之外,大学生专业培养与就业方向之间脱节,也使得农科大学生到农企农村工作底气不足,不少农企对应届农科大学生的能力也存疑虑。宁夏大学农学院教授吴心华说,专业实践是提升农科大学生能力的重要方式,也让学生在校期间就能了解到社会需求。目前,因为师资力量有限、教师精力有限,实践基地缺乏强有力支撑,学生实践机会少、实际操作能力有欠缺。加上学科建设不健全,学生的知识面较窄,学生有没有能力、敢不敢到农村去也是一个问题。

"引才用才强才"推动人才下乡

乡村要振兴,必须在吸引人才下乡上尽快破题。受访对象对《瞭望》新闻周刊记者说,建议出台乡村振兴人才计划,提高下乡人才的获得感。

首先，出台乡村振兴引才专项政策。宁夏近年来出台了多个引导和鼓励高校毕业生到基层工作的政策，虽然这些政策鼓励高校毕业生投身农业农村，但大多以基层公务员、公益性岗位等为引导方向，对农业农企引才关注较少。

除了农科人才，乡村振兴也需要营销人才、管理人才等，目前这些人才的引进政策分散在农牧、科技、人社等不同部门。宁夏人社厅人才开发与市场处处长张月明建议，应整合不同部门，针对以大学生为主体的农业人才出台乡村振兴引才专项政策，明确这类人才在农企、农村就业一定年限后可享受现金补助、购房补贴等奖励，并对到农村创业的人才提供贷款支持等，切实提升人才获得感。

其次，给下乡人才"身份"。鼓励人才投身农村首先要解决他们的"身份"问题。赵建文、沈兴虎等人建议，可在公务员考试、职称评定等方面出台鼓励政策，在基层编制上向农科大学生等乡村振兴需要的人才倾斜，给下到农企、农村的大学生一个"身份"，培养一批既能适应现代农业，又能"留得住"的人才队伍。

再次，转变人才服务农业农村的方式，向全方位技术托管转变。农业生产的高风险、高投入，只能通过高技术的投入来化解。破解农业科技一家一户落地难问题，多位受访者认为，全方位技术托管将是重要的解决之道。

宁夏大学农学院教授孙权、张光第等认为，今后，农技人才不能只盯着一个村、一片地，而是要负责一个区域从园林设计到田间管理方方面面，这样既能降低成本提升效益，凸显农业规模化效益，也能缓解人才不足的难题。这就需要转变人才使用方式，鼓励组建公司或团队，通过全方位技术托管将知识技能一揽子带到田间地头。

最后，加大全科人才培养力度，适应乡村振兴新需求。农企大多希望引进懂技术、会管理、能创新的复合型人才。针对当前农科人才供给中存在的知识面窄、实践经验少等问题，李文华、吴心华等建议，涉农院校应加快建立"土肥水种密保管工"齐全的学科体系，让学生在校期间练好"内功"，并结合电商、营销等课程培养全科型农业人才。加大对农科人才专业实践经费的投入，增加大学生实践机会，推动农科大学生学以致用服务农业农村。

——摘编自《农科大学生为何难入农》，记者：马俊、许晋豫，2018年5月23日，半月谈网（http://www.banyuetan.org/msht/detail/20180523/1000200033136251527037934765744658_1.html）

【思考讨论】
1. 农科大学生为什么难入农？
2. 大学生要实现自己的理想应该怎么做？

案例7

愿改革精神永葆青春

中国改革四十年，在大时代的转折中书写下一页页雄浑的传奇，也在亿万人的生活里积淀着一份份深沉的忆念。

难忘改革四十年。难忘民众勇敢的奋争和担当,难忘基层生动的探索和创造,难忘改革燃烧的激情和精神。

我们已经登上了新的起点,敞开了新的憧憬。回望这一切,改革精神依然是最可宝贵的,最该珍惜的。

波澜壮阔的改革实践,锻造着熠熠生辉的改革精神

改革的星星之火,首先是由安徽小岗村的农民点燃的。"包产到户"生死契约上的18个鲜红手印,无声地叙述着中国改革的最初萌动,叙述着中国农民的伟大觉醒,叙述着中国社会的深刻变迁。

从乡村到城市,从经济到社会,从试点到推广,改革,很快就形成燎原之势。

我们欢呼着改革的辉煌,也咀嚼着改革的痛苦;我们书写着改革的传奇,同样也记忆着改革的沉重。

要冲破传统体制的重重禁区。当年小岗村的农民偷偷"瞒着干"率先"包产到户",他们也知道这是一件"可能会坐牢"的"惊天大事",但还是签下了生死契约。当年"温州模式"脱颖而出,便饱受"离经叛道"的诘难,当地主政者仍然坚定支持家庭经济的实践探索。当年深圳作为起步最早的经济特区,多年都处于风口浪尖之上,一批批先行者坚持"杀出一条血路",举托起一座令世界尊敬的"创新之都"。

要承受利益重构的改革阵痛。一个个步履沉重的国有企业改制重组之时,大量的下岗职工不得不再找就业门路;一座座光鲜亮丽的城市迅速崛起之时,大量的失地农民不得不另觅发展生计;一波波汹涌澎湃的工业化浪潮将中国制造推向全球化竞争舞台中央之时,大量的留守家庭不得不经历分离守望的困境。普通民众在分享改革红利的同时,也更多地付出了改革的代价,承受了改革的阵痛。

还要经历改革实践的摸石过河。地上本来没有路,走的人多了,于是就有了路。尤其是在改革初始阶段,"杀出一条血路"是勇于突破禁区,"摸着石头过河"是注重实践创新。鼓励探索,倡扬创造,局部试点,面上推开。就这样,中国改革在重重阻力中,在社会争议中,闯出了一条成功的特色化道路。

解放思想,求真务实,是改革精神的本质特征;敢闯敢试,敢为人先,是改革精神的实践品格;尊重群众,自主创造,是改革精神的价值根基。

改革精神是改革的力量源泉。正是在实践是检验真理的唯一标准引发的真理标准大讨论中,改革奠定了它的历史起点和逻辑起点;正是在勇于担当大胆突破中,改革显示了它的锐利锋芒和如虹气势;正是在人民群众是改革的主体、是推动改革的强大力量的上下共识中,改革获有了最深厚的社会根基和最闪亮的核心价值。

改革精神,是改革宝贵的资源,是改革飞扬的神采,也是改革不息的生机。

改革挺进了一片新天地

改革已经挺进一片新的天地。

夯基垒台,立柱架梁,我们已经搭建起主要领域改革的主体框架。擘画蓝图,指引方向,我们正在开辟全面深化改革的崭新愿景。

认清新特点,求解新问题,把握新机遇,是改革新要求。

改革探索进入攻坚期。多种矛盾叠加,各种风险交汇。还当继续弘扬改革精神,以壮士断腕的勇气、凤凰涅槃的决心,冲破思想观念的束缚,突破利益固化的藩篱,向积存多年的顽瘴痼疾开刀,向深层次利益关系和治理格局突破。尤其是政府改革,更加尊重市场规律,更好发挥政府作用,依然是一道求解的课题。改革改到自己头上,能不能在"放管服"的职能转换中真正地放手还权赋能于社会与企业,打碎既有的一些坛坛罐罐,斩断现实的一些利益关联,依然是一个严峻的考验。

前不久,网络上接连出现民营企业家举报当地政府官员不作为乱作为和新官不理旧政的新闻,引发了社会阵阵热议。我们应当警醒,加快政府改革,治理紊乱失序的营商环境,聚焦地方政府公正的法治建设、公平的市场秩序和公开的优胜劣汰机制,构建一种各归其位、各得其所、良性互动、合作共赢的新型政商关系,已是刻不容缓。

改革运行纳入法治化。"凡属重大改革都要于法有据。"法治取向,将改革全面导入新的运行轨道,就是要以法治逐步厘清政府与市场、社会和个人之间的界限,以法治促进政治权力运行的制度化、程序化,以法治实现政府治理和社会调节、居民自治的良性互动,建立畅通有序的诉求表达、矛盾调处和权益保障机制,就是要发挥法治的引领和推动作用,保护改革者的先行先试,激励改革者的开拓创新。

改革拓展呈现全域性。从摆脱贫困状态到建设小康社会,从满足物质文化需求到实现美好生活需要,社会主要矛盾的重大变化,体现了人民群众内容更丰富、层次更多样、实现更充分的民生诉求。人们需要获得更多参与社会事务拓展公民权利的通道,更多达至利益均衡实现公平正义的保障,更多享受民生关怀拥有尊严体面的生活。促进人的全面发展,实现民众的共同富裕,助推全社会的文明进步,为制度的供给和创新赋予了新的内涵,也为改革向着经济体制、政治体制、文化体制、社会管理体制、生态管理体制更为协调的全域性推进和多层面深化提出了新的目标。

四十年后再出发,改革精神再张扬

改革依然在路上,四十年后再出发。

当下,诸多的新闻媒体都在热切地纪念改革,讴歌改革,鼓励改革。我们也当清醒,改革实践中的惰性、阻力还在,改革心态中的疲劳症、冷漠症还在,改革作为中的形式主义、虚骄之气还在。不仅还在,在一些地方一些领域甚或还有扩展、蔓延之势。

如何进一步大力弘扬、自觉践行改革精神？

还是要始终保持解放思想的锐气。

当年改革的推展正是以破除思想迷信为先导的。后来改革的每一步前行，也都是从解放思想起步的。

新事物层出不穷，新问题不断涌现，需要认知，需要求解。社会实践没有止境，理论创新也不会停步。思想的力量，正在于其对实践问题及时的求解与科学的应答，在于其实事求是的品格与追求真理的底蕴。解放思想的内涵，就是解放理念，解放思维，解放视野。解放思想的核心，就是实事求是，在实践中求真知，在探索中找规律，从思想的懒惰和思想的迷信中振奋起来解放出来。当下的思想再解放，需要激情和勇气，更需要理性和担当。

还是要充分激发基层创造的活力。

人民群众是真正的改革英雄。充分尊重人民群众的主体地位和首创精神，是四十年改革积累的一条宝贵经验。坚持以人民为中心的改革思想，就是要把最广大人民的智慧和力量凝聚到改革上来，一道将改革推向前进。

改革需要顶层设计、统筹推进，同样需要群众的创造、基层的创新。再科学的设计也涵盖不了精准的细节，再完美的蓝图也替代不了实践的探索。改革进入新阶段，这种成本相对更低的群众创造、基层创新，依然有其广阔的空间，也往往更能避开"闭门造车"的陷阱，更能促进日常问题的求解。

走进基层，还常常见到"上面没有下文，下面就不敢尝试"的现象，其中有干部潜在的本领恐慌，也有他们着意的风险规避。我们既要鼓励创新、表扬先进，也当允许试错、宽容失败。还需进一步厘清政府权力清单和责任清单，完善既有约束又有激励的考核评价体系，把容错纠错机制落到实处。还当鼓励基层创新，鼓励有地方特点的改革，鼓励和允许不同地方进行差别化的探索，推动形成更加浓厚、更有活力的改革创新氛围。

还是要努力鼓足踏石留印抓铁有痕的干劲。

习近平同志特别强调改革的钉钉子精神，要"一锤一锤接着敲"。"踏石留印、抓铁有痕"，"人民有所呼、改革有所应"，"既当改革的促进派、又当改革的实干家"，"既要挂帅、又要出征"，"改革关头勇者胜，气可鼓而不可泄"，"改革争在朝夕，落实难在方寸"，"改革推进到哪里、督察就跟进到哪里"……这些脍炙人口、铿锵作响的改革话语，言简意赅，振聋发聩，既有价值观，也是方法论，表达了共产党人坚定不移的改革信念，呼应着人民群众真诚热烈的改革期待。

中国发展在深刻转型，世界格局在急剧转换。我们别无选择，唯有以更坚实的举措加快制度体系建设，在全面深化改革中积蓄新能量、寻找新突破，唯有以更开放的姿态融入世界发展潮流，在主动扩大开放中把握新机遇、再辟新天地。

——摘编自《半月谈评论：愿改革精神永葆青春》，半月谈网，2018年6月4日（http://

www.banyuetan.org/dyp/detail/20180604/1000200033135231528358626305992590_1.html）

【思考谈论】

1.阅读上述材料，面对如今改革开放为我们创造的大好局面，我们年轻人应如何做到个人理想和社会理想的统一？

2.你的个人理想是什么？在当今形势下，如何才能实现你的个人理想？

思想精华

人，只要有一种信念，有所追求，什么艰苦都能忍受，什么环境也都能适应。

——丁玲

人的强烈愿望一旦产生，就很快会转变成信念。

——爱·杨格

一个人的信仰或许可以被查明，但不是从他的信条中，而是从他惯常行为所遵循的原则中。

——萧伯纳

信念是鸟，它在黎明仍然黑暗之际，感觉到了光明，唱出了歌。

——泰戈尔

一切都靠一张嘴来谈理想而丝毫不实干的人，是虚伪和假仁假义的。

——德漠克利特

走得最慢的人，只要他不丧失目标，也比漫无目的地徘徊的人走得快。

——莱辛

希望是在风雨之夜所现的晓霞。

——歌德

现实是此岸，理想是彼岸。中间隔着湍急的河流，行动则是架在川上的桥梁。

——克雷洛夫

只有向自己提出伟大的目标并以自己的全部力量为之奋斗的人，才是幸福的人。

——加里宁

扩展阅读

材料1 "平语"近人——习近平谈理想信念

【编者按】十八大以来,习近平在不同时间、不同场合反复强调党员领导干部要坚定理想信念。理想信念有多重要? 新华社《学习进行时》今天推出文章,与您一同学习、领会。

为什么要坚定理想信念,习近平这样回答:

胜利之"钥"

95年来,共产主义远大理想激励了一代又一代共产党人英勇奋斗,成千上万的烈士为了这个理想献出了宝贵生命。"砍头不要紧,只要主义真","敌人只能砍下我们的头颅,决不能动摇我们的信仰",这些视死如归、大义凛然的誓言生动表达了共产党人对远大理想的坚贞。理想之光不灭,信念之光不灭。

——2016年7月1日,习近平在庆祝中国共产党成立95周年大会上的讲话

长征胜利启示我们:心中有信仰,脚下有力量;没有牢不可破的理想信念,没有崇高理想信念的有力支撑,要取得长征胜利是不可想象的。

——2016年10月21日,习近平在纪念红军长征胜利80周年大会上的讲话

精神之"钙"

形象地说,理想信念就是共产党人精神上的"钙",没有理想信念,理想信念不坚定,精神上就会"缺钙",就会得"软骨病"。

——2012年11月17日,习近平在十八届中共中央政治局第一次集体学习时的讲话

理想信念是共产党人的精神之"钙",必须加强思想政治建设,解决好世界观、人生观、价值观这个"总开关"问题。

——2014年1月20日,习近平在党的群众路线教育实践活动第一批总结暨第二批部署会议上强调

对马克思主义、共产主义的信仰,对社会主义的信念,是共产党人精神上的"钙"。没有理想信念,理想信念不坚定,精神上就会得"软骨病",就会在风雨面前东摇西摆。

——2015年6月12日,习近平在纪念陈云同志诞辰110周年座谈会上的讲话

共产党人的根本

坚定理想信念,坚守共产党人精神追求,始终是共产党人安身立命的根本。对马克思主义的信仰,对社会主义和共产主义的信念,是共产党人的政治灵魂,是共产党人经受住任何考验的精神支柱。

——2012年11月17日,习近平在十八届中共中央政治局第一次集体学习时的讲话

我们共产党人的根本，就是对马克思主义的信仰，对共产主义和社会主义的信念，对党和人民的忠诚。立根固本，就是要坚定这份信仰、坚定这份信念、坚定这份忠诚，只有在立根固本上下足了功夫，才会有强大的免疫力和抵抗力。

——2015年9月11日，习近平在中央政治局第二十六次集体学习时强调

不忘初心，方得始终。对马克思主义的信仰，对社会主义和共产主义的信念，是共产党人的政治灵魂，是共产党人经受住各种考验的精神支柱。只有理想信念坚定的人，才能始终不渝、百折不挠，不论风吹雨打，不怕千难万险，坚定不移为实现既定目标而奋斗。

——2016年11月29日，习近平在纪念朱德同志诞辰130周年座谈会上的讲话

思想的"总开关"

对党员、干部来说，思想上的滑坡是最严重的病变，"总开关"没拧紧，不能正确处理公私关系，缺乏正确的是非观、义利观、权力观、事业观，各种出轨越界、跑冒滴漏就在所难免了。

——2014年10月8日，习近平在党的群众路线教育实践活动总结大会上的讲话

只有理想信念坚定，心中有党、对党忠诚才能有牢固思想基础。理想信念动摇了，那是不可能心中有党的。大家要把学习掌握马克思主义理论作为看家本领，深入学习马克思列宁主义、毛泽东思想，深入学习邓小平理论、"三个代表"重要思想、科学发展观，深入学习十八大以来党的理论创新成果，不断领悟，不断参透，做到学有所得、思有所悟，注重解决好世界观、人生观、价值观这个"总开关"问题，真正做到对马克思主义虔诚而执着、至信而深厚。

——2015年1月12日，习近平同中央党校县委书记研修班学员座谈时强调

"志不立，天下无可成之事。"理想信念动摇是最危险的动摇，理想信念滑坡是最危险的滑坡。一个政党的衰落，往往从理想信念的丧失或缺失开始。我们党是否坚强有力，既要看全党在理想信念上是否坚定不移，更要看每一位党员在理想信念上是否坚定不移。

——2016年7月1日，习近平在庆祝中国共产党成立95周年大会上的讲话

如何坚定理想信念，习近平这样指导：

向榜样学习

兰辉同志始终把党和人民的事业放在心中最高位置，是用生命践行党的群众路线的好干部，是新时期共产党人的楷模。广大党员干部要学习他信念坚定、对党忠诚的政治品质，心系群众、为民尽责的公仆情怀，忘我工作、务实进取的敬业精神，克己奉公、敢于担当的崇高品格，牢固树立宗旨意识，自觉做到为民务实清廉，更好发挥表率作用，不断做出经得起实践、人民、历史检验的实绩。

——2013年9月23日，习近平做出重要批示，号召广大党员干部向践行党的群众路线的好干部兰辉同志学习

广大党员干部特别是政法干部要以邹碧华同志为榜样，在全面深化改革、全面依法治国的征程中，坚定理想信念，坚守法治精神，忠诚敬业、锐意进取、勇于创新、乐于奉献，努力做出无

愧于时代、无愧于人民、无愧于历史的业绩。

——2015年3月2日，习近平对邹碧华同志先进事迹做出重要批示

我们纪念陈云同志，就要学习他坚守信仰的精神。无论处于顺境还是逆境，陈云同志始终坚守对马克思主义、共产主义的信仰不动摇。

——2015年6月12日，习近平在纪念陈云同志诞辰110周年座谈会上的讲话

希望大家对党绝对忠诚，始终同党中央在思想上政治上行动上保持高度一致，坚定理想信念，坚守共产党人的精神家园，自觉践行社会主义核心价值观，自觉执行党的纪律和规矩，真正做到头脑始终清醒、立场始终坚定。

——2015年6月30日，习近平在会见全国优秀县委书记时强调

我们纪念胡耀邦同志，就是要学习他坚守信仰、献身理想的高尚品格。胡耀邦同志从青少年时期起就立志高远，要做新制度的建设者。自从树立共产主义远大理想之后，不论是严酷的战争环境，还是和平建设年代、改革开放时期，他都坚持理想信念，坚韧不拔奋斗、探索、前进。

——2015年11月20日，习近平在纪念胡耀邦同志诞辰100周年座谈会上的讲话

我们纪念朱德同志，就是要学习他追求真理、不忘初心的坚定信念。朱德同志经历过旧民主主义革命的失败，从切身体验中认识到，旧的道路走不通了，只有马克思主义才是解决中国问题的真理。在确立马克思主义信仰、树立为共产主义事业奋斗的崇高理想后，无论面对什么样的艰难险阻和重大挫折，他始终没有动摇。

——2016年11月29日，习近平在纪念朱德同志诞辰130周年座谈会上的讲话

我们纪念万里同志，就是要学习他坚定理想、坚守信仰的崇高精神。万里同志从青年时代就志存高远，关心国家和民族前途命运，一心寻求救国救民的真理。经过深入思考和探索，他确立了对马克思主义的信仰，树立起共产主义远大理想，加入了中国共产党。在他革命和战斗的一生中，万里同志坚守马克思主义信仰、坚持共产主义理想信念，对中国特色社会主义充满信心。

——2016年12月5日，习近平在纪念万里同志诞辰100周年座谈会上的讲话

坚持学而信、学而思、学而行

坚定的理想信念，必须建立在对马克思主义的深刻理解之上，建立在对历史规律的深刻把握之上。全党要深入学习马克思列宁主义、毛泽东思想、邓小平理论、"三个代表"重要思想、科学发展观，深入学习党的十八大以来党中央治国理政新理念新思想新战略，不断提高马克思主义思想觉悟和理论水平，保持对远大理想和奋斗目标的清醒认知和执着追求。

——2016年7月1日，习近平在庆祝中国共产党成立95周年大会上的讲话

要坚持学而信、学而思、学而行，把学习成果转化为不可撼动的理想信念，转化为正确的世界观、人生观、价值观，用理想之光照亮奋斗之路，用信仰之力开创美好未来。

——2016年10月21日，习近平在纪念红军长征胜利80周年大会上的讲话

党组织要发挥引导作用

要固本培元,把加强思想政治建设摆在首位,引导党员特别是领导干部筑牢信仰之基、补足精神之钙、把稳思想之舵,坚定中国特色社会主义道路自信、理论自信、制度自信、文化自信,增强党的意识、党员意识、宗旨意识,坚守真理、坚守正道、坚守原则、坚守规矩,做到以信念、人格、实干立身。

——2016年6月28日,习近平在中央政治局第三十三次集体学习时强调

理想信念教育要面向全社会开展,习近平这样要求:

我国工人阶级要牢固树立中国特色社会主义理想信念,坚定永远跟党走的信念,坚决拥护社会主义制度,坚决拥护改革开放,始终做坚持中国道路的柱石;要自觉践行社会主义核心价值观,发扬我国工人阶级的伟大品格,用先进思想、模范行动影响和带动全社会,不断为中国精神注入新能量,始终做弘扬中国精神的楷模;要坚持以振兴中华为己任,充分发挥伟大创造力量,发扬工人阶级识大体、顾大局的光荣传统,自觉维护安定团结的政治局面,始终做凝聚中国力量的中坚。

——2013年4月28日,习近平同全国劳动模范代表座谈并发表重要讲话

广大青年一定要坚定理想信念。"功崇惟志,业广惟勤。"理想指引人生方向,信念决定事业成败。没有理想信念,就会导致精神上"缺钙"。中国梦是全国各族人民的共同理想,也是青年一代应该牢固树立的远大理想。中国特色社会主义是我们党带领人民历经千辛万苦找到的实现中国梦的正确道路,也是广大青年应该牢固确立的人生信念。

——2013年5月4日,习近平同各界优秀青年代表座谈时强调

要深入开展中国特色社会主义宣传教育,把全国各族人民团结和凝聚在中国特色社会主义伟大旗帜之下。要加强社会主义核心价值体系建设,积极培育和践行社会主义核心价值观,全面提高公民道德素质,培育知荣辱、讲正气、作奉献、促和谐的良好风尚。

——2013年8月19日,习近平在全国宣传思想工作会议上强调

延安是革命圣地,你们奔赴延安,追寻革命前辈伟大而艰辛的历史足迹,学习延安精神,坚定理想信念,锤炼意志品质,把激昂的青春梦融入伟大的中国梦,体现了当代中国青年奋发有为的精神风貌。

——2017年08月15日,习近平回信勉励第三届中国"互联网+"大学生创新创业大赛"青年红色筑梦之旅"的大学生

——摘自《"平语"近人——习近平谈理想信念》,新华社《学习进行时》,2017年10月5日(http://www.xinhuanet.com/politics/2017-10/05/c_1121763712.htm)

材料2 十八大以来习近平总书记关于坚定理想信念的重要论述

十八大以来,习近平总书记围绕理想信念发表了一系列重要讲话,尤其是着眼于如何坚定理想信念提出了一系列基本原则和具体要求。

一要抓好思想理论建设，掌握历史唯物主义世界观和方法论

一些人之所以理想信念出现问题，关键还是世界观出了问题。习近平同志指出："一些人认为共产主义是可望而不可即的，甚至认为是望都望不到、看都看不见的，是虚无缥缈的。这就涉及是唯物史观还是唯心史观的世界观问题。我们一些同志之所以理想渺茫、信仰动摇，根本的就是历史唯物主义观点不牢固。"历史唯物主义观点不牢固，导致一些人不能用正确的立场、观点和方法观察世界，不能认识到事物的本质、主流和发展趋势，进而不能建构、培植自己的精神家园，特别是面对新情况新问题的时候，更是如此。解决这些问题，急需加强理论学习，打牢历史唯物主义根基。第一，学习马克思主义经典著作，掌握马克思主义基本理论。习近平同志强调要炼就"金刚不坏之身"，必须用科学理论武装头脑。党员干部要掌握马克思主义基本理论这一看家本领。第二，学习马克思主义中国化成果。第三，学习和掌握马克思主义立场、观点和方法。

2013年3月1日，习近平同志在《依靠学习走向未来》中指出，只有学懂了马克思列宁主义，领会了马克思主义立场、观点、方法，才能认识和准确地把握"三大规律"，才能坚定理想信念。

6月28日，习近平同志在全国组织工作会议上强调，领导干部要学习马克思主义及其中国化成果，掌握贯穿其中的立场、观点、方法，提高"四种思维"能力，正确判断形势，始终保持政治上的清醒和坚定。要言之，只有真正理解和掌握了马克思主义基本理论，才能自觉地坚定理想信念。

二要抓好党性教育，始终保持共产党人的本色

2013年4月19日，在十八届中央政治局第五次集体学习时，习近平同志指出："要抓好党性教育和党性修养，教育引导广大党员、干部牢固树立正确的世界观、权力观、事业观，始终站稳政治立场，不断增强宗旨意识，弘扬党的光荣传统和优良作风，真正经受住权力、金钱、美色的考验。"

第一，学习党的历史，弘扬党的优良传统和作风，从中国革命历史中汲取精神力量。习近平同志多次通过古人的"灭人之国，必先去其史"来说明历史、历史观的重要性。党性教育就是要从中国革命、中国共产党的艰辛历程中汲取精神力量，进一步弘扬党的优良传统和作风。

第二，向榜样学习，尤其是学习革命先烈和革命领袖的坚定信念和人格风范。

第三，以党的作风建设为切入点，践行党的宗旨，增强党性。

第四，自我学习、自我锤炼，自我修炼，坚持政治定力，抵制各种诱惑。

三要抓好道德建设，彰显共产党人的人格力量

习近平同志指出："抓好道德建设，教育引导广大党员、干部模范践行社会主义荣辱观，树立良好道德风尚，争做社会主义道德的示范者、诚信风尚的引领者、公平正义的维护者，始终保持共产党人的高尚品格和廉洁操守。"政治信仰与道德人格有着内在关联。

从坚定理想信念角度来看，抓好道德建设，有两点是比较突出的：第一点就是处理好"公"与"私"的关系。一些党员干部以权谋私、贪赃枉法、生活腐化，根源就在于一个"私"字。党员干部要讲党性、重品行、作表率，关键就在于要做到大公无私、公而忘私，至少是做到公私分明、先公后私。第二点就是自觉净化"生活圈""交际圈""朋友圈"，培养高尚道德情操和健康生活情趣。

四要实干兴邦，将"顶天"的理想和"立地"的行动统一起来

忘记远大理想，不是合格的共产党员；离开实际工作空谈远大理想，同样不是合格的共产党员。我们既要"顶天"，又要"立地"；既要志存高远，又要脚踏实地。共产党人是最高纲领和最低纲领统一论者，我们要头顶共产主义远大理想，为实现党在现阶段的基本纲领扎扎实实做好每一项工作，为实现我们的理想目标添砖加瓦。

习近平同志提出是否具有理想信念是有客观标准的，而这一客观标准实际上主要就是指勤勉的工作、实实在在的行动。勤勉地为党工作、实实在在为人民群众办好事办实事就是理想目标明确、信念坚定的具体体现。

五要强化理想信念的体制机制保障

十八大以来，习近平同志"治党"的一大特色，就是将思想建党与制度建党、以德治党与依规治党结合起来。

习近平同志指出："理想信念是'主心骨'，纪律规矩是'顶梁柱'，没有了这两样，必然背离党的宗旨，做人做事就会走偏走邪，思想就会百病丛生，人生就会迷失方向。"从思想建党角度来看，坚定理想信念不能停留在"说教"层面，需要纪律规矩这样的"硬约束"，需要体制机制等方面的支撑与保障。

——摘自【理上网来·喜迎十九大】《十八大以来习近平总书记关于坚定理想信念的重要论述》，唐爱军，央广网，2017 年 10 月 13 日（http://news.cnr.cn/theory/gc/20171013/t20171013_523984894.shtml）

材料3　2016，习近平给党员干部补精神之"钙"

习近平曾动情地指出："对我们共产党人来说，中国革命历史是最好的营养剂。多重温我们党领导人民进行革命的伟大历史，心中就会增添很多正能量。"

2016 年，习近平在多次大会上的重要讲话中，缅怀先辈、重温历史、弘扬革命传统、强调立党"初心"。其深意，就是要用历史"最好的营养剂"，为广大党员干部补精神之"钙"。

为什么要"补钙"？

习近平曾说，理想信念就是共产党人精神上的"钙"，没有理想信念，理想信念不坚定，精神上就会"缺钙"，就会得"软骨病"。

目的很明确，"补钙"是因为部分党员干部精神上"缺钙"，剑锋所指的，是由此带来的种种"软骨病"。

第二章　坚定理想信念

改革进入深水区,多元思想交流碰撞,诱惑与挑战花样翻新,一些党员干部的思想道德"防线"不断下滑乃至崩塌。十八大以来,200多名中管领导干部因腐败问题被审查,100多万人因违纪违规受到组织处理,约20万人因违反中央八项规定精神被处理……

这些党员干部被查处,究其根本都是因为理想信念出了问题,"软骨病"导致政治蜕变、经济贪婪、生活腐化,最后滑向违法犯罪的深渊。

"理想信念动摇是最危险的动摇,理想信念滑坡是最危险的滑坡。"习近平的谆谆之言,直指问题核心。

习近平在"七一讲话"中指出,中国共产党之所以能够经受一次次挫折而又一次次奋起,从一个胜利走向另一个胜利,"归根到底在于心中的远大理想和革命信念始终坚定执着,始终闪耀着火热的光芒。"

因此,必须拧紧思想信念的"总开关"。《关于新形势下党内政治生活的若干准则》明确提出,把坚定理想信念作为开展党内政治生活的首要任务。

从八项规定到群众路线教育实践活动,从"三严三实"到"两学一做",从重拳反腐到准则、条例等党内规章的颁布,十八大后,以习近平同志为核心的党中央出台一系列抓铁有痕的具体措施,每一项都意在固本培元,为理想信念"加油""补钙"。

补什么样的"钙"?

一切向前走,都不能忘记走过的路。那么,党员干部要从革命传统中学习什么?也就是说,应该补什么样的"钙"?

"中国共产党从成立之日起,就把共产主义确立为远大理想,始终团结带领中国人民朝着这个伟大理想前行。"习近平说。

远大理想往往是朴素且明确的,而通往理想的道路并非坦途。克服前进道路上的艰难险阻,必须具备强大的精神力量,这是长征精神的内涵,也是孙中山精神的含义。

在长征胜利80周年纪念大会上,习近平将伟大的长征精神凝练成五个方面:

就是把全国人民和中华民族的根本利益看得高于一切,坚定革命的理想和信念,坚信正义事业必然胜利的精神;就是为了救国救民,不怕任何艰难险阻,不惜付出一切牺牲的精神;就是坚持独立自主、实事求是,一切从实际出发的精神;就是顾全大局、严守纪律、紧密团结的精神;就是紧紧依靠人民群众,同人民群众生死相依、患难与共、艰苦奋斗的精神。

在纪念孙中山先生诞辰150周年大会上,习近平提出要学习孙中山的"四种精神","我们对孙中山先生最好的纪念,就是学习和继承他的宝贵精神,团结一切可以团结的力量,调动一切可以调动的因素,为他梦寐以求的振兴中华而继续奋斗。"

今天,我们早已实现孙中山的宏大构想,比历史上任何时期都更接近中华民族伟大复兴的目标。这个目标,凝聚了几代中国人的夙愿。

新中国成立前夕,党中央从西柏坡前往北京时,毛泽东提出了著名的"进京赶考"的命题。"60多年的实践证明,我们党在这场历史性考试中取得了优异成绩。同时,这场考试还没有结束,还在继续。"习近平对成绩的认识十分清醒。

长征永远在路上,"赶考"永远在路上,党的建设也永远在路上。理想信念,是共产党人不竭的精神之"钙"。

"钙"从哪里来?

党能战斗,能胜利,是因为"一切为了人民"的信念深深植根于党的灵魂。建党95年的历史,就是一部党与人民"风雨同舟、生死与共"的历史。没有与人民群众的鱼水深情,党就不会由小变大、由弱变强。

人民,是取之不尽的"钙"之源、精神力量之源。

在十八大以来的多次讲话中,习近平始终高度评价人民的历史地位和作用。庆祝中国共产党成立95周年大会的讲话中,"人民"一词出现了百余次。

纪念红军长征胜利80周年大会上,习近平讲了一个故事:在湖南汝城县沙洲村,3名女红军借宿徐解秀老人家中,临走时,把自己仅有的一床被子剪下一半给老人留下了。老人说,什么是共产党? 共产党就是自己有一条被子,也要剪下半条给老百姓的人。

如今,拥有8 800多万名党员、执政67年的中国共产党,早已不再是创始之初那个力量单薄的小党。但党的命运永远系在人民身上。"不忘初心、继续前进",从根本上说,就是要继续践行以人民为中心的发展思想,要有"把被子剪给百姓"的政治觉悟。

正因为如此,习近平说,要把人民拥护不拥护、赞成不赞成、高兴不高兴、答应不答应作为衡量一切工作得失的根本标准。

"心中常思百姓疾苦,脑中常谋富民之策",提升人民的获得感,是习近平治国理政新理念新思想新战略的落脚点。

一切为了人民,力量源于人民,这是辩证法,也是党的历史、革命的历史一而再再而三地证明了的真理。

——摘自《"习近平的2016"年终系列之四:2016,习近平给党员干部补精神之"钙"》,新华网,2017年1月4日(http://www.xinhuanet.com/politics/2017-01/04/c_129431379.htm)

辅助练习

一、单项选择题

1. 理想是人类特有的一种(　　)。
   A. 物质现象　　　　　　　　B. 精神现象
   C. 文化现象　　　　　　　　D. 经济现象
2. 处在不同社会发展阶段的人们,对社会发展规律认识和把握的深度与广度不同,所形成的理想也必然不同。这体现了理想具有( )。
A. 阶级性   B. 预见性
C. 时代性   D. 主观性

3. 理想是多方面和多类型的。从不同的角度审视,可以把理想划分为许多类型。从理想的性质上划分,理想可分为( )。
A. 崇高理想和一般理想   B. 个人理想和社会理想
C. 长远理想和近期理想   D. 科学理想和非科学理想

4. 下列有关人们对未来的向往和追求中,属于社会理想的是( )。
A. "三十亩地一头牛,老婆孩子热炕头"
B. "富贵不能淫,贫贱不能移,威武不能屈"
C. 谋一个合适的职位,干一番有益于人民的事业
D. 把我国建设成为富强、民主、文明、和谐的社会主义现代化国家

5. 理想与现实的关系是( )。
A. 理想等同于现实
B. 理想源于现实,又超越现实
C. 理想是人们的世界观、人生观、价值观在奋斗目标上的集中体现
D. 理想是人们的主观意志和想当然

6. 一定社会的阶级、政党或个人对未来社会制度、政治经济结构和社会意识形态的追求向往和设想,即( )。
A. 道德理想   B. 职业理想
C. 生活理想   D. 社会政治理想

7. 现阶段我国各族人民的共同理想是( )。
A. 人民生活达到小康水平
B. 实现按劳分配的社会主义社会
C. 实现各尽所能按需分配的共产主义社会
D. 在中国共产党的领导下,走中国特色社会主义道路,实现中华民族的伟大复兴

8. 下列关于理想的认识,错误的是( )。
A. 理想作为一种精神现象,是人类社会实践的产物
B. 理想是对未来的美好设想,不受现实条件的限制
C. 理想必须通过实践才能实现,实践是连接理想与现实的桥梁
D. 理想是多方面和多层次的,从不同的角度可以分为许多类型

9. 下列说法正确的是( )。
A. 生死由命、富贵在天
B. 金钱不是万能的,但没有钱是万万不能的

C. 个人就是目的,社会只是达到个人目的的手段

D. 追求共产主义远大理想与坚定中国特色社会主义共同理想是统一的

10. 邓小平指出:"我们过去几十年艰苦奋斗,就是靠用坚定的信念把人民团结起来,为人民的利益而奋斗。没有这样的信念,就没有凝聚力。没有这样的信念,就没有一切。"这段话表明(　　)。

A. 信念是认识事物的基点　　　　B. 信念是人们前进的强大动力

C. 信念是评判事物的标准　　　　D. 信念是人生的行为准则

11. 信念是(　　)。

A. 人们在一定认识基础上确立的对某种思想或事物坚信不疑并身体力行的心理态度和精神状态

B. 没有正确与错误之分,信仰不能被改变

C. 世界观、人生观和价值观

D. 人们对特定事物的选择与判断

12. 理想信念是一个思想认识问题,更是一个实践问题。如果说,现实是此岸,理想是彼岸,那么,联系两者的桥梁是(　　)。

A. 智慧　　　　　　　　　　　B. 实践

C. 能力　　　　　　　　　　　D. 勤奋

二、多项选择题

1. 在社会主义初级阶段,人们的理想是多方面的和多种类型的。从内容来说,理想可概括为(　　)。

A. 生活理想　　　　　　　　　B. 职业理想

C. 道德理想　　　　　　　　　D. 社会理想

E. 个体理想

2. 个人理想和社会理想是辩证统一的,其主要表现在(　　)。

A. 社会理想决定、制约着个人理想　　B. 个人理想决定、制约着社会理想

C. 社会理想体现着个人理想　　　　　D. 个人理想体现着社会理想

E. 社会理想与个人理想的矛盾不可调和

3. 理想与现实的关系表现为(　　)。

A. 理想可以转化为现实　　　　　B. 理想立足于现实,指向未来

C. 理想高于现实,是现实的升华　　D. 理想来源于现实,是对现实的反映

E. 理想来源于现实,是与奋斗目标相联系的未来的现实

4. 下列有关理想与信念的表述正确的是(　　)。

A. 信念是人们在一定认识基础上确立的对某种思想或事物坚信不疑的精神状态

B. 信念是人的认识、情感、意志的有机统一体

C. 理想来源于现实又超越现实,而且能够变为现实

D. 信仰是信念最集中最高的表现形式

E. 信念是理想的根据和前提

5. 树立中国特色社会主义的共同理想,就要( )。

A. 坚定对中国共产党的信任

B. 坚定中国特色社会主义道路的信念

C. 坚定实现中华民族伟大复兴的信心

D. 坚信全面建设小康社会的奋斗目标一定能够实现

E. 坚信到 2050 年,中国达到世界中等发达国家水平

6. 下列说法正确的是( )。

A. 马克思主义指导思想是社会主义核心价值体系的灵魂

B. 马克思主义是科学理想信念的基础

C. 马克思主义是指导工人阶级和广大劳动人民群众实现自身解放的强大思想武器

D. 马克思主义具有与时俱进的理论品格和持久的生命力

E. 马克思主义是认识世界、改造世界的科学理论

7. 理想的实现是一个过程,有顺境也有逆境,会遇到各种各样的困难和挫折,甚至充满艰辛和坎坷。因此说,理想的实现过程具有( )。

A. 长期性   B. 艰巨性

C. 曲折性   D. 可预见性

E. 不可预测性

8. 无数的事实证明,人们有了科学崇高的理想信念,才能在人生的追求上不断去攀登,最大限度地实现人生价值;若没有理想信念,就会像没有舵的小船,在生活的大海中迷失方向,甚至搁浅触礁。这说明了( )。

A. 理想信念能指引人生的奋斗目标

B. 理想信念能提供人生的前进动力

C. 理想信念能成为人生成败的标准

D. 理想信念能架起人生辉煌的桥梁

E. 理想信念能揭示人生发展的规律

9. 当代大学生应该自觉确立马克思主义的科学信仰。下列属于对于马克思主义的科学认识的是( )。

A. 马克思主义深刻揭示了人类历史的发展规律

B. 马克思主义反映了无产阶级的革命本质和博大胸怀

C. 马克思主义以解放全人类为己任

D. 马克思主义为人类的进步和解放指明了正确的方向

E. 马克思主义为人们认识世界和改造世界提供了科学的立场、观点与方法
10. 建设中国特色社会主义、实现中华民族伟大复兴,是现阶段我国各族人民的共同理想。这个共同理想(　　)。
A. 是社会主义核心价值体系的主题,具有鲜明的中国特色和突出的时代感
B. 把党在社会主义初级阶段的目标、国家的发展、民族的振兴与个人的幸福紧密联系起来
C. 把各个阶层、各个群体的共同愿望有机结合在一起,有着广泛的社会共识
D. 具有令人信服的必然性、广泛性和包容性,具有强大的感召力、亲和力和凝聚力
E. 是保证全体人民团结奋斗、克服困难、争取胜利的强大精神武器

三、判断题

1. 理想是人们对未来的一种向往与追求。（　）
2. 信念是一种观念。（　）
3. "千里之行始于足下",实现崇高理想要从平凡工作做起。（　）
4. 人生信念按照其性质可以分为有信仰与没有信仰。（　）
5. 理想是否合理、进步与科学的判断标准就是理想能否为多数人所认同。（　）
6. 理想在实现以前就是空想和幻想。（　）
7. 信念都是科学的。（　）
8. 有理想一定成功,没有理想一定失败。（　）
9. 人生在世"吃喝"二字。（　）
10. 理想是人们的主观意志和想当然。（　）

四、材料分析题

放 飞 理 想

"到西部去,到基层去,到祖国和人民最需要的地方去",2003年的夏天,6 100名应届大学生志愿者高唱着这句嘹亮的口号开始了他们的"西部之行"。

莫锋——6 100名应届大学生志愿者之一,今年22岁,是来自广东省清远县的北京大学医学部公共卫生学预防医学专业的一名应届本科毕业生。他说:"如果我在东部,施展拳脚的舞台不会那么大,但到了西部,能够真正做一个有用的人,能够尽情地放飞我的理想。"可以说,他的这句话代表了相当一部分决心在西部这个更大舞台上施展才华的青年学子的志向。

在竞争空前激烈的大学生就业争夺战中,莫锋并不费劲地找到了一个福利待遇很好的工作单位:深圳疾病预防控制中心。然而,他放弃了这份待遇优厚的工作,报名参加了大学生志愿服务西部计划。听到这个消息后,他的同学们惊住了,随即向他投去诧异、问询的目光。莫锋解释道:"深圳居民生活水平、城市医疗水平都比较高,深圳疾病预防控制中心硕士、本科生一大堆,我去那里,作用不是很大。但去西部工作,我能做很多实际有效的工作,比如帮助当地

建设疾病预防控制中心,帮助当地群众改变落后的观念和生活习惯。我要最大限度地做一个对社会有用的人。"听到这肺腑之言和斩钉截铁的口气,看着身材瘦小的莫锋,钦佩之情在大家心中油然而生。

其实,去西部地区工作,是莫锋的夙愿。1998年9月,刚入大学校门的莫锋,就对祖国版图上那幅员辽阔的西部产生了浓厚兴趣。此后3年,他曾经拿出许多时间和精力钻研经济学知识,了解时事政治,搜集有关西部地区的信息,随着对西部的了解每增加一分,去西部工作的愿望就强烈一分。

2003年5月中旬,目睹非典肆虐,莫锋心里难受极了:广东、北京等经济发达地区疾病预防控制系统都不健全,中西部可能就更差了!当他听说国家出台公共卫生应急机制,并拨巨款用于建设西部地区疾病预防控制机构的消息时,才转忧为喜。但是,喜悦只是暂时的:"钱是有了,人呢?人才都集中在东部地区,西部地区乡镇一级医院很少有学公共卫生专业的人才。国家能不能提供相应的信息和渠道,让我和像我一样想去西部工作的大学生找到人尽其才的岗位?"

思前想后,莫锋决定给中央领导同志写信,表达自己和许多与自己一样有志于西部的同学们的愿望、心声,提出有关中西部之间畅通人才供需信息、健全人才管理机制的建议。他在信中写道:"我欣喜地看到国家在这次非典危机中更加重视公共卫生,特别是对中西部地区和农村地区,在财政上加大了投入,这为中西部地区的疾病预防事业提供了坚实的物质资源。""但是,我更清楚地认识到,中西部地区最缺乏的是人才,是人才资源。我愿意到那里去。哪里最需要我,我就去哪里。我也敢肯定,还有很多人和我一样,愿意到中西部贡献自己的青春!""只有全中国——不只是东部,还应该有中西部;不只是城市,还应该有农村——实现共同富裕,才意味着祖国的真正强大,这是每一个中华儿女的共同愿望!"

就在莫锋给中央领导同志写信,建议采取措施、畅通人才西进渠道的同时,团中央、教育部、财政部、人事部正在联合酝酿大学生志愿服务西部计划。6月10日下午,团中央、教育部在北京召开新闻发布会,宣布"大学生志愿服务西部计划"启动。当晚8时,莫锋在互联网上看到这一消息,久久抑制不住兴奋,毫不犹豫地决定放弃去深圳疾病预防控制中心工作的机会,报名参加该计划。

父母得知儿子的决定后,惊讶了好一阵,但他们没有太多劝阻儿子:"西部地区条件艰苦,但你既然决定去,而且决心有所作为,我们也拦不住。你的前途交给你自己,爸爸妈妈相信你的选择!"父亲在电话里对儿子说。来自家庭的支持使莫锋深受鼓舞。

接下来的日子,深知"一个人的能力非常有限"的莫锋,"尽量说服自己的同学,去西部放飞自己的理想"。来京准备参加大学生志愿服务西部计划工作会的西部12个省市区团委书记,听说莫锋的事迹,纷纷与他联系,希望莫锋到他们所在的地区工作。他们表示,将为像莫锋这样的志向远大、胸怀祖国的年轻人,尽最大可能提供一个发展的舞台,创造一个发展的空间,实现他们的理想。

——摘自《思想道德修养与法律基础典型案例解析》,杨志武,林刚,中国矿业大学出版社,2007年10月

问题:
1. 你认为到底是什么吸引着莫锋"西行"？面对"西行",你会如何选择？
2. 众多的大学生志愿服务西部说明了什么？

【参考答案】

一、单项选择题

1. B 2. C 3. D 4. D 5. B 6. D 7. D 8. B 9. D 10. B 11. A 12. B

二、多项选择题

1. ABCD 2. AD 3. ABCD 4. BD 5. ABC 6. ABCDE 7. ABC 8. AB 9. ABCDE
10. ABCDE

三、判断题

1. √ 2. × 3. √ 4. × 5. × 6. × 7. × 8. × 9. × 10. ×

四、材料分析题

1. 奉献社会、服务西部、发挥才能的理想要求。
2. 说明当前大学生对于理想和现实的关系理解得越来越深刻,明确实现理想需要努力付出,积极进取。

实践活动方案

组织一场题为"理想信念伴我成长"的演讲会,畅谈同学们对于理想信念的理解。

第三章 Chapter 3

弘扬中国精神

学习目标

实现中华民族伟大复兴的中国梦，必须弘扬中国精神，这就是以爱国主义为核心的民族精神和以改革创新为核心的时代精神。爱国主义始终是把中华民族坚强团结在一起的精神纽带，改革创新始终是鞭策我们在改革开放中与时俱进的精神力量。当代大学生担当着民族复兴的时代使命，要努力做忠诚的爱国者和走在时代前列的奋进者，用实际行动展现出中国精神的青春风采。

核心问题解析

第一节 中国精神是兴国强国之魂

中国精神作为兴国强国之魂，是实现中华民族伟大复兴不可或缺的精神支撑和精神动力。

一、重精神是中华民族的优秀传统

第一，中华民族崇尚精神的优秀传统，首先表现在对物质生活与精神生活相互关系的独到理解上。

第二，中华民族崇尚精神的优秀传统，还表现为中国古人对理想的不懈追求。

第三,中华民族崇尚精神的优秀传统,也表现在对道德修养和道德教化的重视上。

第四,中华民族崇尚精神的优秀传统,亦表现为重视人生境界和理想人格。

第五,中国共产党是中华民族优秀的忠实继承者和坚定弘扬者。

二、中国精神是民族精神和时代精神的统一

1. 以爱国主义为核心的民族精神

民族精神:一个民族在长期共同生活和社会实践中形成的,为本民族大多数成员所认同的价值取向、思维方式、道德规范、精神气质的总和,是一个民族赖以生存和发展的精神支柱。

中华民族形成了以爱国主义为核心的伟大民族精神。具体表现在:伟大创造精神、伟大奋斗精神、伟大团结精神、伟大梦想精神。

2. 以改革创新为核心的时代精神

时代精神:一个国家和民族在新的历史条件下形成和发展的,是体现民族特质并顺应时代潮流的思想观念、价值取向、精神风貌和社会风尚的总和,是一种对社会发展具有积极影响和推动作用的集体意识。

3. 民族精神与时代精神的辩证统一

民族精神与时代精神紧密关联,都是一个民族赖以生存和发展的精神支撑。改革创新精神是时代精神的核心,贯穿于改革开放的全部实践,体现在时代精神的各个方面。

民族精神和时代精神共同构成了我们当今时代的中国精神。

三、实现中国梦必须弘扬中国精神

凝聚中国力量的精神纽带;激发创新创造的精神动力;推进复兴伟业的精神定力。

第二节 爱国主义及其时代要求

实现中华民族伟大复兴的中国梦,是当代中国爱国主义的鲜明主题。

一、爱国主义的基本内涵

爱国主义体现了人们对自己祖国的深厚感情,揭示了个人对祖国的依存关系,是人们对自己家园以及民族和文化的归属感、认同感、尊严感与荣誉感的统一。

爱国主义的具体要求:爱祖国的大好河山;爱自己的骨肉同胞;爱祖国的灿烂文化;爱自己的国家。

二、新时代的爱国主义

(1)坚持爱国主义和社会主义相统一。在当代中国,爱国主义首先体现在对社会主义中国的热爱上。

(2)维护祖国统一和民族团结。弘扬爱国主义精神,必须把维护祖国统一和民族团结作为重要着力点和落脚点。维护和推进祖国统一,是中华民族走向伟大复兴的题中之义。和平统一最符合包括台湾同胞在内的中华民族的根本利益。

(3)尊重和传承中华民族历史和文化。对祖国悠久历史、深厚文化的理解和接受,是人们爱国主义情感培育和发展的重要条件。

(4)必须坚持立足民族又面向世界。弘扬新时代的爱国主义,必须坚持立足民族,维护国家发展主体性。

三、做忠诚的爱国者

只有把国家的安全、荣誉和利益放在高于一切的地位,始终做到爱国的深厚情感、理性认识和实际行动相一致,与祖国同呼吸、共命运,才是真正的爱国者。

(1)维护和推进祖国统一。坚持一个中国原则;推进两岸交流合作;促进两岸同胞团结奋斗;反对"台独"分裂图谋。

(2)促进民族团结。处理好民族问题、促进民族团结,是关系祖国统一和边疆巩固的大事,是关系民族团结和社会稳定的大事,是关系国家长治久安和中华民族繁荣昌盛的大事。

(3)增强国家安全意识。确立总体国家安全观,增强国防意识,履行维护国家安全的义务。

第三节　让改革创新成为青春远航的动力

一、创新创造是中华民族最深沉的民族禀赋

中华民族是富有创新精神的民族。勇于创新创造的民族禀赋成就了辉煌灿烂的中华文明。

二、改革创新是时代要求

(1)创新始终是推动人类社会发展的第一动力。
(2)创新能力是当今国际竞争新优势的集中体现。
(3)改革创新是我国赢得未来的必然要求。

三、做改革创新生力军

1. 树立改革创新的自觉意识

(1) 增强改革创新的责任感。
(2) 树立敢于突破陈规的意识。
(3) 树立大胆探索未知领域的信心。

2. 增强改革创新的能力本领

(1) 夯实创新基础。
(2) 培养创新思维。
(3) 投身创新实践。

案例共享

案例 1

普通人如何爱国

张华刚

说到爱国,有人会说,我没有超人的天分、过人的才能,没有傲人的财富、显赫的地位,我只是一个普通人,我没有能力爱国。我想说,爱国当然需要杰出人物的砥柱中流,但更需要普通民众的无私奉献。只要心怀一颗赤诚的爱国之心,每个人都可以用自己的方式爱国。

普通人到底该如何爱国?我认为,首先,干好本职工作,做好自己的事就是爱国。近几年,针对钓鱼岛和南海一些岛礁的争端,许多人主张国家在与日本、菲律宾和越南的斗争中采取强硬姿态,以武力解决问题,认为只有这样做才是爱国。那么,是不是只有这样做才叫爱国呢?显然不是,爱国不能盲目,爱国需要理智,在这个问题上,我们相信,以习近平总书记为核心的党中央,一定会站在维护中华民族核心利益、有利于实现中华民族伟大复兴的"中国梦"的战略高度,审时度势,在综合考量国际国内各种因素的基础上做出最正确的决断,作为普通公民,我们只需要支持党和国家的决策,这就是爱国。在前两年的"保钓运动"中,国内一些城市发生了大规模的游行活动,让我们深切感受到了我们中国人浓浓的爱国情,但在这中间,有个别人的行为却逾越了法律的鸿沟,他们通过打砸自家人的"日本货"来证明自己有多爱国,我们扪心自问一下,他们这样做能够改变什么?又能得到什么?这是在表达自己的爱国主义情怀,还是在发泄对社会、对现实的不满?我认为,真正的爱国、真正的正义绝不是靠这些非理性的暴力、偏激行为来实现的。爱国不是光靠打仗,也不是光靠抵制"日货",还要靠每个国民都做好自己的事情，尽好自己的本分。堵枪眼的是爱国，大刀砍鬼子的是爱国，但我们大部分人没那个机会，我们普通人的爱国，还是要从把手边的事情做好开始。如果你是一名教师，能够为国家培养出更多的栋梁之材，这就是爱国；如果你是一名医生，能够挽救更多人的生命，让他们去为国家做贡献，这就是爱国；如果你是一个企业家，能够多创造就业机会，多为国家纳税，这就是爱国……众人拾柴火焰高！只有每个人都从我做起，增强主人翁意识，干好自己的本职工作，做好自己的事情，我们的国家才会更加富强，才会有更多的钱去造更先进的武器，让那些对我们怀有敌意的国家不敢轻举妄动，这才叫真正的爱国。

其次，作为普通人，做一个好公民就是爱国。作为一名中国人，我们每个人的心都和伟大祖国一起跃动，尽管我们的国家现在还有许多不完善的地方，但是我们在不断进步、不断完善，特别是以习近平总书记为核心的新一届党中央正以亲民、务实之举大刀阔斧地推进各项改革，让我们看到了实现"两个一百年"奋斗目标和中华民族伟大复兴"中国梦"的曙光。作为祖国的儿女，我们每个人都应为实现梦想而努力，做好每个公民应尽的职责。那么，我们应该如何做一个好公民呢？其实大家心里都有一杆秤，遵纪守法、诚实守信、团结互助、辛勤劳动、崇尚科学、艰苦奋斗、服务人民等，凡是大家能想到的做人的美德，都是我们做一个好公民应有的品质。有人或许会问，这些与爱国有什么关系？是的，在我们的现实生活中，将这些品质与爱国直接对等也许不易，然而却有着千丝万缕的联系。假如你是一个地产商，一个以服务人民为荣，为人民着想的地产商，自然不会建造出劣质房、天价房，你会想着让人人都能住得起房，这自然是在为国家减轻负担，是最具人性的爱国方式；假如你是一个个体商户，不哄抬物价，不扰乱市场秩序，这也是一种爱国；假如你是一个乐于助人的人，你的善行义举会带给别人温暖，增加社会的和谐度，这也是爱国；假如你是一个遵纪守法的公民，自然会为降低犯罪率、提高安全度做出贡献，这是最容易做到的爱国方式；还有，你外出就餐不剩饭、节约粮食，你在公共场所不大声喧哗，在服务窗口和商场电梯前自觉排队、维护良好的公共秩序，你走在大街上不乱扔果皮纸屑、不随地吐痰、自觉维护环境卫生，等等，这些我们大家每个人都能做到的生活细节都可以折射出我们的爱国精神。所以，爱国并不是一件高不可攀、遥不可及的事，爱国其实是人人可做、处处可为的事。爱国对于我们普通人来说，就体现在一件件身边小事之中。在我们宝鸡市岐山县，就有一位用自己最朴素的方式表达爱国之情的老大妈。77岁高龄的苏丽贞老人十岁时被解放军从胡宗南部队的马蹄下解救，后来刚结婚就送丈夫参军，20世纪80年代丈夫去世后，她又先后收养了6名被遗弃的孤儿，并且连续十多年为驻地部队做好事，先后为子弟兵送去亲手纳的鞋垫近三千双，被当地驻军亲切地称为"拥军大妈"。再比如，眉县杨家村、渭滨区石咀头村农民面对挖出的国宝青铜器不为所动、主动上交国家的事迹，等等。在我们宝鸡，有许许多多普通民众用看似不起眼的行动，通过自己力所能及的方式，为我们演绎了普通公民的爱国情怀。所以说，只要我们每个人都能做一个好公民，不断提高自身素质，多做有利于国家、有利于社会、有利于他人的好事善事，其实就是爱国。

再次，作为普通人，爱家乡就是爱国。国家是由许许多多的地方和千千万万个小家组成的。作为普通人,我们的爱国不一定要做惊天动地的大事,我们的爱国,首先要从爱自己的小家、爱自己的家乡做起。我们很难想象,一个不孝敬父母、不爱自己家人的人会爱国;同样,一个不热爱自己家乡、不愿为家乡做点事情的人,你能指望他爱国吗?

爱国是我们每个中国人都应具有的最基本的品格,爱国不是体现在口头上,而是体现在实实在在的行动中。有些人整天批评社会浮躁,自己却热衷于浇灭别人心中的正直;批评社会黑暗,自己却热衷于鼓吹厚颜无耻的做法;批评别人做得不好,自己却不肯跳出来一起做。浇灭别人心中正直的何尝不是社会浮躁的参与者?提倡厚颜的人何尝不是社会黑暗的助威者?所以,我们每一个人都应从我做起,从身边小事做起,从一点一滴做起,脚踏实地,认真干好本职工作,做好自己的事情,在家做个好儿女,在单位做个好员工,在社会上做个好公民,这样就算真正做好了普通的爱国。

——转载自中国文明网·文明评论,2014年8月12日

【思考讨论】
阅读文章,归纳作为一名普通人应当如何爱国。

案例2

【故事一】 抗日时期,在东北人民中素负盛誉的"南杨北赵",就是指南满的杨靖宇,北满的赵尚志。他们二人是很受人尊敬的东北抗日联军的优秀将领、杰出的民族英雄。赵尚志是辽宁省朝阳县人,1908年10月出生,1925年加入中国共产党,同年冬入黄埔军校第四期学习。1926年5月他回哈尔滨参加建党工作,历任东北反日游击队哈东支队司令、东北抗日联军第三军军长等职。他领导当地人民消灭日本鬼子的故事,一直在白山黑水间流传着。

狱中斥敌。1927年3月,赵尚志在长春开辟党的工作,被奉系军阀的宪兵逮捕,在狱中以"赤色分子"的罪名一再遭受严刑拷打,但始终没有暴露自己的真实身份。1930年4月,赵尚志再次被捕入狱,由于同时被捕的一个人叛变,暴露了共产党员的身份。敌人企图从他口中得到党组织的情况,试用了软硬兼施的伎俩。宪兵队长先用花言巧语哄骗赵尚志说:"只要你说出共产党的情况,悔过自新,承认自己'年幼无知,误入歧途',就立即释放你。"赵尚志当即严词斥问:"青年人爱国有什么罪?难道爱国是误入歧途?"宪兵队长理屈词穷,气得大骂,气急败坏地动用了各种酷刑。赵尚志没有屈服于日本鬼子,在场的中国看守,见此情景也甚为钦佩,在背后说:"中国人有骨气,他是个英雄!"1931年"九一八事变"后,赵尚志在党组织的营救下出狱,被任命为满洲省委军委书记,后来又被派到张甲洲领导的巴彦游击队,任参谋长。

建立游击队。1933年10月10日,珠河县委在三股流水万屯召开大会,宣布成立珠河抗日游击队,赵尚志任游击队长,李福林任政治指导员。赵尚志在会上带领队员庄严宣誓:"我们珠河游击队的全体战士,为收复东北失地,争取祖国自由,哪怕枪林弹雨,哪怕刀山火海,万死不辞。带领同胞,誓为把日寇驱逐东北,而奋斗到底。"此后,赵尚志带领游击队先后在三股流、石头河、板子房等地发动群众,建立了游击根据地。年底,他们消灭了宾县七区刘祥林自卫

团的武装。游击队的名声越来越大,不到三个月的时间,队员发展到了70余人。

这一地区,除了抗日游击队,还有10余支抗日山林支队和义勇军。为了贯彻执行党的抗日统一战线政策,赵尚志奔走于各个队伍之间,耐心、细致地做思想教育工作,提出了抗日到底、武装群众、联合各反日部队共同抗日的主张,使得各队头领在"不投敌、不卖国、抗日到底"的条件下联合起来,成立了东北联合军司令部,并推举赵尚志为总司令,下设三个总队,九个大队,人员达万余人。不到一年的时间,他们与日寇、伪军进行了上百次的战斗,并使抗日根据地扩大到了珠河、宾县、延寿、方正、阿城、五常、双城等县。

1935年12月,满洲省委指示,以哈东支队为基础,吸收根据地青年义勇军的骨干,正式成立东北人民革命军第三军,由赵尚志任军长,并兼任第一师师长,下属三个团,冯仲云为政治部主任。

活跃在山岭丛林。1936年3月11日,根据地侦查得知,方正县城只有200多日伪军,并且还有武器和粮食。赵尚志等人决定带领700神兵,奇袭县城,缴取枪支和粮食以壮大队伍。晚上,天下起了雪。赵尚志带着游击队,踏着积雪,肩扛长枪,手持大刀直奔方正县城。拂晓前,他们赶到了县城警察署门前,发现一个哨兵端着长枪打瞌睡,屋里的十多个日伪军守着小炉子,围着张桌子,吆五喝六地赌钱。两个战士上前抹掉了岗哨,一小队战士冲进仓库,夺取枪支和粮食,其余的战士攻进警察署门前将其全部缴械,又立即赶到日军参事馆驻地。

敌人没有想到,抗体联军会火速攻打县城,因而匆忙迎战。经过一个多小时的激战,大部分敌人被抗联消灭了。赵尚志向剩余的日伪军喊道:"你们赶快投降吧!不然,都打死你们!"敌人看到伤亡惨重,不敢猖狂抵抗了,一个个手举长枪,乖乖地走出来缴枪投降。这次战斗俘虏敌人35人,缴枪70多支,缴获粮食四大车。

4月,抗日联军攻打了舒东镇,歼灭全部守敌,俘虏日军30多人,伪军80多人,缴枪300多支,拔掉了在江北的一个重要据点。寻思着率领抗日联军四面出击,节节胜利,震慑了江北的敌人。敌人不得不从哈尔滨和佳木斯调动重兵,集结在北线一带。这时,赵尚志在调动了敌人兵力之后,悄悄地率队返回汤原根据地,进行休整。这一年来,由于赵尚志卓越的指挥才能和细致的组织工作,抗联第三军在打击日伪军的战斗中取得了辉煌的战绩,部队也因而得到了迅速发展,在原6个团的基础上,扩编成7个师。

矢志不渝。1937年"七七事变"以后,抗日战争全面爆发。东北日军加紧了对抗日联军的"围攻讨伐"。日本关东军司令植田谨与东条英机参谋长纠集日军30 000余人,妄图在3年里消灭一切抗日力量。日军的军事进攻由吉东地区转移到了三江地区,主要是为了对付赵尚志领导的抗日联军。在这种情况下,北满抗日联军在赵尚志的指挥下,多次击败敌人的进攻,保住了汤原地区的根据地。随着仗越打越多,牺牲、负伤的战士也在增加,而且粮食也在减少,部队遇到了前所未有的困难。有许多重大问题继续请示,他们先后派出六个人寻找党中央,都毫无音信。身为北满临时省委执委主席的赵尚志,经常几天几夜睡不着觉,他在判断着,思索着……

入冬后,抗联部队的处境更加恶劣。敌人妄想利用冬季把缺吃少穿的战士们困死在山上。这天,天刚蒙蒙亮,北满抗联总政治部主任李兆麟来了,身后跟着两个人。李兆麟坐下来对正擦枪的赵尚志说:"绍宾刚从苏联回来,报告一下情况。"

"苏联远东地区海洛将军,他让我捎个信给抗联总部,叫咱们派一个重要的领导人,过去商量共同抗日的大事。他还说,要提供武器装备给部队……"陈绍宾报告。"嗯,这是个新情况,马上开会。"赵尚志说。一会儿,北满省委主要负责人陆续都来了,经过认真讨论,一致同意赵尚志为中共北满临时省委代表,到苏联与海洛将军谈判。

夜幕茫茫,万籁俱寂。赵尚志辗转反侧,夜不成寐。苏联之行,前景会怎样呢?他陷入了沉思之中。"既然领导决定了,就得执行。"赵尚志自言自语道。赵尚志在一个警卫班的护送下从萝北县名山东过境,踏上了前往苏联的土地。这已是1938年1月。不该发生的事情终于发生了。赵尚志过境后,首先被解除了武装,接着对方一个负责人来通报:"海洛将军没有邀请任何一个中国抗联的代表来谈判,他不能来见你。"还说赵尚志是冒充的代表。

"让我回去!"赵尚志心里燃起了一团火。"不行。"对方一个军官说。这时已没有任何办法了,赵尚志开始了绝食。这不但没有起到效果,反使境遇更加恶化。两天后,他被送进了一间地下牢房。这里狭窄、阴暗、潮湿,散发着霉气,只有一点阳光从一个小小的通风口里射进来,照在昏暗斑驳的墙壁上,里面的一只小灯映出一层水汽。屋里摆放着一个三屉桌和一条长凳。

赵尚志对守门的哨兵说:"我要见你们领导……""不行。"就这样,一位年轻的抗日将领,不能出去打鬼子,被囚与地下室的小屋里,不明不白地关押了一年半。一天,一个苏联高级军官来到地下室,对赵尚志说:"误会你了……现在,我转达中央驻共产国际代表团的决定:任命赵尚志为东北抗日联军总司令。"

1937年7月,赵尚志组织了在苏联的东北抗日人员100余人,建立起一支精干的武装队伍,回到了东北,立即投入了战斗。乌拉嘎金矿附近有一个日本测量队,这个队有30多个鬼子,他们奸淫掳杀,无恶不作。一次,鬼子在半路上碰到一个抱着孩子的妇女,便兽性大发,把小孩扔到井里,强奸了妇女,然后将其杀死。抗日联军早就想拔掉这个"毒钉",消灭这股豺狼。

一天晚上,赵尚志带领50多名抗联战士,神不知、鬼不觉地朝着鬼子驻地奔去。"砰!砰!砰!"三声清脆的枪声,划破了寂静的夜空。部队发发起了冲锋,直打得敌人呼爹喊娘,四处乱窜。不到半个小时,战斗胜利结束,这群鬼子全部被消灭了,还缴获了一批粮食、枪支和弹药。

1940年,正当赵尚志率领抗日联军狠狠打击日本鬼子的时候,由于叛徒造谣说赵尚志要"捕杀省委",这消息像晴天霹雳震惊了北满大地。北满省委当即做出了"永远开除赵尚志党籍"的决定。赵尚志感到十分突然,连他的战友、部队主要领导人周保中、冯仲云也感到意外。

于是,两个人一起给北满省委写信,要求对这件事的处理要慎重,并希望把赵尚志留在党内。赵尚志也对此给北满省委写了一封信:"我郑重地恳求,恢复我的党籍。我一天也不能离开党,希望党组织一天也不要放弃对我的领导。"

开除赵尚志党籍的决定,受到各方面的反对,但是北满省委给赵尚志的复信中仍然说:"只能取消'永远'二字。"不久,赵尚志又被调去苏联莫斯科学习,受到批判。但他仍坚持自己的正确主张,准备向党中央申诉,同时还要求重返抗日战场。

1941年秋天,苏联方面允许他带5个人的侦查小组回国。赵尚志说:"我要重新组织队伍与日本鬼子干,死也要死在东北抗日战场上。"在东北,鬼子的扫荡越来越频繁了。敌人采取搜山、断粮等手段,企图困死抗联战士们,情况越来越严重。赵尚志在粮食、枪弹匮乏的严峻关头,一面恢复原来的部队,恢复地方组织,发展抗日力量,一面开展游击战争,寻机打击敌人。

1942年,驻鹤岗日军部队精心策划了一场阴谋,派特务刘德山化装成老客进了山。这天,刚刚起床的赵尚志正在收拾文件。忽听外边有人在叫:"尚志在吗?"赵尚志走出屋,一看原来是一位战士的"老朋友"刘德山。刘德山右手牵着一匹马,左手提着马鞭子,穿着一件黑哔叽面的皮袍子,满脸挂着笑。赵尚志问:"你怎么来到这里?有好长时间没见到你了。"刘德山从头到脚打量了一番健实的赵尚志,笑了笑说:"我有情况向你报告……"赵尚志挥了挥手,让跟在刘德山后边的哨兵退了出去。

2月12日,夜幕悄悄降临,赵尚志率领部队去袭击梧桐河警察所,路上,刘德山仅仅跟在赵尚志身后。在离驻警察所两公里时,刘德山突然从身后向赵尚志开枪。赵尚志腰部中弹,他忍着剧痛,转身一枪,将刘德山打死。赵尚志后因流血过多而牺牲。这位追求真理、忠于党、战功卓著的抗日联军勇将,就这样壮烈牺牲在战场上。噩耗传到长白山区,抗日军民深感悲痛。后来为了永久纪念抗日民族英雄赵尚志将军,特把珠河县改名为尚志县。

【故事二】 闻一多,汉族,原名亦多,族名家骅,字友三。我国著名的诗人、学者、斗士。早年以《红烛》《死水》两部诗集闻名于世;中年研究中国古代文学,成绩卓著,享誉海内外;后期对国民党反动派的专制独裁和腐败强烈不满,拍案而起,成为闻名遐迩的民主斗士。

闻一多,1899年11月24日出生于湖北省黄冈市蕲水县(今浠水县)下巴河镇的一个书香门第。他家学渊源,自幼爱好古典诗词和美术。5岁时即进入私塾学习,10岁到武昌就读于两湖师范附属高等小学。

1912年,闻一多13岁时,便以鄂籍复试第一名的成绩考入北京清华留美预备学校(即清华大学前身)。清华是美丽的,但恰恰是令中国人感到耻辱的庚子赔款办的。民族的遭遇和命运,似乎已注定了他要承受这种煎熬。

在这样的煎熬里,闻一多将自己沉浸在中国的古诗词中,在那里找到了心灵的呼应和慰藉。他在读杜甫的"安得广厦千万间,大庇天下寒士俱欢颜"的诗句时种下了关心百姓疾苦的思想种子;他在品味屈原的冤郁绝望中,感受了"路漫漫其修远兮,吾将上下而求索"的责任和豪情。

1919年五四运动爆发时,远离城中心的清华园还处于平静之中。但是这个平静第二天就被打破了。5月5日清晨,悬挂在食堂门口墙上的一幅手书的岳飞的《满江红》,吸引了清华师生的眼睛。"怒发冲冠,凭栏处,潇潇雨歇。抬望眼,仰天长啸,壮怀激烈。三十功名尘与土,八千里路云和月。莫等闲,白了少年头,空悲切。"手抄这首诗激励清华师生的正是闻一多。

数日后,他与其他同学一起,从清华园徒步入城,发表街头演说,宣传反帝爱国思想。那年5月17日,他在家书中写道:"国家育养学生,岁糜巨万,一旦有事,学生尚不出力,更待谁人?今遇此事,犹不能牺牲,岂足以谈爱国?"这时的闻一多年仅21岁,国家和民族的根本利益与个人的一切相比,他毫不犹豫地选择了前者。

身处异乡却心系祖国。1922年,闻一多远渡重洋留学美国,他的行囊里装的还是薄薄的一本杜甫诗集。美国的发达他看在眼里,中国的贫穷和战乱他刻在心里。在家书中,他说:"一个有思想的中国青年,留居美国的滋味,非笔墨所能形容。"在美国,有的中国同学去理发,却因为是有色人种,门都没进去,告到法院虽然胜诉,可是店老板还是要求中国学生只能偷偷地来理发。毕业典礼上,惯例是男女生成对上前接受毕业文凭,但六个中国男生只能自己结成三对走向讲台,因为没有美国女生愿意和他们站在一起。每每耳闻目睹这些事,闻一多都会痛苦地折断手中的笔。

当时的中国,军阀混战,民不聊生。他知道,很多不堪卒读的话语,都可以用来形容祖国的苦难,但他写下的诗句却是"我要赞美我祖国的花,我要赞美我如花的祖国"。有人说:"国家是腐败的,到处丑恶,不值得爱。"闻一多痛心地反驳道:"不对,只要是你的祖国,再丑、再恶,也要爱他。"他常把自己的诗寄给国内的朋友们,也常常提醒道:"不要误会我想的是狭义的家,我所想的是中国的山川,中国的草木,中国的鸟兽,中国的屋宇,中国的人。"

国土一再被践踏,自己的人民一再遭杀戮,远在美国的闻一多待不住了。他要与祖国同呼吸共命运。1925年,他提前结束了本该五年的留学生涯,急切地踏上了回家的路。然而,"五卅惨案""三·一八惨案"等相继发生,无情地破坏了闻一多救国救民的愿景,他赖以支持自己的信念支柱倾折了。失望之余,他撂下了写诗的笔,搁置起那些热血的文字,寄身于象牙塔,潜心研究中国古代文学。他甚至希望这古书中有济世救国的良方。

1930年秋,闻一多受聘于国立青岛大学,任文学院院长兼国文系主任。当时的青岛是一个殖民统治影响相当严重的城市,日本人在此气焰嚣张,为非作歹。曾有青岛大学学生在海滩上无端被日本浪人打得遍体鳞伤,日本浪人反把学生送到警察局。当时的国民党政府警察一面向日本人谄笑,一面打电话给校方指责放纵学生。闻一多闻而大怒,一面找校长评理,一面大声疾呼:"中国!中国!你难道亡国了吗?"在闻一多和学生们的强烈抗议下,警方不得不释放学生。1932年,南京国民政府和山东地方势力的争权夺利斗争延伸到青岛大学内部,学校乌烟瘴气,闻一多遭受了不少攻击与诽谤,被迫辞职。

在青岛大学受到的伤害和刺激,一时难以抹平。闻一多再次回到了清华园,一方书桌,三尺讲台，小楼庭院，妻儿围绕。可是安逸的生活并没有使闻一多忘记对中国时局的关注，并没有磨灭他爱国的心。

1937年7月，卢沟桥事变的枪声，拉开了全民族抗战的帷幕。一直将个人命运与国家、民族命运紧紧地联系在一起的闻一多，其人生历程也步入了一个新的阶段。抗日战争中后期，国民党统治的大后方笼罩在一片"可怕的冷静"中。与此形成鲜明对比的是，担负抗战时期中国唯一的对外交通通道的昆明，因这个特殊位置，却处于思想活跃和抗战新意迭出的氛围中。在号称"民主堡垒"的西南联合大学内，闻一多的声望和影响日益增长，成为民主教授群体中的代表。

1945年11月25日，昆明大中学校学生6 000余人，在西南联大举行反内战时事讲演晚会。国民党反动当局动用武力包围校园，施放枪炮，威胁群众，激起广大师生的无比愤慨。次日，国民党竟然编造假新闻，诬指这次集会是土匪骚乱。这激起了学生们的愤怒，昆明市3万学生当天举行总罢课，抗议国民党当局破坏群众集会的罪行。12月1日，国民党当局调动武装特务军警，冲入西南联大和云南大学校园，残酷镇压爱国学生，死4人，伤数十人，制造了震惊中外的"一二•一"惨案。闻一多得知惨案消息后，悲愤至极，他严正指出："'一二•一'暴行太凶残丑恶，卑鄙无耻了！比之于当年的'三•一八'惨案，凶残的程度更进了一步，这是白色恐怖吗？这是黑色恐怖！"

为扩大这次斗争的影响，当时的中共南方局指示，1946年3月17日举行"一二•一"四烈士出殡游行和公葬仪式。当日，3万人参加游行队伍，游行队伍所经之处，万人空巷，路祭不断。闻一多始终走在游行队伍的最前列，他在安葬仪式上悲愤地指出："我们今后的方向是民主。我们要惩凶，凶手们跑到天涯，我们追到天涯；这一代追不了，下一代继续追。血的债是要用血来偿的。"

1946年6月，蒋介石彻底撕毁停战协定和政协决议，国民党军队大举进攻中原解放区，发动了全面内战。与此同时，当时的国民党政府加强了对国统区的法西斯统治，血腥镇压爱国民主运动。昆明这座光荣绚丽的城市，又陷入了血雨腥风的恐怖气氛之中。1946年7月11日夜，李公朴被国民党特务暗杀。当闻一多于次日清晨五时赶往云大医院时，李公朴已经永远闭上了眼睛。他留下的最后一句话是"天快亮了吧！"闻一多不相信自己的战友会这样快地死去。他流着热泪，不停地说着："公朴没有死！公朴没有死！"

这时的昆明气氛异常紧张，有消息说下一个暗杀对象就是闻一多。许多朋友劝他避一避。但是闻一多却大义凛然地说："决不能向敌人示弱，如果说李先生一死，我们的工作就停顿了，将何以对死者，何以对人民！"1946年7月15日上午，云南大学至公堂召开李公朴先生遇难经过报告会。闻一多毅然前往参加。出于安全考虑，报告会没有安排他发言。就在李公朴夫人泣不成声地报告先生被害经过时，混入会场的国民党特务乘机捣乱。闻一多见状拍案而起，发表了气壮山河、永垂青史的《最后一次的讲演》。闻一多在讲演中强烈谴责国民党特务杀害李公朴的罪恶行径是"历史上最卑劣、最无耻的事情！"

他说:"李先生究竟犯了什么罪,竟遭此毒手?他只不过用笔写写文章,用嘴说说话,而他所写的、所说的,都无非是一个没有失掉良心的中国人的话!"他誓言:"你们杀死了一个李公朴,会有千百万个李公朴站起来!你们将失去千百万的人民!"他向在场的人强调:"现在正是黎明之前那个最黑暗的时候,我们有力量打破这个黑暗,争到光明!我们的光明,就是反动派的末日!"

当天下午,闻一多又赶赴《民主周刊》社,参加民盟为李公朴暗杀事件举行的记者招待会。那天下午五时许,在返回西仓坡宿舍途中,闻一多遭国民党特务多人狙击身亡,同行的长子闻立鹤为保护父亲也身负重伤。闻一多这个激情的诗人,这个热血的战士,就这样昂首挺胸凛然不屈地迎着"黑暗的淫威"走去。他给我们留下了他最完美最伟大的诗篇。他的热血与千千万万革命烈士的鲜血一起汇入了中国人民争取解放的革命洪流,染红了人民共和国的旗帜。他用自己的生命谱写了一曲响彻云霄的民族正气之歌!

【故事三】 两弹一星元勋邓稼先的爱国思想是从小就养成的,并支撑着他的一生。在爱国无功的状况下,是父亲的一番肺腑之言点亮了他心中的灯盏,从此,抱着科技救国的信念,邓稼先刻苦求学,走出了一条辉煌的成功之路。

邓稼先从小就有爱国情怀。13岁时,震惊中外的七七事变爆发了,日本侵略者遍布京城。当时,日本侵略者有个规定:凡是中国百姓从日本哨兵面前走过,都要向其行鞠躬礼。邓稼先虽然还不能完全明白这是怎样回事,但他知道这是一种侮辱,于是,他宁愿绕道走,也不去向侵略者行礼,以免自己的人格受到玷污。这种对侵略者的痛恨,源自他有一个爱国父亲。一天,父亲的一位老朋友夹着伪政府的公文包到邓家来拜访。没想到,那位朋友刚一进门,平时一向很和气的父亲突然勃然大怒,很严厉地质问他:"你来干什么?这里不欢迎你这样的人。"朋友一下子明白了:邓先生是嫌自己给日本人办事。朋友羞愧难当,正想辩解什么,父亲一声怒吼:"你出去!"这件事,给童年的邓稼先留下了深刻的印象,使他产生了最朴素的爱国意识。那时,日本侵略者每占领一座中国城市,就强迫中国人去参加所谓游行集会,庆贺他们的胜利;如果不去,就会被杀头。

有一次,侵略者又逼市民和学生开会游行。邓稼先虽然很气愤,但又不能不去。当游行刚刚要开始的时候,他就扯碎了发给他们的小纸旗,还不觉得解气,又把破碎的旗子扔在地上,猛踩一脚,感到很扬眉吐气。但这一幕被一个穿便衣的特务看见了。特务找到校长,要校长交出这名学生。校长知道这事是邓稼先干的,但出于对学生的爱护,把这件事搪塞过去了。之后,校长找到邓稼先的父亲,告诉他:邓稼先已放人盯上,迟早会出危险的。万一被密报上去,就会落到日本人手中。为了他的安全,就应想办法让他离开那里。

眼见事情已到了这个地步,父亲只得同意把儿子送到外地。临行前,家里准备了一顿丰盛的晚饭,但谁也吃不下去。父亲坐在一把老式木椅上,以从没有过的眼光看着这个儿子,很久才坚定地说:"稼儿,你还年轻,正是学知识的时候。你出去之后,不好学文,像我一样,学文对国家有多大用处呢？你必须要学科学。我们国家落后、贫穷，受人侵略，一个重要的原因是国家的科学技术不如人。只有掌握了科学，才能对国家有用啊。"

邓稼先把父亲的话深深印在脑海里。就这样，16岁的他离开了北京，开始了新的求学历程。他始终牢记父亲的嘱托，决心掌握更多的科技文化知识，将来好报效祖国。抱着学更多的本领以建设新中国之志，邓稼先于1947年通过了赴美研究生考试，于翌年秋进入美国印第安纳州的普渡大学研究生院。由于他学习成绩突出，不足两年便读满学分，并通过博士论文答辩。此时他只有26岁，人称娃娃博士。这位取得学位刚9天的娃娃博士毅然放下了在美国优越的生活和工作条件，回到了一穷二白的祖国。

邓稼先优秀的精神品质堪称典范，他义无反顾、迫不及待，拳拳报国之心溢于言表！回国后，邓稼先在所有场合表现出的无私、执着、吃苦耐劳、献身精神，以及热情、谦和、善于团结协作等，都让人真切地感受到他的可贵品质和精神风貌。

1958年秋，二机部副部长钱三强找到邓稼先，说国家要放一个"大炮仗"，征询他是否愿意参加这项务必严格保密的工作。邓稼先义无反顾地同意，回家对妻子只说自己要调动工作，不能再照顾家和孩子，通信也困难。从小受爱国思想熏陶的妻子明白，丈夫肯定是从事对国家有重大好处的工作，表示坚决支持。从此，邓稼先的名字便在刊物和对外联络中消失。

邓稼先挑选了一批大学生，准备有关俄文资料和原子弹模型。1959年6月，苏联政府终止了原有协议，中共中央下决心自己动手，搞出原子弹和人造卫星。邓稼先担任了原子弹的理论设计负责人后，一面部署同事们分头研究计算，自己也带头攻关。在遇到一个苏联专家留下的核爆大气压的数字时，邓稼先在周光召的帮忙下以严谨的计算推翻了原有结论，从而解决了关联中国原子弹试验成败的关键性难题。数学家华罗庚之后称，这是集世界数学难题之大成的成果。

中国研制原子弹正值三年困难时期，尖端领域的科研人员虽有较高的粮食定量，却因缺乏油水，仍经常饥肠响如鼓。邓稼先从岳父那里能多少得到一点粮票的支援，却都用来买饼干之类，在工作紧张时与同事们分享。就是在这样艰苦的条件下，他们日夜加班。粗估参数的时候，要有物理直觉；昼夜不断地筹划计算时，要有数学见地；决定方案时，要有勇进的胆识和稳健的决定。但是理论是否准确永远是一个问题。不知道他在关键性的方案上签字的时候，手有没有颤抖。

邓稼先不仅仅在秘密科研院所里费尽心血，还经常到飞沙走石的戈壁试验场。他冒着酷暑严寒，在试验场度过了整整8年的单身汉生活，有15次在现场领导核试验，从而掌握了超多的第一手材料。1964年10月，中国成功爆炸的第一颗原子弹，就是由他最后签字确定了设计方案。他还率领研究人员在试验后迅速进入爆炸现场采样，以证实效果。他又同于敏等人投入对氢弹的研究。按照邓于方案，最后制成了氢弹，并于原子弹爆炸后的2年8个月试验成功。这同法国用8年、美国用7年、苏联用10年的时刻相比，创造了世界上最快的速度。我国的原子弹、氢弹爆炸成功，使全国人民为之振奋，使敌视中国的人震惊，极大地提高了我国的国力和国际地位。

为研制两弹立下不朽功勋的科学家邓稼先是一位为国舍己的人。1972年,邓稼先担任核武器研究院副院长,1979年又任院长。1984年,他在大漠深处指挥中国第二代新式核武器试验成功。一次,航投试验时出现降落伞事故,原子弹坠地被摔裂。邓稼先深知危险,却一个人抢上前去把摔破的原子弹碎片拿到手里仔细检验。身为医学教授的妻子知道他抱了摔裂的原子弹,在邓稼先回北京时强拉他去检查。结果发现此刻他的小便中带有放射性物质,肝脏被损,骨髓里也侵入了放射物。随后,邓稼先仍坚持回核试验基地。在步履艰难之时,他坚持要自己去装雷管,并首次以院长的权威向周围的人下命令:"你们还年轻,你们不能去!"

1985年,邓稼先最后离开罗布泊回到北京,仍想参加会议。医生强迫他住院并通知他已患有癌症。他无力地倒在病床上,应对自己妻子以及国防部长张爱萍的安慰,平静地说:"我知道这一天会来的,但没想到它来得这样快。"中央尽了一切力量,却无法挽救他的生命。在邓稼先去世前不久,组织上为他个人配备了一辆专车。他只是在家人搀扶下,坐进去并转了一小圈,表示已经享受了国家所给的待遇。

长期艰苦工作损害了邓稼先的身体。1986年,他患癌症病逝。一直到报上发布了他去世的消息,全国人民才知道邓稼先这个名字。他不图个人的名和利,舍弃了个人的幸福,几十年默默无闻地为国家大业奋斗,却从不后悔。临终前,他欣慰地说:"我能够瞑目了。"

【思考讨论】
1. 从材料中,能看到赵尚志、闻一多、邓稼先身上什么样的中国精神?
2. 结合材料,你认为什么是爱国主义?

案例3

自主创新案例——华为

在过去的30年时间里,大多数中国民营科技企业总是逃脱不了"各领风骚三五年"的宿命,我们也听到和看到太多关于中国民营企业崛起、衰落、倒闭的悲伤故事。但是华为技术有限公司却成功了!华为从2万元起家,用25年时间,从名不见经传的民营科技企业,发展成为世界500强和全球最大的通信设备制造商,创造了中国乃至世界企业发展史上的奇迹!华为成功的秘诀就是创新。创新无疑是提升企业竞争力的法宝,同时它也是一条充满了风险和挑战的成长之路。尤其在高新技术产业领域,创新被称为一个企业的生存之本和一个品牌的价值核心。

"不创新才是华为最大的风险。"华为总裁任正非的这句话道出了华为骨子里的创新精神。"回顾华为20多年的发展历程,我们体会到,没有创新,要在高科技行业中生存下去几乎是不可能的。在这个领域,没有喘气的机会,哪怕只落后一点点,就意味着逐渐死亡。"正是这种强烈的紧迫感驱使着华为持续创新。

华为虽然和许多民营企业一样从做"贸易"起步,但是华为没有像其他企业那样,继续沿着"贸易"的路线发展,而是踏踏实实地搞起了自主研发。华为把每年销售收入的10%投入研发,数十年如一日,近10年投入的研发费有1 000多亿元人民币,在华为15万名员工中有近一半的人在搞技术研发。为了保持技术领先优势,华为在招揽人才时提供的薪资常常比很多外资企业还高。

华为的创新体现在企业的方方面面,在各个细节之中,但是华为不是为创新而创新,它打造的是一种相机而动、有的放矢的创新力,是以客户需求、市场趋势为导向,紧紧沿着技术市场化路线行进的创新,这是一种可以不断自我完善与超越的创新力,这样的创新能力才是企业可持续发展的基石。

1. 小灵通与3G

在国际化战略中,华为与大多数科技公司只盯着眼前利益的"技术机会主义"态度不同,华为对技术投资是具有长远战略眼光的。如在"小灵通"火热时期,UT斯达康、中兴等企业因为抓住了机会,赚了不少真金白银。相比之下,华为在"小灵通"上反应迟钝,却把巨资投入到当时还看不到"钱景"的3G技术研发,华为也因此被外界扣上"战略失误"的帽子。在任正非看来,"小灵通"是个落后技术,没有前景,而3G才代表未来主流技术发展趋势。事实证明,任正非的判断是正确的。华为从1996年开始海外布局,在国内市场遭遇3G建设瓶颈的时候,华为在海外市场开始有所斩获,一路走来,华为如今已成为全球主流电信运营商的最佳合作伙伴。

现在,华为的产品和解决方案已经应用于150多个国家,服务全球1/3的人口。在全球50强电信运营商中,有45家使用华为的产品和服务,其海外市场销售额占公司销售总额的近70%。如果任正非没有前瞻眼光,不先人一步投入3G技术研发,就没有今天的华为,也没有华为在3G甚至4G市场上的领先位置。2010年,华为跻身"全球最佳技术创新公司"前5名,成为"中国创造"的标杆。看得远,才能走得远,这是低调的任正非带领华为无往不胜的终极秘诀。

技术创新对于一个企业的国际化非常重要,但不等于说只有在完成技术创新之后才进行国际化。完全掌握了核心技术,再进行国际化,这是一种过于理想化的模式。国际化的过程本身就是提高企业技术能力的过程,在"战争中学习战争"也是一种相机而动的思维。所以在1996年,华为就尝试走出国门,让国际竞争来促进和提升自身的技术创新。

2. 技术引进、吸收与再创新

实际上,华为的技术创新,更多表现在技术引进、吸收与再创新层面上,主要是在国际企业的技术成果上进行一些功能、特性上的改进和集成能力的提升。对于所缺少的核心技术,华为通过购买或支付专利许可费的方式,实现产品的国际市场准入,再根据市场需求进行创新和融合,从而实现知识产权价值最大化。

目前,中国制造企业正面临着人力成本居高不下、产能过剩、高消耗等"内忧",以及人民币升值、海外市场低迷、贸易摩擦案件增加等"外患"。普遍缺少品牌和技术的中国制造企业,转型和升级已经迫在眉睫。但是如何转型？怎么升级？显然不是喊几句口号和出台几项政策就能实现的。这时，华为的榜样价值再次凸显。

任正非说："科技创新不能急功近利，需要长达二三十年的积累。"中国企业要走出国门，融入世界，做大做强，就必须摒弃赚"快钱"的心态，舍得在技术升级和管理创新上花钱，转型和升级才可能实现。华为不赚"快钱"赚"长钱"的思想值得很多企业学习借鉴。

3. 先进的企业内部管理体系

但必须指出的是，产业升级仅有技术升级也是不够的，还需要管理的同步升级。与其他国内企业一样，华为在创业之初也有过一段粗放式管理的时期，但是华为及时认识到管理创新的重要性，并不惜血本，进行脱胎换骨式的变革和提升。

在国际化进程中，华为认识到先进的企业内部管理体系的基础作用。华为先后与IBM、HAY、MERCER、PWC等国际著名公司合作，不惜花数十亿资金，引入先进的管理理念和方法，对集成产品开发、业务流程、组织、品质控制、人力资源、财务管理、客户满意度等方面进行了系统变革，把公司业务管理体系聚焦到创造客户价值这个核心上。

经过10多年的不断改进，华为的管理实现了与国际接轨，不仅经受了公司业务持续高速增长的考验，而且赢得了海内外客户及全球合作伙伴的普遍认可，有效支撑了公司的全球化战略。

在产品研发上，华为"以客户需求为导向"，以客户需求驱动研发流程，围绕提升客户价值进行技术、产品、解决方案及业务管理的持续创新，快速响应客户需求。同时，华为还坚持"开放式创新"，先后在德国、美国、瑞典、英国、法国等国家设立了23个研究所，与世界领先的运营商成立了34个联合创新中心，从而实现了全球同步研发，不仅把领先的技术转化为客户的竞争优势，帮助客户成功，而且为华为输入了大量高素质的技术人才。

华为的"客户创新中心"和"诺亚方舟实验室"就是专门为客户量身打造的创新研究机构。通过对客户个性化需求的解读与研判，创造性地为客户进行"量体裁衣"式的个性化服务。满足各个国家客户不同的需求，成为华为进行创新的动力。抓客户的"痛点"而不是竞争对手的"痛点"，抓客户价值而不是抓产品成本，这就是华为国际化成功的经验。

其实，创新并没有什么玄虚，与成本优势并不矛盾。只不过成本优势是个结果，而围着客户需求来做，哪怕是细微但是持续不断的创新，才是到达这个结果的最佳路径。

华为拥有业界最完整的通信产品系列，涵盖移动、宽带、核心网、数据通信、云计算、电信增值业务、终端等领域。华为坚持以客户为中心，为客户提供了一整套解决方案，成功地将客户和企业绑定在同一平台，除了初期的销售，还包括后续的产品升级、服务等，由于华为抓住了客户的根本需求，其收入是刚性的，盈利是持续的，这和一般的软件外包是两个层次。

华为还是世界500强中唯一一家没有上市的公司和一家100%由员工持股的民营企业。目前，华为有7万多名员工持有公司股权，全员持股吸引了越来越多的人才到华为工作，全员持股成为激活华为员工创造潜力与创新能力的重要因素。

第三章 弘扬中国精神

华为还探索了一套独特的商业模式,建立了一套行之有效的人力资源管理体系,尊重和爱护人才,聚集了一大批技术精英,为华为的可持续发展提供了人力保障。在培养接班人方面,任正非打破家族式继承,推行轮值CEO制度,让没有血缘关系的优秀后继者担任轮值CEO,首开中国民营企业"代际传承"之先河。

回顾华为的发展历程,发现华为几乎捕捉到了通信产业20多年来每一次发展大势和机遇。现在,云计算被视为科技界的一场革命,华为依托强大的技术研发能力,借助云计算进行产业转型升级,实现"云管端"一体化,从单纯的CT产业向整个ICT产业扩展,将终端和软件服务领域作为未来成长的新空间。

华为在全球通信业低迷期成功转型,为企业发展注入了新的活力,在2012年上半年,华为销售收入超过爱立信,逆势登顶,成为全球最大的电信设备制造商。华为下一个10年的宏伟目标是:到2020年销售收入达到1 000亿美元,用8年时间再造两个华为。

华为创立于1987年,到2012年已经走过了25年的发展历程。25岁,无论对于一个人,还是对于一个企业来说,都是彩虹般的年华,拥有着无限的激情和无尽的梦想;25年艰苦卓绝的奋斗,换来的是一家世界级的优秀企业;华为25年的激情飞跃成就了属于一个民族和一个国家的光荣与梦想。我们应该为华为这样的拥有强大创新力的企业欢呼、鼓掌,希望更多的中国企业更具创新力!

现代管理学之父彼得·德鲁克说:"一家企业的崛起远比一个国家的崛起值得我们夸耀。"华为的成功,激起了无数人的想象,为中国企业国际化树立了标杆,建立了信心。华为让我们欣喜地看到了那些优秀世界级企业的影子,我们更希望看到,更多如华为的优秀企业成长起来。

【思考讨论】

1. 从材料中,谈一谈化为成功的因素。
2. 结合材料谈谈,为什么改革创新是时代要求?

案例4

习总书记阐释中国梦 提三个"共同享有"

3月17日,人大举行闭幕会,中华人民共和国主席习近平发表讲话。

中华人民共和国主席习近平:各位代表,这次大会选举我担任中华人民共和国主席,我对各位代表和全国各族人民的信任,表示衷心的感谢!

我深知,担任国家主席这一崇高职务,使命光荣,责任重大。我将忠实履行宪法赋予的职责,忠于祖国,忠于人民,恪尽职守,夙夜在公,为民服务,为国尽力,自觉接受人民监督,决不辜负各位代表和全国各族人民的信任和重托。

各位代表!中华人民共和国走过了光辉的历程。在以毛泽东同志为核心的党的第一代中央领导集体、以邓小平同志为核心的党的第二代中央领导集体、以江泽民同志为核心的党的第三代中央领导集体、以胡锦涛同志为总书记的党中央领导下,全国各族人民勠力同心、接力奋斗,战胜前进道路上的各种艰难险阻,取得了举世瞩目的辉煌成就。

今天,我们的人民共和国正以昂扬的姿态屹立在世界东方。

胡锦涛同志担任国家主席10年间,以丰富的政治智慧、高超的领导才能、勤勉的工作精神,为坚持和发展中国特色社会主义建立了卓越的功勋,赢得了全国各族人民忠心爱戴和国际社会普遍赞誉。我们向胡锦涛同志,表示衷心的感谢和崇高的敬意!

各位代表!中华民族具有5 000多年连绵不断的文明历史,创造了博大精深的中华文化,为人类文明进步做出了不可磨灭的贡献。经过几千年的沧桑岁月,把我国56个民族、13亿多人紧紧凝聚在一起的,是我们共同经历的非凡奋斗,是我们共同创造的美好家园,是我们共同培育的民族精神,而贯穿其中的、最重要的是我们共同坚守的理想信念。

实现全面建成小康社会、建成富强民主文明和谐的社会主义现代化国家的奋斗目标,实现中华民族伟大复兴的中国梦,就是要实现国家富强、民族振兴、人民幸福,既深深体现了今天中国人的理想,也深深反映了我们先人们不懈奋斗追求进步的光荣传统。

面对浩浩荡荡的时代潮流,面对人民群众过上更好生活的殷切期待,我们不能有丝毫自满,不能有丝毫懈怠,必须再接再厉、一往无前,继续把中国特色社会主义事业推向前进,继续为实现中华民族伟大复兴的中国梦而努力奋斗。

实现中国梦必须走中国道路。这就是中国特色社会主义道路。这条道路来之不易,它是在改革开放30多年的伟大实践中走出来的,是在中华人民共和国成立60多年的持续探索中走出来的,是在对近代以来170多年中华民族发展历程的深刻总结中走出来的,是在对中华民族5 000多年悠久文明的传承中走出来的,具有深厚的历史渊源和广泛的现实基础。中华民族是具有非凡创造力的民族,我们创造了伟大的中华文明,我们也能够继续拓展和走好适合中国国情的发展道路。全国各族人民一定要增强对中国特色社会主义的理论自信、道路自信、制度自信,坚定不移沿着正确的中国道路奋勇前进。

实现中国梦必须弘扬中国精神。这就是以爱国主义为核心的民族精神,以改革创新为核心的时代精神。这种精神是凝心聚力的兴国之魂、强国之魄。爱国主义始终是把中华民族坚强团结在一起的精神力量,改革创新始终是鞭策我们在改革开放中与时俱进的精神力量。全国各族人民一定要弘扬伟大的民族精神和时代精神,不断增强团结一心的精神纽带、自强不息的精神动力,永远朝气蓬勃迈向未来。

实现中国梦必须凝聚中国力量。这就是中国各族人民大团结的力量。中国梦是民族的梦,也是每个中国人的梦。只要我们紧密团结,万众一心,为实现共同梦想而奋斗,实现梦想的力量就无比强大,我们每个人为实现自己梦想的努力就拥有广阔的空间。生活在我们伟大祖国和伟大时代的中国人民,共同享有人生出彩的机会,共同享有梦想成真的机会,共同享有同祖国和时代一起成长与进步的机会。有梦想,有机会,有奋斗,一切美好的东西都能够创造出来。全国各族人民一定要牢记使命,心往一处想,劲往一处使,用13亿人的智慧和力量汇集起不可战胜的磅礴力量。

中国梦归根到底是人民的梦,必须紧紧依靠人民来实现,必须不断为人民造福。

我们要坚持党的领导、人民当家做主、依法治国有机统一,坚持人民主体地位,扩大人民民主,推进依法治国,坚持和完善人民代表大会制度的根本政治制度,中国共产党领导的多党合作和政治协商制度、民族区域自治制度以及基层群众自治制度等基本政治制度,建设服务政府、责任政府、法治政府、廉洁政府,充分调动人民积极性。

我们要坚持发展是硬道理的战略思想,坚持以经济建设为中心,全面推进社会主义经济建设、政治建设、文化建设、社会建设、生态文明建设,深化改革开放,推动科学发展,不断夯实实现中国梦的物质文化基础。

我们要随时随刻倾听人民呼声、回应人民期待,保证人民平等参与、平等发展权利,维护社会公平正义,在学有所教、劳有所得、病有所医、老有所养、住有所居上持续取得新进展,不断实现好、维护好、发展好最广大人民根本利益,使发展成果更多更公平惠及全体人民,在经济社会不断发展的基础上,朝着共同富裕方向稳步前进。

我们要巩固和发展最广泛的爱国统一战线,加强中国共产党同民主党派和无党派人士团结合作,巩固和发展平等团结互助和谐的社会主义民族关系,发挥宗教界人士和信教群众在促进经济社会发展中的积极作用,最大限度团结一切可以团结的力量。

各位代表!"功崇惟志,业广惟勤。"我国仍处于并将长期处于社会主义初级阶段,实现中国梦,创造全体人民更加美好的生活,任重而道远,需要我们每一个人继续付出辛勤劳动和艰苦努力。

全国广大工人、农民、知识分子,要发挥聪明才智,勤奋工作,积极在经济社会发展中发挥主力军和生力军作用。一切国家机关工作人员,要克己奉公,勤政廉政,关心人民疾苦,为人民办实事。中国人民解放军全体指战员,中国人民武装警察部队全体官兵,要按照听党指挥、能打胜仗、作风优良的强军目标,提高履行使命能力,坚决捍卫国家主权、安全、发展利益,坚决保卫人民生命财产安全。

一切非公有制经济人士和其他新的社会阶层人士,要发扬劳动创造精神和创业精神,回馈社会,造福人民,做合格的中国特色社会主义事业的建设者。

全国广大青少年,要志存高远,增长知识,锤炼意志,让青春在时代进步中焕发出绚丽的光彩。

香港特别行政区同胞、澳门特别行政区同胞,要以国家和香港、澳门整体利益为重,共同维护和促进香港、澳门长期繁荣稳定。广大台湾同胞和大陆同胞要携起手来,支持、维护、推动两岸关系和平发展,增进两岸同胞福祉,共同开创中华民族新的前程。广大海外侨胞,要弘扬中华民族勤劳善良的优良传统,努力为促进祖国发展、促进中国人民同当地人民的友谊做出贡献。

中国人民爱好和平。我们将高举和平、发展、合作、共赢的旗帜,始终不渝走和平发展道路,始终不渝奉行互利共赢的开放战略,致力于同世界各国发展友好合作,履行应尽的国际责任和义务,继续同各国人民一道推进人类和平与发展的崇高事业。

各位代表！中国共产党是领导和团结全国各族人民建设中国特色社会主义伟大事业的核心力量,肩负着历史重任,经受着时代考验,必须坚持立党为公、执政为民,坚持党要管党、从严治党,全面加强党的建设,不断提高党的领导水平和执政水平、提高拒腐防变和抵御风险能力。全体共产党员特别是党的领导干部,要坚定理想信念,始终把人民放在心中最高的位置,弘扬党的光荣传统和优良作风,坚决反对形式主义、官僚主义,坚决反对享乐主义、奢靡之风,坚决同一切消极腐败现象做斗争,永葆共产党人政治本色,矢志不移为党和人民事业而奋斗。

各位代表！实现伟大目标需要坚忍不拔的努力。全国各党派、各团体、各民族、各阶层、各界人士要更加紧密地团结在中共中央周围,全面贯彻落实中共十八大精神,以邓小平理论、"三个代表"重要思想、科学发展观为指导,始终谦虚谨慎、艰苦奋斗,始终埋头苦干、锐意进取,不断夺取全面建成小康社会、加快推进社会主义现代化新的更大的胜利,不断为人类做出新的更大的贡献！

——选自新华网,2013年3月17日

案例5

阳光下的无奈与悲哀

贵屿镇,一个位于广东省汕头市潮阳区的边陲小镇,因电子垃圾而暴富,被称为"电子垃圾第一镇",也因此饱受污染之苦,成为"血铅镇"和"癌症区"。

近日,有外媒驻华记者发表博文称,一些来自惠普、三星和松下等公司几乎全新但有部分缺陷的产品,也被作为电子垃圾运往贵屿镇。《每日经济新闻》记者近日赴贵屿镇调查发现,虽然当地政府已经禁止电子垃圾交易,但走私暗流依然猖獗。当地于2005年试图进行的"电子拆解行业产业化"的产业升级计划也几近胎死腹中。

家庭作坊饮鸩止渴

贵屿镇得到这样一个既非赞美亦非贬低的绰号,是因为自20世纪90年代初期,废旧五金电器拆解行业在贵屿镇开始生根发芽,至今仍是当地人的主业。由于地处低洼,这里是一个严重的内涝地区,农业生产无法解决当地居民的生计。20世纪五六十年代开始,当地人遂以回收废旧物品进行转卖为生。改革开放以后,来自欧美等地区的电子垃圾大规模进口到我国,善于经商的潮汕人从中"嗅到"了商机,进行电子垃圾的回收、拆解、转卖就成为当地人的主业,并使当地人获利颇丰。《贵屿镇建设再生资源专业镇实施方案》显示,仅2010年,全镇废旧电子电器、五金、塑料回收加工利用达220万吨,创行业产值就达到了50亿元。

今天,穿行于贵屿镇的每一条街道,都可以看到堆积如山的电子垃圾、塑料废品等,生产模式以家庭作坊为主,几个工人,一些小型器械,就可以开工。据当地人介绍,大多数家庭作坊采用极简单的工艺,工人只需用螺丝刀等工具将电子垃圾上的塑料、铜、铁等不同零部件拆解开,然后分类转卖,即可从中获利。较为复杂的工序则是,通过烧烤、酸洗等方式提取镀金、锡焊料、铜骨架等金属,常见的电线可以剥皮取铜。与简单拆解不同的是,通过酸洗等方式提取的金属,利润之高令人无法想象。当地工人介绍,一斤英特尔的芯片,可以提取超过3克的金,除去成本,一斤可以赚100多元。

与这些小作坊相比,那些拥有所谓"尖端技术"的大型电子垃圾再生企业则几乎没有竞争力。一些工人称,无论是生产成本还是人工成本,小作坊都比大企业低很多,因此,小作坊通常以较高的价格收购电子垃圾,大型企业常常面临原料短缺的难题。

但电子垃圾的简单拆解带来的环境污染问题让人惊心。走在贵屿镇的街道上,充斥着各种难闻的气味,几乎让人窒息,虽然露天焚烧已不常见,污染问题却没有得到有效解决。一位年长的当地居民对《每日经济新闻》记者说,很多人发家之后就迁出了贵屿,搬到潮阳区或汕头市城区生活,因为贵屿已经不再适宜生活。一名超市工作人员对记者说,这里的桶装矿泉水很好卖,因为外地人几乎不敢喝本地自来水。

据了解,电子垃圾中含有多种对人体有害的元素。以电脑为例,制造一台电脑需要700多种化学原料,其中50%对人体有害。而电视机显像管、电脑元器件中还含有大量汞、铅、铬等有毒化学物质。记者在贵屿镇看到,当地大多数工人只身着简单的工作服,并无相应的防护措施,从业者中不乏年龄仅10岁左右的孩子。早在2004年,汕头大学医学院对当地儿童进行了血铅检测,结果显示,超过80%的儿童铅中毒,而当地妇女的流产率和癌症发病率也高于其他地区。

日益暴露的污染问题让当地政府不得不采取措施,但大多数从业者选择了缄默。面对记者的询问,他们三缄其口。据统计,在贵屿这个有13万多人口的小镇上,共有21个村参与了电子垃圾拆解行业,从业人员超过6万人,对于从事了近20年电子垃圾拆解的大多数家庭来说,通过这种方式获取可观的收入几乎已经渗入血液,贵屿人的缄默,无异于一种无言的反抗。对于当地政府整治电子垃圾拆解产业的诸多做法,不少私营老板表示不满,认为这样做是断了他们的"财路"。

电子垃圾走私禁而不止

"现在已经禁止我们进货了。"当地一些电子垃圾拆解行业的从业者向《每日经济新闻》记者透露,目前当地政府已经禁止从外地输入电子垃圾。该信息并未得到贵屿镇政府的确认,不过,政府办公室一名工作人员表示确有其事。

一个在汕头从事电子垃圾回收生意的私营老板表示,近期已经很少去贵屿,因为当地对电子垃圾等废品的交易监管很严,当地企业近期也很少再来进货。但据记者了解,即便如此,私下里仍在进货的也不在少数。每天,都有一辆辆轰隆开过的大货车载着一批新的电子垃圾进入贵屿。问及这些电子垃圾的来源,当地从业者讳莫如深,一些人则称大多数来自香港。

此前,美国CBS电视台《60分钟》栏目曾通过跟踪调查了解到贵屿镇电子垃圾的来源。该节目称,来自美国的电子垃圾通过集装箱运往中国香港维多利亚港,然后进入贵屿镇。前述私营老板也向记者透露,这些电子垃圾大多数通过走私的方式,经香港、深圳或者广东南海运往内地,现在相关的产业链条已转向了广东韶关地区。

根据我国《废弃电气电子产品回收处理管理条例》规定，进口电子洋垃圾最高罚款5万元。虽然有这道"紧箍咒"，但一些业内人士表示，与电子垃圾拆解获得的丰厚利润相比，区区几万元的罚款基本起不到震慑作用。

最为致命的是，由于国内流入正规回收渠道的电子垃圾极少，从事电子垃圾拆解的企业必须寻找其他原料来源，于是，贵屿人选择了国外流入的电子垃圾。

中投顾问环保行业研究员盘雨宏向《每日经济新闻》记者表示，从20世纪80年代开始，西方国家开始强调对环境的保护，出台了许多要求厂家对垃圾进行回收以减少环境污染的法律法规，一些不法商家出于减少回收成本的目的，开始向非洲、亚洲、拉丁美洲等发展中国家出口垃圾。盘雨宏透露，目前，美国每年产生的电子垃圾达300万吨，其中大多数流向了发展中国家。反观国内，目前我国每年产生的电子垃圾已经高达230万吨，仅次于美国。盘雨宏表示，数量如此庞大的电子垃圾进入循环利用体系的还不足10%，大部分都进入了二手市场、小商小贩及非法回收企业。因电子垃圾而暴富，也因电子垃圾遭受污染之苦，遍布贵屿镇的家庭式作坊继续着他们的忙碌。

电子垃圾处理场仍是荒地

贵屿镇华美公路的东南方向，一个国家循环经济示范园区已经初具规模。为了解决电子垃圾带来的环境污染，贵屿镇地方政府在2005年之前就开始了产业转型升级的探索，这个"贵屿国家循环经济示范园"就是重点项目之一。2005年，贵屿镇正式成为全国循环经济试点单位。2006年10月20日，贵屿电子市场正式落成开业，当时，这被认为是"家庭作坊式的电子拆解行业开始向产业化生产方式转变"的标志。

2010年12月，一个名为"废弃电气电子产品集中处理场"的项目奠基，项目就位于循环经济示范园。官方资料显示，项目总占地面积2 500亩，其中首先开发的一期项目位于贵屿镇华美片区，占地500亩。4月21日，《每日经济新闻》记者前往该处理场，看到的情景却出人意料。处理场入口，矗立着一块"项目示意图"。但是，除了被泥土填平的土地以及零星的垃圾堆以外，这里看不到任何动工的迹象。当时的资料显示，处理场奠基之初向外界宣告，贵屿的3 200多家废弃电气电子产品加工企业将逐步入驻，以解决环境污染、产业提升、资源高效利用等问题。对此，贵屿镇政府并未做出解释。政府办公室的一位工作人员表示，镇长和相关负责人这些天都很忙，外出了，不能回答记者的问题。

平静的电子垃圾处理场只是一个缩影，即便是初具规模的循环经济示范园，入驻的企业也寥寥无几。记者根据路边广告牌上的电话号码试图联系一家企业，却被告知是空号。示范园区外面的街道上，空气中弥漫着塑料焚烧的味道，呼啸而过的大型货车掀起的尘埃，腐烂发臭的河道，以及脸被熏得发黑的工人，在这个占地面积52平方千米的镇上，数不清的小作坊仍然在日夜拆解。

《每日经济新闻》记者在贵屿镇采访期间，发现传说中的垃圾露天焚烧情况已不多见，一位从业人员告诉记者，"这段时间查得很严，都被禁止了"。据其介绍，无论是当地政府还是上级环保部门,都已经在镇区设点监督上述行为。

与一个个收购电子废弃物品的广告牌共存的,是当地政府树起的多个"发展循环经济,打造生态贵屿"的宣传牌,这传达出某种微妙的意味。

——选自《探访广东贵屿"电子垃圾第一镇":家庭作坊饮鸩止渴电子垃圾处理产业升级或成泡影》,徐学成,每日经济新闻,2012年4月26日

【思考讨论】
1. 对于贵屿镇的现状,你有何感想?
2. 结合材料说明,怎样才能做一名忠诚的爱国者?

思想精华

爱国主义就是千百年来巩固起来的对自己祖国的一种深厚的感情。

——列宁

为中华崛起而读书。

——周恩来

我是中国人民的儿子。我深情地爱着我的祖国和人民。

——邓小平

中国唯有国魂是最可宝贵的。唯有他发扬起来,中国人才真有进步。

——鲁迅

人民不仅有权爱国,而且爱国是个义务,是一种光荣。

——徐特立

天下兴亡,匹夫有责。

——顾炎武

常思奋不顾身,而殉国家之急。

——司马迁

科学没有国界,科学家却有国界。

——巴甫洛夫

为祖国而死,那是最美的命运啊!

——大仲马

爱祖国高于一切。

——肖邦

人类最高的道德是什么？那就是爱国之心。

——拿破仑

纵使世界给我珍宝和荣誉，我也不愿离开我的祖国。因为纵使我的祖国在耻辱之中，我还是喜欢、热爱、祝福我的祖国。

——裴多菲

热爱祖国，这是一种最纯洁、最敏锐、最高尚、最强烈、最温柔、最无情、最温存、最严酷的感情。一个真正热爱祖国的人，在各个方面都是一个真正的人……

——苏霍姆林斯基

扩展阅读

国魂就是不可撼动的"中国精神"

国家精神，是一个国家、一个民族的魂。国之魂者，立国之本！泱泱中华，上下五千年，纵横千万里，唯有"国魂"立中间！"国魂"是什么？国魂就是中华民族屹立世界民族之林不倒，也绝不可撼动的"中国精神"！

而千千万万为国家做出贡献的人，千千万万在生活中闪耀真善美的人，都是"中国精神"的造就者！

今天，我们就找一找真正的中国精神，到底在哪儿！

1840年以来，中国受尽列强欺辱，14年的艰苦抗战，打败日本侵略者，新中国成立后，抗美援朝，打得艰苦卓绝，打得可歌可泣。中国精神在哪儿？中国精神在那名单手擎天的士兵70年前发出的呐喊里！"同志们，为了新中国前进！"1948年5月25日，董存瑞的生命绽放在怒天的炮火里，那一年，他才19岁！

中国精神深藏在这一个个覆盖着国旗的小小的棺椁里！68年前朝鲜战场，仗打赢了！可197 653名中国军人再也没能回来，60多年，他们栖身异国冰冷的土地！中国精神在死鹰岭高地，这125座保持战斗姿态的"冰雕"里！中国精神在391高地燃烧在士兵邱少云身上的熊熊烈焰里！英雄们钢铁般的战斗意志，更早已铸就成"军魂"融入每位中国军人的血液里！

中国精神在盛大阅兵式中，那一位位头发花白的老兵的深情敬礼里！他们身体上的每个弹孔都是一枚勋章，他们扛起一把大刀就跟日军拼个你死我活！还有太多的人甚至没有留下名姓，他们用鲜血、生命，和那一次次为中华民族奋不顾身的冲锋，化作这庄严肃穆的人民英雄纪念碑！他们的姓名，无人知晓，他们的精神，永垂不朽！

中国精神在董万瑞将军的眼泪里！洪水退去、送别英雄，在离别的站台上，将军落泪！与大堤共存亡、与洪魔共进退！当时这位56岁的老人，长江大堤上年龄最大、军阶最高的人，他与战士同战斗、72小时不合眼！98年那场洪灾过去20年了，你还记得浴血奋战的子弟兵吗？

第三章　弘扬中国精神

你还记得董万瑞将军的眼泪吗……

中国精神就在这里！在英雄身上的弹孔和刀疤里，在英雄不屈不挠的骨子里！在英雄们感天动地的牺牲和奉献里！

高伯龙，86岁时穿着跨栏背心编程的镜头上了央视，有人笑着说：中国又出了一位"扫地僧"，有人又哭着说：这才是真正的中国精神。2017年12月6日，89岁的高伯龙走了，没有多少人知道他的名字，但想告诉大家，就是这个不起眼的小老头，用一辈子的隐姓埋名和默默奉献，给中国的尖端武器装上了"眼睛"！让咱们中国的武器做到了指哪儿打哪儿！

中国精神在林俊德院士生命最后的冲锋里！林俊德，参加过中国全部45次核试验的将军科学家！被查出患癌症后，死神只留给了他27天时间，他不肯手术，更不肯休息，因为在他的电脑里，藏着几万个关系国家利益的保密文件，直到生命最后的几个小时，他还在坚持！

中国精神在李小文院士的布鞋里！主持NASA基础研究项目，堪称国内地理信息学领域的泰斗，朴素得就像一位农民，直到生命中的最后一节课，他还坚持站着讲了整整两个小时！

中国精神在"中国量子之父"潘建伟的眼泪里！每当想起"两弹一星"元勋郭永怀飞机失事时与勤务员紧紧抱在一起，人都烧焦了，却完好保存了数据，潘建伟就泪流满面。他坚决放弃国外优越的研究条件回到祖国建设实验室，并劝说在国外的学生一起回国！

当年，钱三强、郭永怀、钱学森、赵忠尧等数百位科学家都是冲破重重阻力，坚决回到祖国！科学没有国界，科学家却有祖国！正是因为有他们，神州11号、国产航母、大飞机等一个个大国重器震惊世界！

中国精神，更在南仁东倾尽一生打造的"天眼"里！中国精神，也在钟扬教授一颗颗为自然延续物种的种子里！中国精神，也必将凝聚在那枚小小的写着中国芯的芯片里！

我有国士、天下无双。是他们，用自己的默默无闻支撑起中国的强国梦，是他们，用自己的无私奉献支撑起社会的一次次变革，一次次进步！他们是国之栋才，是民族脊梁；他们，才是最值得我们崇拜的中国精神！

在两年前的里约奥运会上，有多少中国人因为这一个镜头，哭成了孩子，哭成了泪人！中国精神在哪儿？中国精神在几代女排姑娘不放弃就有奇迹的顽强拼搏里！

1962年，来自全国19个省（市）的127名大、中专毕业生和242名工人，来到了塞罕坝这片陌生的荒漠。中国精神，就在三代人塞罕坝人，用55年创造世界奇迹里！半个多世纪呀，多少艰难、多少泪与汗，他们硬是把只有荒漠的沙地，变成112万亩林田。

"走过那条小河，你可曾听说，有一位女孩，她曾经来过……"还记得牺牲在沼泽中的养鹤女孩徐秀娟吗？在徐秀娟牺牲后，弟弟徐建峰接过姐姐的接力棒，2014年悲剧降临，徐建峰陷入那片沼泽，再也没能出来，年仅47岁。如今，徐建峰的女儿徐卓成为第三代守鹤人，从爷爷那代人起，到姑姑和父亲都将生命献给那片沼泽，徐家三代人，把一切都献给了丹顶鹤！

一个人做一件事，坚持一辈子已经很难，三代人坚持做一件事，创造的一定是中国奇迹！为什么中国女排、塞罕坝人、三代守鹤人的故事总让我们泪流满面，因为中国精神就在他们一代又一代的奉献与坚守里！

真正的英雄，从不穿铠甲披披风，他们都是平凡人，在岁月静好时，他们默默奉献爱与温暖，在危急出现时，他们化身英雄挺身而出！这，不是中国精神是什么？

一名司机为行夜路的孩子亮着灯光照路20分钟，直到孩子的前方出现了灯光。让司机意外的是，孩子突然下车，深深弯腰鞠躬！勿以恶小而为之，勿以善小而不为，好心的司机和懂得感恩的孩子，这样的感动和温暖，不是中国精神是什么？

两年前，13岁的女孩果果不幸突患重疾，生命进入倒计时。她的父母陷入巨大悲痛，父亲甚至绝望地以为，自己的后半生都将在黑暗中度过！但他们解决痛苦最好的方法，是付出比痛更多的爱！这对平凡的父母，将女儿的器官捐赠给五个生命挽救了五个不幸的家庭！失去女儿何其痛苦，但他们把痛化作了对生命的善去传播给更多的人……这样的大善和大爱，不是中国精神是什么？

这个18岁的孩子叫庞众望，父母均有残疾，家庭极度贫困，但庞众望考出684分的成绩被清华大学录取！不抱怨，不哭泣。庞众望和他的母亲，用微笑和坚强感动中国！自尊、自强、自立的庞众望母子，不是中国精神是什么？

老爷爷在自己的生命弥留之际，深情地看着老伴，老奶奶则抓住他的手说："你放心，我会照顾好自己！"执子之手与子偕老，生儿育女、相濡以沫走完一生，这也是中国精神的体现。一位司机停下车，让老人先过，老人走了几步，脱下帽子，向司机深深地鞠了一躬。

仁义礼智信，中国精神就在这深深的感谢里！中国精神就在中国人内心深处的真善美里！唯有推崇中国之精神，才能化为中国之力量！

正如鲁迅先生所说：有埋头苦干的人，有拼命硬干的人，有为民请命的人，有舍身求法的人……虽是等于为帝王将相作家谱的所谓"正史"，也往往掩不住他们的光耀，这就是中国的脊梁。今天，让我们传递和传播中国精神！把中国精神安放内心，把中国精神付诸行为，把中国精神讲给孩子，把中国精神视为使命！因为这是历史赋予我们的责任！

——选自人民日报

辅助练习

一、单项选择题

1. 重精神是中华民族的优秀传统。中华民族崇尚精神的优秀传统，首先体现在对物质生活与精神生活相互关系的独到理解上。中国传统文化认为："不义而富且贵，于我如浮云。"下列名言中，与这句话含义近似的是（　　）。

    A. 为天地立心，为生民立命，为往圣继绝学，为万世开太平
    B. 一箪食，一瓢饮，在陋巷，人不堪其忧，回也不改其乐
    C. 自天子以至于庶人，一是皆以修身为本

D. 见贤思齐焉,见不贤而内自省也
2. 民族精神和时代精神是社会主义核心价值的精髓。民族精神的核心是( )。
   A. 为人民服务　　　　　　　　B. 集体主义
   C. 爱国主义　　　　　　　　　D. 团结统一
3. 时代精神的核心是( )
   A. 一往无前　　　　　　　　　B. 知难而进
   C. 务求实效　　　　　　　　　D. 改革创新
4. 主权、财富、民族发展和进步的基本载体是( )
   A. 祖国的大好河山　　　　　　B. 祖国的灿烂文化
   C. 广大的人民群众　　　　　　D. 国家
5. 既是一个民族得以延续的"精神基因",又被称为国家和民族的"胎记"的是( )。
   A. 民族心理　　　　　　　　　B. 文化传统
   C. 民族精神　　　　　　　　　D. 民族个性
6. 被称作检验一个人对祖国忠诚程度的"试金石"的是( )。
   A. 祖国河山在人们心中的地位　B. 对人民群众感情的深浅程度
   C. 对历史文化传统的认同　　　D. 对国家和人民利益的关切
7. 中华民族历史上许许多多的爱国故事感人肺腑,流传四海,代代传颂。其中"苟利国家生死以,岂因祸福避趋之""位卑未敢忘忧国""报国之心,死而后已"等名言,所集中体现的爱国主义优良传统是( )。
   A. 天下兴亡,匹夫有责　　　　B. 热爱祖国,矢志不渝
   C. 维护统一,反对分裂　　　　D. 同仇敌忾,抗御外侮
8. 当前,我国国家安全内涵和外延比历史上任何时候都要丰富,时空领域比历史上任何时候都要宽广,内外因素比历史上任何时候都要复杂,必须坚持总体国家安全观,既重视外部安全,又重视内部安全;既重视国土安全,又重视国民安全;既重视传统安全,又重视非传统安全;既重视发展问题,又重视安全问题。总体国家安全观的根本是( )
   A. 经济安全　　　　　　　　　B. 政治安全
   C. 军事、文化、社会安全　　　D. 国际安全
9. 邓小平曾经指出,"港澳、台湾、海外的爱国同胞,不能要求他们都拥护社会主义,但是至少不能反对社会主义的新中国,否则怎么叫爱国呢?"这段话提示我们,在爱国主义与爱社会主义这一问题上,爱国与否是( )。
   A. 个人的价值取向　　　　　　B. 道德要求
   C. 法律规范　　　　　　　　　D. 最基本的政治原则
10. 爱国主义是具有历史性和具体性的。爱国主义与爱社会主义的一致性这一基本要求针对的是( )

A. 港、澳、台、海外侨胞　　　　　　B. 生活在大陆的中华人民共和国公民
C. 世界范围内的所有华人　　　　　　D. 中华人民共和国每一个公民

11. 爱国既体现在情感方面,又体现在认识上,更体现在行为上。由此可见,爱国主义精神的落脚点和归宿是(　　)。
    A. 爱国情感　　　　　　　　　　　B. 爱国思想
    C. 爱国行为　　　　　　　　　　　D. 爱国的忠诚度

12. 国家安全一般是指一个国家不受内部和外部的威胁、破坏而保持稳定有序的状态,包含多个方面。其中,国家安全的根本是(　　)。
    A. 政治安全　　　　　　　　　　　B. 经济安全
    C. 文化安全　　　　　　　　　　　D. 军事安全

13. 时代精神与民族精神紧密相连,时代精神是民族精神的时代性体现,民族精神是时代精神形成的重要基础和依托,两者的有机统一,构成了社会主义核心价值体系的重要内容。时代精神的核心是(　　)。
    A. 爱国主义　　　　　　　　　　　B. 改革创新
    C. 理论创新　　　　　　　　　　　D. 科技创新

14. 改革创新包括理论创新、制度创新、科技创新、文化创新以及其他方面的创新。在所有的创新中,对社会发展和变革起到先导作用的是(　　)。
    A. 理论创新　　　　　　　　　　　B. 制度创新
    C. 科技创新　　　　　　　　　　　D. 文化创新

二、多项选择题

1. 2013年3月17日,习近平在十二届全国人大一次会议闭幕上发表重要讲话表示,实现中国梦必须弘扬中国精神。这就是以爱国主义为核心的民族精神,以改革创新为核心的时代精神。实现中国梦必须弘扬中国精神的原因在于,中国精神(　　)。
    A. 是凝心聚力的兴国之魂、强国之魂
    B. 能为实现民族复兴提供精神引领
    C. 是凝聚中国力量的精神纽带
    D. 是提升综合国力的重要保障

2. 民族精神是一个民族赖以生存和发展的精神支柱。它体现了一个民族在一定的自然环境和社会历史条件下生存和发展的独特方式,反映一个民族的心理特征、文化传统、精神风貌,是被本民族大多数成员所认同的多个方面的总和。这些方面包括(　　)。
    A. 价值取向　　　　　　　　　　　B. 思维方式
    C. 道德规范　　　　　　　　　　　D. 精神气质

3. 作为中国精神基本内容的民族精神和时代精神是紧密相连、相辅相成的。二者紧密相连、相辅相成的关系主要体现在(　　)。

A. 民族精神是时代精神形成的重要基础和依托
B. 时代精神为民族精神的形成提供了物质基础保障
C. 时代精神是民族精神的时代性体现,并赋予民族精神以时代内涵
D. 一切民族精神都曾是一定历史阶段中的时代精神,一切时代精神都将融入民族精神之中

4. 鲁迅曾说:"惟有民魂是值得宝贵的,惟有他发扬起来,中国才有真进步。"实现中国梦必须弘扬中国精神。中国精神是兴国强国之魂,是( )
   A. 实现民族复兴的精神引领
   B. 凝聚中国力量的精神纽带
   C. 提升综合国力的重要保证
   D. 政治文明建设的重要内容

5. 以改革创新为核心的时代精神体现为( )
   A. 突破陈规、大胆探索、勇于创造的思想观念
   B. 不甘落后、奋勇争先、追求进步的责任感和使命感
   C. 坚韧不拔、自强不息、锐意进取的精神状态
   D. 天下兴亡、匹夫有责的宽广情怀

6. 以下属于中华民族精神内涵的组成部分的有( )。
   A. 抗洪精神
   B. 长征精神
   C. 雷锋精神
   D. 井冈山精神

7. 爱国主义作为中华民族精神的核心,具体体现在( )。
   A. 热爱祖国是贯穿中国历史发展的一条主线
   B. 所有中华民族精神的内涵都服务于爱国兴邦这一主题
   C. 即使国家消亡,爱国主义也有存在的价值
   D. 在民族精神的内涵中,爱国主义是兴家立国之本

8. 中华民族精神是中华民族生生不息、发展壮大的强大精神动力,必须加以培育和弘扬。培育和弘扬民族精神( )。
   A. 要批判地继承中国古代的传统文化和道德
   B. 注意吸收和借鉴外来文化和道德的积极成果
   C. 要大力弘扬和培育近代以来形成的革命传统和道德
   D. 要坚持古为今用、洋为中用、以我为主、为我所用的原则

9. 爱国主义是调节个人与祖国之间关系的道德要求、政治原则和法律规范。具体体现在( )。
   A. 中华民族优良道德传统之中突出强调了要把国家、民族的利益放在首位
   B. 爱国主义仅是一种约束人们行为的行为规范
   C. 我国宪法明确规定了公民有维护国家统一和民族团结、安全、荣誉和利益的义务
   D. 港澳台以及海外侨胞,可以不要求他们拥护社会主义,但是他们必须拥护祖国统一

10. 爱国主义体现了人民群众对自己祖国的深厚感情,反映了个人对祖国的依存关系,是人们对自己故土家园、民族和文化的归属感、认同感、尊严感与荣誉感的统一。爱国主义的基本要求包括( )。
   A. 爱祖国的大好河山　　　　　　　B. 爱自己的骨肉同胞
   C. 爱祖国的灿烂文化　　　　　　　D. 爱自己的国家

11. 在我国新民主主义革命时期,爱国主义主要表现为致力于推翻帝国主义、封建主义和官僚资本主义的反动统治;在现阶段,爱国主义主要表现在献身于建设和保卫社会主义现代化事业,献身于促进祖国统一大业。说明了( )。
   A. 不同时代背景下的爱国主义的要求不同
   B. 同一时代背景下的不同人群爱国主义的具体表现不同
   C. 不同阶级群体的爱国主义的表现形式不同
   D. 不同时代和文化背景下的爱国主义的内涵基本相同

12. 在不同时代背景下,爱国主义的价值体现在不同方面。现阶段,爱国主义的时代价值主要体现在,它是( )。
   A. 推翻帝国主义、封建主义压迫的法宝　　B. 维护祖国统一和民族团结的纽带
   C. 实现中华民族伟大复兴的动力　　　　　D. 个人实现人生价值的力量源泉

13. 28岁时,旅居美国的钱学森就已经是世界知名的空气动力学家。新中国成立以后,他抛弃国外优越的生活与工作条件,历尽千难万险,回归祖国的怀抱,投身到祖国的建设中。钱学森的行为给我们在新时期弘扬爱国主义精神的启示是( )。
   A. 人有地域和信仰不同,但报国之心不应有差别
   B. 科学没有国界,但科学家有祖国
   C. 爱国主义是爱国情感、爱国思想和爱国行为的高度统一
   D. 经济全球化过程中要始终维护国家主权和尊严

14. 爱国主义不仅代表了人们对自己祖国的深厚感情,更体现为现实的义务和责任,这其中包括自觉维护国家利益。自觉维护国家利益就要做到( )。
   A. 承担对国家应尽的义务　　　　　B. 维护改革发展稳定的大局
   C. 树立民族自尊心和自豪感　　　　D. 个人利益无条件服从国家利益

15. "爱国应当是一种理性的行为,不是简单的情感表达,要讲原则、守法律,以合理合法的方式进行。"这句话蕴含的意义包括( )。
   A. 涉及国家利益,无论身处何地,都要据理力争,寸土不让
   B. 在表达爱国情怀的同时,要维护社会稳定,不得侵害他人合法权益
   C. 只有做到爱国的情感、思想和行为一致的人,才是真正的爱国者
   D. 在重大国家利益的维护上,既要尊重事实,又要符合相关法理依据

16. 改革创新精神作为时代精神的核心,既是对中华民族革故鼎新优良传统的继承弘扬,也是中国人民在改革开放伟大实践中体现出来的精神品格和精神特征。主要体现为( )。

   A. "杀身成仁""舍生取义"的传统意识

   B. 突破陈规、大胆探索、敢于创造的思想观念

   C. 坚忍不拔、自强不息、锐意进取的精神状态

   D. 不甘落后、奋勇争先、追求进步的责任感和使命感

【参考答案】

一、单项选择题

1. B 2. C 3. D 4. A 5. B 6. B 7. B 8. B 9. D 10. D 11. C 12. A 13. B
14. A

二、多项选择题

1. ABCD 2. ABCD 3. ACD 4. ABC 5. ABCD 6. ABCD 7. AB 8. ABCD 9. ACD
10. ABCD 11. ABC 12. BCD 13. ABCD 14. ABC 15. ABCD 16. BCD

第四章
Chapter 4

践行社会主义核心价值观

学习目标

青年的价值取向决定着未来整个社会的价值取向,而青年又正处于价值观形成和确立的关键时期,自觉践行社会主义核心价值观十分重要。青年大学生要深刻理解培育和践行社会主义核心价值观的重大意义、丰富内涵及其历史底蕴、现实基础和道义力量,按照践行和弘扬社会主义核心价值观的具体要求和努力方向,把社会主义核心价值观内化为自己的精神追求,外化为自觉的实际行动,从一开始就把人生的扣子扣好。

核心问题解析

第一节 全体人民共同的价值追求

1. 怎样理解核心价值观、社会主义核心价值观和社会主义核心价值体系?

核心价值观:一定社会形态社会性质的集中体现,在一个社会的思想观念体系中处于主导地位,体现着社会制度、社会运行的基本原则和社会发展的基本方向。

社会主义核心价值观:是社会主义核心价值体系的精神内核,它体现了社会主义核心价值体系的根本性质和基本特征,反映了社会主义核心价值体系的丰富内涵和实践要求,是社会主义核心价值体系的高度凝练和集中表达。

社会主义核心价值体系：主要包括马克思主义指导思想、中国特色社会主义共同理想、以爱国主义为核心的民族精神和以改革创新为核心的时代精神、社会主义荣辱观。

2. 怎样理解社会主义核心价值观的基本内容？

社会主义核心价值观把涉及国家、社会、公民的价值要求融为一体，体现了社会主义本质要求，继承了中华优秀传统文化，吸收了世界文明有益成果，体现了时代精神，是对我们要建设什么样的国家、建设什么样的社会、培育什么样的公民等重大问题的深刻解答。

富强、民主、文明、和谐是国家层面的价值要求。这一追求回答了我们要建设什么样的国家的重大问题，揭示了当代中国在经济发展、政治文明、文化繁荣、社会进步等方面的价值目标，从国家层面标注了社会主义核心价值观的时代刻度。

自由、平等、公正、法治是社会层面的价值要求。这一价值追求回答了我们要建设什么样的社会的重大问题，与实现国家治理体系和治理能力现代化的要求相契合，揭示了社会主义社会发展的价值取向。

爱国、敬业、诚信、友善是公民层面的价值要求。这一价值追求回答了我们要培育什么样的公民的重大问题，涵盖了社会公德、职业道德、家庭美德、个人品德等各个方面，是每一个公民都应当遵守的道德规范。

3. 怎样理解社会主义核心价值观是当代中国发展进步的精神指引？

培育和践行社会主义核心价值观，是有效整合我国社会意识、凝聚社会价值共识、解决和化解社会矛盾、聚合磅礴之力的重大举措，是保证我国经济社会沿着正确的方向发展、实现中华民族伟大复兴的价值支撑，意义重大而深远。

培育和践行社会主义核心价值观是坚持和发展中国特色社会主义的价值遵循；是提高国家文化软实力的迫切要求；是增进社会团结和谐的最大公约数。

第二节 坚定价值观自信

1. 为什么要了解社会主义核心价值观的历史底蕴？

"一个民族、一个国家，必须知道自己是谁，是从哪里来的，要到哪里去，想明白了、想对了，就要坚定不移朝着目标前进。"这种坚定不移朝着目标前进的精神状态，就是一个民族、一个国家高度自觉自信的状态。

任何一种价值观都不可能凭空产生，总是有其特定的历史底色和精神脉络。牢固的核心价值观，都有其固有的根本。抛弃传统、丢掉根本，就等于割断了自己的精神命脉。社会主义核心价值观不是无源之水、无本之木。深深地根植于中华优秀传统文化，是社会主义核心价值观历史底蕴的集中体现。

2. 社会主义核心价值观的历史底蕴是什么？

中华优秀传统文化是涵养社会主义核心价值观的重要源泉，是中华民族的精神命脉。培育和弘扬社会主义核心价值观，必须立足中华优秀传统文化。中国人民的理想、价值观和精神世界是始终扎根于中华优秀传统文化的沃土之中的，同时又是随着历史和时代前进而不断与时俱进的。社会主义核心价值观，是对中华优秀传统文化的继承和升华。它把涉及国家、社会、公民的价值要求融为一体，赋予中华优秀传统文化以新的时代内涵。

3. 社会主义核心价值观的现实基础是什么？

我们所积极弘扬和践行的社会主义核心价值观，不仅与中华民族悠久灿烂的历史文化相契合，具有深厚的历史文化底蕴，而且同我们正在进行的奋斗相结合。概括而言，这一坚实的现实基础，就是当今时代的中华民族所进行的人类历史上最为宏伟而独特的中国特色社会主义建设实践。

4. 怎样理解社会主义核心价值观的道义力量？

社会主义核心价值观以其先进性、人民性和真实性而居于人类社会的价值制高点，具有强大的道义力量。

社会主义核心价值观的先进性体现在它是社会主义制度所坚持和追求的核心价值理念。

社会主义核心价值观的人民性体现在它所代表的最广大人民的根本利益，反映的是广大人民的价值诉求，引导着最广大人民为实现美好社会理想而奋斗。

社会主义核心价值观的道义力量还源于它的真实性。

第三节 做社会主义核心价值观的积极践行者

1. 为什么要让大学生扣好人生的扣子？

大学生正处在人生成长的关键时期，知识体系搭建尚未完成，价值观塑造尚未成型，情感心理尚未成熟，需要加以正确引导。青年的价值取向决定了未来整个社会的价值取向，而青年又处在价值观形成和确立的时期，抓好这一时期的价值观养成十分重要。正如习近平指出："这就像穿衣服扣扣子一样，如果第一粒扣子扣错了，剩余的扣子都会扣错。人生的扣子从一开始就要扣好。"

2. 大学生如何做才能使社会主义核心价值观成为其一言一行的基本遵循？

一种价值观要真正发挥作用，必须融入社会生活，让人们在实践中感知它、领悟它。培育和践行社会主义核心价值观，既要目标高远，保持定力、不懈奋进，又要脚踏实地，严于律己、精益求精，大学生要将社会主义核心价值观转化为人生的价值准则，勤学以增智、修德以立身、明辨以正心、笃实以为功。

案例共享

案例1
"十六字诀",习近平对年轻人提出了新要求

24日,全国青联十二届全委会和全国学联二十六大在京举行。习总书记在向大会发来的贺信中提出,当代中国青年要在感悟时代、紧跟时代中珍惜韶华,自觉按照党和人民的要求锤炼自己、提高自己,做到志存高远、德才并重、情理兼修、勇于开拓,在火热的青春中放飞人生梦想,在拼搏的青春中成就事业华章。

"志存高远、德才并重、情理兼修、勇于开拓"这十六个字,不禁让人想起了习总书记2014年5月4日在北京大学同师生代表座谈时,对当代大学生提出"勤学、修德、明辨、笃实"的"八字真经"。从"八字真经"到"十六字诀",习总书记对当代年轻人有哪些新的期许?

"志存高远":

习总书记不止一次对青年树立远大理想提出殷切期望。"中国梦是我们的,更是你们青年一代的。中华民族伟大复兴终将在广大青年的接力奋斗中变为现实。"

当代青年无疑是幸运的一代,他们将见证"两个百年"的奋斗目标成为现实。只有树立高远的志向,把个人的奋斗与国家的前途、民族的命运、人民的幸福结合在一起,才能在实现中国梦的伟大实践中创造自己的出彩人生。

"士不可以不弘毅,任重而道远。"习总书记说了,"同人民一起奋斗,青春才能亮丽;同人民一起前进,青春才能昂扬;同人民一起梦想,青春才能无悔。"

"德才并重":

"修齐治平"中,修身是第一位的。习总书记和北大师生座谈时曾说过:"道德之于个人、之于社会,都具有基础性意义,做人做事第一位的是崇德修身。这就是我们的用人标准为什么是德才兼备、以德为先,因为德是首要、是方向,一个人只有明大德、守公德、严私德,其才方能用得其所。"

做事先做人,青年人为人处世,首先要修德。人而无德,行之不远。但,有德无才也不行,不然凭什么干事创业?

"才"从何来?来自于"勤学",也来自于"笃实"。古人说,读万卷书,行万里路。习总书记说了,"勤学"就要"下得苦功夫,求得真学问";"笃实"就得"于实处用力,从知行合一上下功夫"。

"情理兼修":

这是习总书记对当代青年人提出的新要求,平常我们经常说"文理兼修""内外兼修","情理兼修"是首次提出,但细细琢磨起来,其中道理是非常深刻的。

情和理一直是中国人价值观中相辅相成、不可分割的两个维度。"以情动人,以理服人""通情达理""合情合理""入情入理",这都是"情理兼修"的表现。而说一个人"不通情理",则意味着某种批评。

通俗地说,通达人情,体现一个人的情商;明晓事理,则反映了一个人的智商。蔡元培曾经提出大学教育的宗旨是,研究高深之学问,养成健全之人格。一个人智商再高,如果缺乏对基本人伦道德的认识和遵守,每每违背人情,不懂真情,如何与人相处、融入社会呢?同样,一个人只懂得狗苟蝇营,不明事理,不讲原则,没有底线,也不行。

习总书记提出这一期许,就是希望当代年轻人养成"情理兼修"的健全人格。

"勇于开拓":

青年如旭日之初升,草木之方萌,要敢于开风气之先,有一股"于满是荆棘的荒野里踏出一条路"的闯劲儿。

习总书记与北大师生座谈时说,五四运动以来,在中国共产党领导下,一代又一代有志青年"以青春之我,创建青春之家庭,青春之国家,青春之民族,青春之人类,青春之地球,青春之宇宙",在救亡图存、振兴中华的历史洪流中谱写了一曲曲感天动地的青春乐章。

因此,在改革创新的时代浪潮中,今日之青年,应该做走在时代前列的奋进者,勇立潮头的开拓者,让青春在创新创造创业中飞扬。

——摘编自《"十六字诀",习近平对年轻人提出了新要求》,新华网,2015 年 7 月 25 日(http://www.xinhuanet.com/politics/2015-07/25/c_128730435.htm)

【思考讨论】

阅读材料,回答习近平总书记对年轻人提出了什么新的要求?对照自身,这些新要求你能做到吗?

案例 2

青年要自觉践行社会主义核心价值观
(2014 年 5 月 4 日)

各位同学,各位老师,同志们:

今天是五四青年节,很高兴来到北京大学同大家见面,共同纪念五四运动 95 周年。首先,我代表党中央,向北京大学全体师生员工,向全国各族青年,致以节日的问候!向全国广大教育工作者和青年工作者,致以崇高的敬意!

刚才,朱善璐同志汇报了学校工作情况,几位同学、青年教师分别做了发言,大家讲得都很好,听后很受启发。这是我到中央工作以后第五次到北大,每次来都有新的体会。在洋溢着青春活力的校园里一路走来,触景生情,颇多感慨。我感到,当代大学生是可爱、可信、可贵、可为的。

五四运动形成了爱国、进步、民主、科学的五四精神,拉开了中国新民主主义革命的序幕,促进了马克思主义在中国的传播,推动了中国共产党的建立。五四运动以来,在中国共产党领导下,一代又一代有志青年"以青春之我,创建青春之家庭,青春之国家,青春之民族,青春之人类,青春之地球,青春之宇宙",在救亡图存、振兴中华的历史洪流中谱写了一曲曲感天动地的青春乐章。

北京大学是新文化运动的中心和五四运动的策源地,是这段光荣历史的见证者。长期以来,北京大学广大师生始终与祖国和人民共命运、与时代和社会同前进,在各条战线上为我国革命、建设、改革事业做出了重要贡献。

党的十八大提出了"两个一百年"奋斗目标。我说过,现在,我们比历史上任何时期都更接近实现中华民族伟大复兴的目标,比历史上任何时期都更有信心、更有能力实现这个目标。

行百里者半九十。距离实现中华民族伟大复兴的目标越近,我们越不能懈怠、越要加倍努力,越要动员广大青年为之奋斗。

光阴荏苒,物换星移。时间之河川流不息,每一代青年都有自己的际遇和机缘,都要在自己所处的时代条件下谋划人生、创造历史。青年是标志时代的最灵敏的晴雨表,时代的责任赋予青年,时代的光荣属于青年。

广大青年对五四运动的最好纪念,就是在党的领导下,勇做走在时代前列的奋进者、开拓者、奉献者,以执着的信念、优良的品德、丰富的知识、过硬的本领,同全国各族人民一道,担负起历史重任,让五四精神放射出更加夺目的时代光芒。

同学们、老师们!

大学是一个研究学问、探索真理的地方,借此机会,我想就社会主义核心价值观问题,同各位同学和老师交流交流想法。

广大青年树立和培育社会主义核心价值观,要在以下几点上下功夫:

一是要勤学,下得苦功夫,求得真学问。知识是树立核心价值观的重要基础。古希腊哲学家说,知识即美德。我国古人说:"非学无以广才,非志无以成学。"大学的青春时光,人生只有一次,应该好好珍惜。为学之要贵在勤奋、贵在钻研、贵在有恒。鲁迅先生说过:"哪里有天才,我是把别人喝咖啡的工夫都用在工作上的。"大学阶段,"恰同学少年,风华正茂",有老师指点,有同学切磋,有浩瀚的书籍引路,可以心无旁骛求知问学。此时不努力,更待何时?要勤于学习、敏于求知,注重把所学知识内化于心,形成自己的见解,既要专攻博览,又要关心国家、关心人民、关心世界,学会担当社会责任。

二是要修德,加强道德修养,注重道德实践。"德者,本也。"蔡元培先生说过:"若无德,则虽体魄智力发达,适足助其为恶。"道德之于个人、之于社会,都具有基础性意义,做人做事第一位的是崇德修身。这就是我们的用人标准为什么是德才兼备、以德为先,因为德是首要、是方向,一个人只有明大德、守公德、严私德,其才方能用得其所。修德,既要立意高远,又要立足平实。要立志报效祖国、服务人民,这是大德,养大德者方可成大业。同时,还得从做好小事、管好小节开始起步,"见善则迁,有过则改",踏踏实实修好公德、私德,学会劳动、学会勤俭,学会感恩、学会助人,学会谦让、学会宽容,学会自省、学会自律。

三是要明辨,善于明辨是非,善于决断选择。"学而不思则罔,思而不学则殆。"是非明,方向清,路子正,人们付出的辛劳才能结出果实。面对世界的深刻复杂变化,面对信息时代各种思潮的相互激荡,面对纷繁多变、鱼龙混杂、泥沙俱下的社会现象,面对学业、情感、职业选择等多方面的考量,一时有些疑惑、彷徨、失落,是正常的人生经历。关键是要学会思考、善于分析、正确抉择,做到稳重自持、从容自信、坚定自励。要树立正确的世界观、人生观、价值观,掌握了这把总钥匙,再来看看社会万象、人生历程,一切是非、正误、主次,一切真假、善恶、美丑,自然就洞若观火、清澈明了,自然就能做出正确判断、做出正确选择。正所谓"千淘万漉虽辛苦,吹尽狂沙始到金"。

四是要笃实,扎扎实实干事,踏踏实实做人。道不可坐论,德不能空谈。于实处用力,从知行合一上下功夫,核心价值观才能内化为人们的精神追求,外化为人们的自觉行动。《礼记》中说:"博学之,审问之,慎思之,明辨之,笃行之。"有人说:"圣人是肯做工夫的庸人,庸人是不肯做工夫的圣人。"青年有着大好机遇,关键是要迈稳步子、夯实根基、久久为功。心浮气躁,朝三暮四,学一门丢一门,干一行弃一行,无论为学还是创业,都是最忌讳的。"天下难事,必作于易;天下大事,必作于细。"成功的背后,永远是艰辛努力。青年要把艰苦环境作为磨炼自己的机遇,把小事当作大事干,一步一个脚印往前走。滴水可以穿石。只要坚韧不拔、百折不挠,成功就一定在前方等你。

核心价值观的养成绝非一日之功,要坚持由易到难、由近及远,努力把核心价值观的要求变成日常的行为准则,进而形成自觉奉行的信念理念。不要顺利的时候,看山是山、看水是水,一遇挫折,就怀疑动摇,看山不是山、看水不是水了。无论什么时候,我们都要坚守在中国大地上形成和发展起来的社会主义核心价值观,在时代大潮中建功立业,成就自己的宝贵人生。

同学们、老师们!

党中央做出了建设世界一流大学的战略决策,我们要朝着这个目标坚定不移前进。办好中国的世界一流大学,必须有中国特色。没有特色,跟在他人后面亦步亦趋,依样画葫芦,是不可能办成功的。这里可以套用一句话,越是民族的越是世界的。世界上不会有第二个哈佛、牛津、斯坦福、麻省理工、剑桥,但会有第一个北大、清华、浙大、复旦、南大等中国著名学府。我们要认真吸收世界上先进的办学治学经验,更要遵循教育规律,扎根中国大地办大学。

鲁迅先生说:"北大是常为新的,改进的运动的先锋,要使中国向着好的,往上的道路走。"党的十八届三中全会吹响了全面深化改革的号角,也对深化我国高等教育改革提出了明确要求。现在,关键是把蓝图一步步变为现实。全国高等院校要走在教育改革前列,紧紧围绕立德树人的根本任务,加快构建充满活力、富有效率、更加开放、有利于学校科学发展的体制机制,当好教育改革排头兵。我也希望北京大学通过埋头苦干和改革创新,早日实现几代北大人创建世界一流大学的梦想。

教师承担着最庄严、最神圣的使命。梅贻琦先生说:"所谓大学者,非谓有大楼之谓也,有大师之谓也。"我体会,这样的大师,既是学问之师,又是品行之师。教师要时刻铭记教书育人的使命,甘当人梯,甘当铺路石,以人格魅力引导学生心灵,以学术造诣开启学生的智慧之门。

各级党委和政府要高度重视高校工作,始终关心和爱护学生成长,为他们放飞青春梦想、实现人生出彩搭建舞台。要全面深化改革,营造公平公正的社会环境,促进社会流动,不断激发广大青年的活力和创造力。要强化就业创业服务体系建设,支持帮助学生们迈好走向社会的第一步。各级领导干部要经常到学生们中去、同他们交朋友,听取他们的意见和建议。

现在在高校学习的大学生都是20岁左右,到2020年全面建成小康社会时,很多人还不到30岁;到本世纪中叶基本实现现代化时,很多人还不到60岁。也就是说,实现"两个一百年"奋斗目标,你们和千千万万青年将全过程参与。有信念、有梦想、有奋斗、有奉献的人生,才是有意义的人生。当代青年建功立业的舞台空前广阔、梦想成真的前景空前光明,希望大家努力在实现中国梦的伟大实践中创造自己的精彩人生。

我相信,当代中国青年一定能够担当起党和人民赋予的历史重任,在激扬青春、开拓人生、奉献社会的进程中书写无愧于时代的壮丽篇章!

我想讲这个问题,是从弘扬五四精神联想到的。五四精神体现了中国人民和中华民族近代以来追求的先进价值观。爱国、进步、民主、科学,都是我们今天依然应该坚守和践行的核心价值,不仅广大青年要坚守和践行,全社会都要坚守和践行。

人类社会发展的历史表明,对一个民族、一个国家来说,最持久、最深层的力量是全社会共同认可的核心价值观。核心价值观,承载着一个民族、一个国家的精神追求,体现着一个社会评判是非曲直的价值标准。

古人说:"大学之道,在明明德,在亲民,在止于至善。"核心价值观,其实就是一种德,既是个人的德,也是一种大德,就是国家的德、社会的德。国无德不兴,人无德不立。如果一个民族、一个国家没有共同的核心价值观,莫衷一是,行无依归,那这个民族、这个国家就无法前进。这样的情形,在我国历史上,在当今世界上,都屡见不鲜。

我国是一个有着13亿多人口、56个民族的大国,确立反映全国各族人民共同认同的价值观"最大公约数",使全体人民同心同德、团结奋进,关乎国家前途命运,关乎人民幸福安康。

每个时代都有每个时代的精神,每个时代都有每个时代的价值观念。国有四维,礼义廉耻,"四维不张,国乃灭亡。"这是中国先人对当时核心价值观的认识。在当代中国,我们的民族、我们的国家应该坚守什么样的核心价值观?这个问题,是一个理论问题,也是一个实践问题。经过反复征求意见,综合各方面认识,我们提出要倡导富强、民主、文明、和谐,倡导自由、平等、公正、法治,倡导爱国、敬业、诚信、友善,积极培育和践行社会主义核心价值观。富强、民主、文明、和谐是国家层面的价值要求,自由、平等、公正、法治是社会层面的价值要求,爱国、敬业、诚信、友善是公民层面的价值要求。这个概括,实际上回答了我们要建设什么样的国家、建设什么样的社会、培育什么样的公民的重大问题。

中国古代历来讲格物致知、诚意正心、修身齐家、治国平天下。从某种角度看,格物致知、诚意正心、修身是个人层面的要求，齐家是社会层面的要求，治国平天下是国家层面的要求。我们提出的社会主义核心价值观，把涉及国家、社会、公民的价值要求融为一体，既体现了社会主义本质要求，继承了中华优秀传统文化，也吸收了世界文明有益成果，体现了时代精神。

富强、民主、文明、和谐，自由、平等、公正、法治，爱国、敬业、诚信、友善，传承着中国优秀传统文化的基因，寄托着近代以来中国人民上下求索、历经千辛万苦确立的理想和信念，也承载着我们每个人的美好愿景。我们要在全社会牢固树立社会主义核心价值观，全体人民一起努力，通过持之以恒的奋斗，把我们的国家建设得更加富强、更加民主、更加文明、更加和谐、更加美丽，让中华民族以更加自信、更加自强的姿态屹立于世界民族之林。

建设富强民主文明和谐的社会主义现代化国家，实现中华民族伟大复兴，是鸦片战争以来中国人民最伟大的梦想，是中华民族的最高利益和根本利益。今天，我们13亿多人的一切奋斗归根到底都是为了实现这一伟大目标。中国曾经是世界上的经济强国，后来在世界工业革命如火如荼、人类社会发生深刻变革的时期，中国丧失了与世界同进步的历史机遇，落到了被动挨打的境地。尤其是鸦片战争之后，中华民族更是陷入积贫积弱、任人宰割的悲惨状况。这段历史悲剧决不能重演！建设富强民主文明和谐的社会主义现代化国家，是我们的目标，也是我们的责任，是我们对中华民族的责任，对前人的责任，对后人的责任。我们要保持战略定力和坚定信念，坚定不移走自己的路，朝着自己的目标前进。

中国已经发展起来了，我们不认可"国强必霸"的逻辑，坚持走和平发展道路，但中华民族被外族任意欺凌的时代已经一去不复返了！为什么我们现在有这样的底气？就是因为我们的国家发展起来了。现在，中国的国际地位不断提高、国际影响力不断扩大，这是中国人民用自己的百年奋斗赢得的尊敬。想想近代以来中国丧权辱国、外国人在中国横行霸道的悲惨历史，真是形成了鲜明对照！

中华文明绵延数千年，有其独特的价值体系。中华优秀传统文化已经成为中华民族的基因，植根在中国人内心，潜移默化影响着中国人的思想方式和行为方式。今天，我们提倡和弘扬社会主义核心价值观，必须从中汲取丰富营养，否则就不会有生命力和影响力。比如，中华文化强调"民惟邦本""天人合一""和而不同"，强调"天行健，君子以自强不息""大道之行也，天下为公"；强调"天下兴亡，匹夫有责"，主张以德治国、以文化人；强调"君子喻于义""君子坦荡荡""君子义以为质"；强调"言必信，行必果""人而无信，不知其可也"；强调"德不孤，必有邻""仁者爱人""与人为善""己所不欲，勿施于人""出入相友，守望相助"、"老吾老以及人之老，幼吾幼以及人之幼""扶贫济困""不患寡而患不均"，等等。像这样的思想和理念，不论过去还是现在，都有其鲜明的民族特色，都有其永不褪色的时代价值。这些思想和理念，既随着时间推移和时代变迁而不断与时俱进，又有其自身的连续性和稳定性。我们生而为中国人，最根本的是我们有中国人的独特精神世界，有百姓日用而不觉的价值观。我们提倡的社会主义核心价值观，就充分体现了对中华优秀传统文化的传承和升华。

价值观是人类在认识、改造自然和社会的过程中产生与发挥作用的。不同民族、不同国家

第四章 践行社会主义核心价值观

由于其自然条件和发展历程不同,产生和形成的核心价值观也各有特点。一个民族、一个国家的核心价值观必须同这个民族、这个国家的历史文化相契合,同这个民族、这个国家的人民正在进行的奋斗相结合,同这个民族、这个国家需要解决的时代问题相适应。世界上没有两片完全相同的树叶。一个民族、一个国家,必须知道自己是谁,是从哪里来的,要到哪里去,想明白了、想对了,就要坚定不移朝着目标前进。

去年12月26日,我在纪念毛泽东同志诞辰120周年座谈会上讲话时说:站立在960万平方公里的广袤土地上,吸吮着中华民族漫长奋斗积累的文化养分,拥有13亿中国人民聚合的磅礴之力,我们走自己的路,具有无比广阔的舞台,具有无比深厚的历史底蕴,具有无比强大的前进定力。中国人民应该有这个信心,每一个中国人都应该有这个信心。我们要虚心学习借鉴人类社会创造的一切文明成果,但我们不能数典忘祖,不能照抄照搬别国的发展模式,也绝不会接受任何外国颐指气使的说教。

我说这话的意思是,实现我们的发展目标,实现中国梦,必须增强道路自信、理论自信、制度自信,"千磨万击还坚劲,任尔东南西北风"。而这"三个自信"需要我们对核心价值观的认定作支撑。

我为什么要对青年讲讲社会主义核心价值观这个问题?是因为青年的价值取向决定了未来整个社会的价值取向,而青年又处在价值观形成和确立的时期,抓好这一时期的价值观养成十分重要。这就像穿衣服扣扣子一样,如果第一粒扣子扣错了,剩余的扣子都会扣错。人生的扣子从一开始就要扣好。"凿井者,起于三寸之坎,以就万仞之深。"青年要从现在做起、从自己做起,使社会主义核心价值观成为自己的基本遵循,并身体力行大力将其推广到全社会去。

——《习近平:青年要自觉践行社会主义核心价值观——在北京大学师生座谈会上的讲话》,共产党员网,2015年7月8日

(http://syss.12371.cn/2015/06/15/ARTI1434355638326518.shtml)

【思考讨论】

结合材料回答下列问题:
1. 你认为社会主义核心价值观的历史底蕴是什么?
2. 青年为什么要自觉树立社会主义核心价值观?
3. 青年应怎样树立和践行社会主义核心价值观?

思想精华

各出所学,各尽所知,使国家富强不受外侮,足以自立于地球之上。

——詹天佑

中国需要更多这样的声音,让我们牢记这些话,做一个清醒的中国人,国家的命运仍然掌握在我们的手中,让我们都大声地呐喊:"中国富强,有我!"

——戴旭

民主使每个人成为自己的主宰。

——詹·拉·洛威尔

民主是在静脉和动脉中循环的健康血液,肌体的正常功能靠它维持,但它决不应出轨,就像血不能流出脉管一样。

——柯尔律治

礼貌是一个人自己的真实思想中进行选择的艺术。

——阿·史蒂文斯

礼义廉耻,国之四维,四维不张,国乃灭亡。

——管子

人在智慧上应当是明豁的,道德上应该是清白的,身体上应该是清洁的。

——契诃夫

和谐是爱与恨结合起来的庄严的配偶。

——罗曼·罗兰

自由之于人类,就像亮光之于眼睛空气之于肺腑爱情之于心灵。

——英格索尔

人人相亲,人人平等,天下为公,是谓大同。

——康有为

公其心,万善出。 ——方孝孺

公天下之身,公天下之物,其唯至人矣。 ——列子

人人皆受制于法律。 ——比克斯塔夫

爱国英雄给民族带来光荣,专制暴君给民族带来灾难。 ——拜伦

功崇惟志,业广惟勤。 ——《尚书》

人类最不道德订户,是不诚实与懦弱。 ——高尔基

对于我来说,生命的意义在于设身处地地替他人着想,忧他人之忧,乐他人之乐。

——美国·爱因斯坦

扩展阅读

材料 1　中共中央印发《社会主义核心价值观融入法治建设立法修法规划》

近日,中共中央印发了《社会主义核心价值观融入法治建设立法修法规划》(以下简称《规划》),并发出通知,要求各地区各部门结合实际认真贯彻落实。

《规划》强调,要以习近平新时代中国特色社会主义思想为指导,坚持全面依法治国,坚持社会主义核心价值体系,着力把社会主义核心价值观融入法律法规的立改废释全过程,确保各项立法导向更加鲜明、要求更加明确、措施更加有力,力争经过5到10年时间,推动社会主义核心价值观全面融入中国特色社会主义法律体系,筑牢全国各族人民团结奋斗的共同思想道德基础,为决胜全面建成小康社会、夺取新时代中国特色社会主义伟大胜利、实现中华民族伟大复兴的中国梦、实现人民对美好生活的向往,提供坚实制度保障。

《规划》指出,推动社会主义核心价值观入法入规,必须遵循的原则是:坚持党的领导,坚持价值引领,坚持立法为民,坚持问题导向,坚持统筹推进。

《规划》明确了六个方面的主要任务。一是以保护产权、维护契约、统一市场、平等交换、公平竞争等为基本导向,完善社会主义市场经济法律制度。健全以公平为核心原则的产权保护制度,推进产权保护法治化。加快推进民法典各分编的编纂工作,用社会主义核心价值观塑造民法典的精神灵魂,推动民事主体自觉践行社会主义核心价值观。二是坚持和巩固人民主体地位,推进社会主义民主政治法治化。充分发挥宪法在中国特色社会主义法律体系中的统帅作用,在宪法中体现社会主义核心价值观要求。把社会主义核心价值观融入立法体制,从源头上确保鲜明的价值导向。全面推进以司法责任制为核心的司法体制改革,完善司法管理体制和司法权力运行机制,努力让人民群众在每一个司法案件中感受到公平正义。三是发挥先进文化育人化人作用,建立健全文化法律制度。完善公共文化服务和文化产业法律体系,建立健全有利于中华优秀传统文化传承发展的法律制度,完善互联网信息领域立法。四是着眼人民最关心最直接最现实的利益问题,加快完善民生法律制度。以保障和改善民生为重点,健全社会建设方面的法律制度,推动基本公共服务标准化、均等化、法定化。制定基本医疗卫生方面的法律,建立公平、可及、高效的基本医疗卫生服务体系。完善社会组织立法,积极规范和引导各类社会组织健康发展。五是促进人与自然和谐发展,建立严格严密的生态文明法律制度。加快建立绿色生产和消费的法律制度,把生态文明建设纳入制度化、法治化轨道。制定完善粮食安全等方面的法律法规,推动厉行勤俭节约,倡导珍惜粮食、节俭消费理念。六是加强道德领域突出问题专项立法,把一些基本道德要求及时上升为法律规范。制定英雄烈士保护方面的法律,形成崇尚、捍卫、学习、关爱英雄烈士的良好社会风尚。探索完善社会信用体系相关法律制度,研究制定信用方面的法律,健全守法诚信褒奖机制和违法失信行为联合惩戒机制。探索制定公民文明行为促进方面法律制度,引导和推动全民树立文明观念,推进移风易俗,倡导文明新风。

《规划》强调,推动社会主义核心价值观入法入规是一项艰巨繁重的任务,要采取有效措施,认真组织实施,使法律法规更好体现国家的价值目标、社会的价值取向、公民的价值准则。各级党委要高度重视社会主义核心价值观融入法治建设工作,支持立法机关把社会主义核心价值观融入法律法规。中央宣传部、中央政法委要统筹各方力量,加强督促检查,推动规划贯彻落实。全国人大常委会和国务院要完善工作机制,深入分析社会主义核心价值观的立法需求,完善立法项目征集和论证制度,制定好立法规划计划,加快重点领域立法修法步伐。要加强对社会主义核心价值观融入法治建设立法修法工作进展情况的宣传,及时对出台的法律法规进行宣讲阐释。要加强舆论引导,报道典型案例,弘扬法治精神,树立社会正气,鞭挞丑恶行为,引导人们自觉践行社会主义核心价值观。

——摘编自《中共中央印发〈社会主义核心价值观融入法治建设立法修法规划〉》,半月谈网,2018年5月8日
(http://www.banyuetan.org/dyp/test/detail/20180508/1000200033135231525765887195062569_1.html)

材料2 "平语"近人——习近平谈社会主义核心价值观

社会主义核心价值观有多重要?

一个民族赖以维系的精神纽带

每个时代都有每个时代的精神。我曾经讲过,实现中国梦必须走中国道路、弘扬中国精神、凝聚中国力量。核心价值观是一个民族赖以维系的精神纽带,是一个国家共同的思想道德基础。如果没有共同的核心价值观,一个民族、一个国家就会魂无定所、行无依归。为什么中华民族能够在几千年的历史长河中生生不息、薪火相传、顽强发展呢?很重要的一个原因就是中华民族有一脉相承的精神追求、精神特质、精神脉络。

——2014年10月15日,习近平在文艺工作座谈会上发表重要讲话

一个民族的文明进步,一个国家的发展壮大,需要一代又一代人接力努力,需要很多力量来推动,核心价值观是其中最持久最深沉的力量。

——2014年5月30日,习近平在北京市海淀区民族小学主持召开座谈会时发表重要讲话

核心价值观,承载着一个民族、一个国家的精神追求,体现着一个社会评判是非曲直的价值标准。

核心价值观,其实就是一种德,既是个人的德,也是一种大德,就是国家的德、社会的德。国无德不兴,人无德不立。如果一个民族、一个国家没有共同的核心价值观,莫衷一是、行无依归,那这个民族、这个国家就无法前进。

实现我们的发展目标,实现中国梦,必须增强道路自信、理论自信、制度自信,"千磨万击

还坚劲,任尔东南西北风"。而这"三个自信"需要我们对核心价值观的认定作支撑。

——2014年5月4日,习近平在北京大学师生座谈会上发表重要讲话

核心价值观是文化软实力的灵魂、文化软实力建设的重点。这是决定文化性质和方向的最深层次要素。一个国家的文化软实力,从根本上说,取决于其核心价值观的生命力、凝聚力、感召力。培育和弘扬核心价值观,有效整合社会意识,是社会系统得以正常运转、社会秩序得以有效维护的重要途径,也是国家治理体系和治理能力的重要方面。历史和现实都表明,构建具有强大感召力的核心价值观,关系社会和谐稳定,关系国家长治久安。

——2014年2月24日,习近平在主持中共中央政治局第十三次集体学习时发表讲话

什么是社会主义核心价值观?

国家层面+社会层面+公民层面

"爱岗敬业、争创一流,艰苦奋斗、勇于创新,淡泊名利、甘于奉献"的劳模精神,生动诠释了社会主义核心价值观,是我们的宝贵精神财富和强大精神力量。

——2015年4月28日,习近平在庆祝"五一"国际劳动节暨表彰全国劳动模范和先进工作者大会上发表重要讲话

在社会主义核心价值观中,最深层、最根本、最永恒的是爱国主义。

——2014年10月15日,习近平在文艺工作座谈会上发表重要讲话

我们倡导的富强、民主、文明、和谐,自由、平等、公正、法治,爱国、敬业、诚信、友善的社会主义核心价值观,体现了古圣先贤的思想,体现了仁人志士的夙愿,体现了革命先烈的理想,也寄托着各族人民对美好生活的向往。

——2014年5月30日,习近平在北京市海淀区民族小学主持召开座谈会时发表重要讲话

经过反复征求意见,综合各方面认识,我们提出要倡导富强、民主、文明、和谐,倡导自由、平等、公正、法治,倡导爱国、敬业、诚信、友善,积极培育和践行社会主义核心价值观。富强、民主、文明、和谐是国家层面的价值要求,自由、平等、公正、法治是社会层面的价值要求,爱国、敬业、诚信、友善是公民层面的价值要求。

——2014年5月4日,习近平在北京大学师生座谈会上发表重要讲话

2014年5月30日上午,习近平来到北京市海淀区民族小学,参加庆祝"六一"国际儿童节活动。这是习近平在参加少先队入队仪式时,向少先队员们致以节日问候。

如何践行社会主义核心价值观?

使之像空气一样无处不在

我们要弘扬社会主义核心价值观,弘扬以爱国主义为核心的民族精神和以改革创新为核心的时代精神,不断增强全党全国各族人民的精神力量。

——2016年7月1日,习近平在庆祝中国共产党成立95周年大会上发表重要讲话

要深入开展中国特色社会主义理想信念教育,培育和践行社会主义核心价值观,弘扬中华

优秀传统文化，开展以职业道德为重点的"四德"教育，深化"中国梦·劳动美"教育实践活动，不断引导广大群众增强中国特色社会主义道路自信、理论自信、制度自信。

——2015年4月28日，习近平在庆祝"五一"国际劳动节暨表彰全国劳动模范和先进工作者大会上发表重要讲话

家庭是社会的基本细胞，是人生的第一所学校。不论时代发生多大变化，不论生活格局发生多大变化，我们都要重视家庭建设，注重家庭、注重家教、注重家风，紧密结合培育和弘扬社会主义核心价值观，发扬光大中华民族传统家庭美德，促进家庭和睦，促进亲人相亲相爱，促进下一代健康成长，促进老年人老有所养，使千千万万个家庭成为国家发展、民族进步、社会和谐的重要基点。

——2015年2月17日，习近平在2015年春节团拜会上发表重要讲话

做好各项工作，必须有强大的价值引导力、文化凝聚力、精神推动力的支撑，加强文化建设要有主心骨，社会主义核心价值观要广泛宣传教育、广泛探索实践，使社会主义核心价值观成为引导人们前进的强大精神动力。

——2014年12月13日至14日，习近平在江苏调研

我们要在全社会大力弘扬和践行社会主义核心价值观，使之像空气一样无处不在、无时不有，成为全体人民的共同价值追求，成为我们生而为中国人的独特精神支柱，成为百姓日用而不觉的行为准则。要号召全社会行动起来，通过教育引导、舆论宣传、文化熏陶、实践养成、制度保障等，使社会主义核心价值观内化为人们的精神追求、外化为人们的自觉行动。

——2014年10月15日，习近平在文艺工作座谈会上发表重要讲话

核心价值观的养成绝非一日之功，要坚持由易到难、由近及远，努力把核心价值观的要求变成日常的行为准则，进而形成自觉奉行的信念理念。不要顺利的时候，看山是山、看水是水，一遇挫折，就怀疑动摇，看山不是山、看水不是水了。无论什么时候，我们都要坚守在中国大地上形成和发展起来的社会主义核心价值观，在时代大潮中建功立业，成就自己的宝贵人生。

——2014年5月4日，习近平在北京大学师生座谈会上发表重要讲话

培育和弘扬社会主义核心价值观必须立足中华优秀传统文化。

要切实把社会主义核心价值观贯穿于社会生活方方面面。要通过教育引导、舆论宣传、文化熏陶、实践养成、制度保障等，使社会主义核心价值观内化为人们的精神追求，外化为人们的自觉行动。

要发挥政策导向作用，使经济、政治、文化、社会等方方面面政策都有利于社会主义核心价值观的培育。要用法律来推动核心价值观建设。各种社会管理要承担起倡导社会主义核心价值观的责任，注重在日常管理中体现价值导向，使符合核心价值观的行为得到鼓励、违背核心价值观的行为受到制约。

——2014年2月24日，习近平在主持中共中央政治局第十三次集体学习时发表讲话

——摘自《"平语"近人——习近平谈社会主义核心价值观》，新华网，2016年12月8日

(http://www.xinhuanet.com/politics/2016-12/08/c_129395314.htm)

材料3　学习贯彻习近平总书记重要讲话精神,大力培育和践行社会主义核心价值观

摘要:为深入学习贯彻党的十八大和十八届三中全会精神以及习近平总书记系列重要讲话精神,贯彻落实中央《关于培育和践行社会主义核心价值观的意见》的工作部署,6月19日,教育部社科司和高等教育出版社在京举办"培育和践行社会主义核心价值观"座谈会,以纪念高等教育出版社成立60周年。教育部、中宣部、中国法学会等有关部门领导、部分高校负责同志和"马工程"重点教材首席专家参加了会议。现将部分与会代表的发言摘编如下:

"大德"的弘扬、践行和遵循

每个时代都有其时代精神,都有作为时代精神的共同思想基础的价值观念。社会主义核心价值观,反映了全国各族人民共同认同的价值观的"最大公约数"。在核心价值观中,富强、民主、文明、和谐是国家层面的价值要求;自由、平等、公正、法治是社会层面的价值要求;爱国、敬业、诚信、友善是公民层面的价值要求。习近平指出:"核心价值观,其实就是一种德,既是个人的德,也是一种大德,就是国家的德、社会的德。国无德不兴,人无德不立。"因此,核心价值观三个层面的概括,"实际上回答了我们要建设什么样的国家、建设什么样的社会、培育什么样的公民的重大问题";核心价值观三个层面的遵循,就是"明大德、守公德、严私德"。

社会主义核心价值观对"明大德、守公德、严私德"践行和遵循的要求,融国家、社会、公民的价值要求为一体,深刻体现了社会主义本质要求,传承了中华优秀传统文化,体现了时代精神,彰显了中国精神。思想政治教育在社会主义核心价值观建设中的理论引导和实践指向作用,首要就体现于"明大德、守公德、严私德"的培育、践行和遵循中。

历来的价值观教育,突出于"私德"的培育和践行问题。显然,"严私德"是以公民个人为主体的,其教育面最为宽泛、受教育者最为广大、教育层次最为基础、教育成效也最为直接,在培育和践行社会主义核心价值观中具有重要的地位。与"严私德"相比较,对"大德""公德"教育和践行,显然还缺乏力度和深度,甚至多有缺失、缺位甚或忽视,存在着把"大德""公德"教育和践行完全公民个别化,从而为"私德"所覆盖,价值观教育出现以"私德"为出发点和归宿点的偏向。

当然,"大德""公德"有细化为、有可归结为"私德"的一面,但也有其整体化的、不可细化的一面。特别是作为一头"睡醒的狮子""善良的狮子",面对世界,国家之"大德"更显其重要意义。对于国家之"大德",如习近平指出的:"建设富强民主文明和谐的社会主义现代化国家,是我们的目标,也是我们的责任,是我们对中华民族的责任,对前人的责任,对后人的责任。我们要保持战略定力和坚定信念,坚定不移走自己的路,朝着自己的目标前进。"这里的"我们",作为"大德"的践行主体,就不能简单地细化为"私德"的公民个体。

——"大德"弘扬,呈现的将是中国道路、中国精神和中国力量,对于国家和民族来讲就是要清楚"自己是谁,是从哪里来的,要到哪里去,想明白了、想对了,就要坚定不移朝着目标前进"。

——"大德"践行，承诺的将是"中国已经发展起来了，我们不认可'国强必霸'的逻辑，坚持走和平发展道路，但中华民族被外族任意欺凌的时代已经一去不复返了"。

——"大德"遵循，始终不渝的将是"同这个民族、这个国家的历史文化相契合，同这个民族、这个国家的人民正在进行的奋斗相结合，同这个民族、这个国家需要解决的时代问题相适应"。

"培育和弘扬核心价值观，有效整合社会意识，是社会系统得以正常运转、社会秩序得以有效维护的重要途径，也是国家治理体系和治理能力的重要方面。历史和现实都表明，构建具有强大感召力的核心价值观，关系社会和谐稳定，关系国家长治久安。"习近平这里提出的，就是在实现国家治理体系和治理能力现代化中如何"明大德"的重大课题。

党的十八大以来，习近平对"中国梦"的阐释，就十分关注其中"大德"的意蕴。2012年11月，习近平在参观《复兴之路》展览第一次提到中国梦时就强调："实现中华民族伟大复兴，就是中华民族近代以来最伟大的梦想。"中国梦是对中华民族近代以来追求"国家富强、民族振兴、人民幸福"夙愿的升华，是中国人对于国家、民族和个人未来的美好憧憬，是对坚持中国道路、弘扬中国精神、凝聚中国力量的宣示，是对坚持道路自信、理论自信和制度自信的担当，也是对推动建设公正、民主、和谐的世界秩序的真诚追求。

国家之"大德"寓于中国梦之中。中国梦的实质就是实现中华民族伟大复兴，是中国人民和中华民族的价值体认和价值追求，每一个人都能在为中国梦的奋斗中实现自己的梦想，同样体现了中华民族团结奋斗的"最大公约数"，体现了中华民族为人类和平与发展做出更大贡献的真诚意愿。因此，"中国梦的宣传和阐释，要与当代中国价值观念紧密结合起来"。这里的"当代中国价值观念"，就是国家之"大德"。

"明大德"的价值观教育的内容和形式应该体现在多个方面，如习近平提出的，主要有"一些重大礼仪活动要上升到国家层面，以发挥其社会教化作用"，起到"传播主流价值观，增强人们的认同感和归属感"；在国家层面的"制度设计、政策法规制定、司法政策行为等都置于核心价值观念的统摄之下"；"各种社会管理要承担起倡导社会主义核心价值观的责任"等。国家礼仪、国家制度设计、政策法规制定、司法政策和社会管理原则，是国家层面核心价值观的宣示，是国家层面核心价值观的实现载体。

习近平对中国梦中体现的当代中国"大德"意蕴的阐释，充分体现了"明大德"的性质、内涵、形式和意义。"明大德"是国家的思想内涵、政治形象；是国家的价值体认、凝聚民族精神和人民力量的"神器"；是坚持道路发展、制度完善和理论创新的软实力；是国家的世界形象和内在定力的根本证实。

在社会主义核心价值观教育和践行中，要勇于探索，开拓创新，担当起"明大德"及其与"守公德""严私德"整体并进的理论研究和实践引导。

培育和弘扬社会主义核心价值观必须立足中华优秀传统文化

2014年五四青年节，习近平同志在北京大学师生座谈会上的讲话《青年要自觉践行社会主义核心价值观》中指出："中华文明绵延数千年，有其独特的价值体系。中华优秀传统文化已经成为中华民族的基因，植根在中国人内心，潜移默化影响着中国人的思想方式和行为方式。今天，我们提倡和弘扬社会主义核心价值观，必须从中汲取丰富营养，否则就不会有生命力和影响力。"这样的论述把社会主义核心价值观与中华优秀传统文化的内在联系讲得很清楚。

一、中华优秀传统文化的丰富营养是什么呢？

中华优秀传统文化不是一本经典，也不是中华历史中哪一位杰出的思想家所说的一两句话，而是指中华优秀传统文化的内在精神，至少应该有这些方面：它是以"人"为核心的道德文化，讲为何做"君子"，做有道德、有理想、有担当的人；与人讲诚信、讲互相尊重、讲己所不欲勿施于人等；它是倡导辩证思维的文化，反对"过头"和"不及"；它从主体上说是人文文化，吸取了宗教思想中的某些优质思想，加以改造，使人文文化更加丰富，普及到社会各个阶层中去；它是讲爱心的文化，爱国、爱乡、爱亲人、爱邻里、爱大众、爱一草一木，即儒学宣传的"泛爱众而亲仁"；它引导人们去追求社会与自然的和谐、人与人的和谐，以及人自己内心的和谐，是追求和谐的文化；它讲和平，反对侵略，并不无条件地反对战争，主张区别义战和非义战，支持前者而反对后者；在文化观上它主张"和而不同"，即倡导博采众家之长的文化会通精神；它是追求真善美的文化，在文化的各个领域都有自己独特的创造和贡献；它十分重视人才培养即教育，认为人们经过努力学习皆可以成才，成为圣贤；它是主张国家统一的文化。总之，中华优秀传统文化是中华民族的血脉、人民的精神家园。

二、中华优秀传统文化是我们的精神根基

在中央政治局第十三次集体学习会议上，习近平同志指出："培育和弘扬社会主义核心价值观必须立足中华优秀传统文化。牢固的核心价值观，都有其固有的根本。抛弃传统，丢掉根本，就等于割断了自己的精神命脉。博大精深的中华优秀传统文化是我们在世界文化激荡中站稳脚跟的根基。"这一段话用了三个词，即"立足""根本""根基"来阐述中华优秀传统文化的意义，其重视的程度是不言而喻的。

习近平总书记用"世界文化激荡"指什么？我体会，说的是世界并不平静，有文化霸权，还有对我国国家安全构成威胁的种种。2014年5月6日中国新闻网发布一个报道，即中国国家安全研究报告，其中提到，中国意识形态安全面临严峻挑战：一是西方国家民主输出对中国政治思想构成威胁；二是西方国家文化霸权对社会主义价值观构成威胁；三是网络信息舆论多元传播对中国主流意识形态构成威胁；四是宗教渗透对中国社会主义信仰认同构成威胁。

在这样的"世界文化激荡"中，我们必须十分重视中华优秀传统文化的"根基"作用，在这个基础上努力践行社会主义核心价值观。

教育部印发了《完善中华优秀传统文化教育指导纲要》。这是由教育部发布的在全国各

级学校开展中华优秀传统文化教育的专门文件,可见其重要。文件指出,中学生、大学生要读一些中华优秀传统文化的经典之作。什么是中华文化经典?我的浅见是:第一,经典是国家与民族文化的精髓,能集中反映其文化本质和文化精神的作品。第二,经典具有独特性和无可替代的代表性,是难以复制和模仿的。第三,经典是历史长期检验的产物,经久不衰,历史、时间是经典最公正的评判者,没有历史的检验,要确定哪一部作品是经典,那是很难做到的。

高校要积极引导青年大学生自觉践行社会主义核心价值观

2014年五四青年节,习近平总书记来到北京大学考察,在与广大师生座谈时发表重要讲话强调,青年要自觉践行社会主义核心价值观,与祖国和人民同行,努力创造精彩人生。习近平总书记的重要讲话思想深刻、内涵丰富,语重心长、情真意切,对践行社会主义核心价值观的重要意义、丰富内涵、历史渊源、发展脉络、基本要求进行了全面深刻的论述,对进一步办好高等教育、培养青年大学生成长成才提出新的要求,是新时期自觉践行社会主义核心价值观的思想纲领和行动指南,具有重要的理论和实践意义。

一、全面理解社会主义核心价值观的丰富内涵

习近平总书记五四重要讲话从历史与现实的维度、理论和实践的角度,深入剖析了核心价值观的历史传承和丰富内涵,深刻阐明了社会主义核心价值观对于当代中国发展进步的深远意义和重要作用,是对社会主义核心价值观最全面、最深刻、最完整、最系统的阐述,为广大青年自觉践行以及全社会共同坚守社会主义核心价值观,指明了修身立德的着力点和培育弘扬的落脚点。

1. 揭示了核心价值观对于民族、国家发展的重要性。习近平总书记指出:"国无德不兴,人无德不立。如果一个民族、一个国家没有共同的核心价值观,莫衷一是,行无依归,那这个民族、这个国家就无法前进。"这句话道出了一个颠扑不破的真理:一个国家的兴旺发达,离不开强大精神的支撑;一个民族的发展繁荣,离不开先进文明的成长。精神是一个人昂扬向上、开拓进取的支撑与动力,是一个民族和国家挺直身板的脊梁、破浪前行的罗盘。而全社会共同认可的核心价值观,正是一个民族一个国家最持久、最深层的精神力量。在中国这个拥有13亿多人口、56个民族的大国,要把国家建设得更加富强、更加民主、更加文明、更加和谐、更加美丽,让中华民族以更加自信、更加自强的姿态屹立于世界民族之林,就必须确立各族人民共同认可、普遍遵守的价值观,形成全体人民同心同德、团结奋进的合力。自觉践行社会主义核心价值观,关乎国家前途命运,关乎每个人的幸福安康,是全党全国凝魂聚气、强基固本的基础工程。

2. 阐释了社会主义核心价值观的丰富内涵。习近平总书记从国家、社会、公民的价值要求,从当代、历史、国际等多个角度,从传统文化和个人理想信念等不同层面,精辟论述了社会主义核心价值观的历史渊源、发展脉络、构成要素。社会主义核心价值观既体现了社会主义本质要求,继承了中华优秀传统文化,也吸收了世界文明有益成果、体现当今时代精神。"三

个倡导"从国家、社会、公民三个层面，提出了从宏观到微观、从整体到个体应该坚守的共同价值要求和需要践行的道德行为准则，从理论和实践两个方面回答了我们要建设什么样的国家、建设什么样的社会、培育什么样的公民的重大问题。我们在新的历史条件下坚持和发展中国特色社会主义，必须坚持走自己的路，必须顺应世界大势，必须坚定中国特色社会主义自信。社会主义核心价值观，正是我们坚定不移继续走中国特色社会主义道路的价值基础，也是我们坚守道路自信、理论自信和制度自信，朝着"中国梦"不断奋进的力量源泉。

3.指明了青年树立和培育社会主义核心价值观的正确途径。习近平总书记在五四重要讲话中勉励广大青年要"勤学、修德、明辨、笃实"。总书记八个字箴言内涵丰富，寓意深刻，体现了正确的道德认知、自觉的道德养成、积极的道德实践三者之间的有机统一，揭示了青年自觉践行社会主义核心价值观的努力方向，对于指导青年走好人生道路具有重要意义。这四个方面，既对培育和践行社会主义核心价值观提出了基本要求，又指明了其重要途径和有效方法。勤学是前提。只有下得真功夫、求得真学问，才能真正将社会主义核心价值观内化于心、外化于行。修德是基础。只有注重品德修养和道德实践，既立意高远、又立足平实，既修好公德、又修好私德，才能真正担起历史赋予的重任。明辨是保障。只有善于明辨是非，善于决断选择，才能正确把握青春奋斗与奉献的航向。笃实是关键。只有扎扎实实干事、踏踏实实做人，一步一个脚印往前走，才能在时代大潮中建功立业，成就宝贵人生。

二、深刻领会高校培育和践行社会主义核心价值观的重大意义

高校肩负着人才培养、科学研究、社会服务、文化传承创新的重要职责。学习贯彻习近平同志五四重要讲话精神，着力培育和践行社会主义核心价值观，有利于高校紧紧围绕立德树人的根本任务，解决好"培养什么人、怎样培养人"这一重大战略问题，培养中国特色社会主义合格建设者和可靠接班人；有利于牢牢把握社会主义办学方向，充分彰显中国特色社会主义高校的鲜明特色，加快创建中国特色的世界一流大学。

1.培养中国特色社会主义合格建设者和可靠接班人的根本任务。习近平总书记指出："青年的价值取向决定了未来整个社会的价值取向，而青年又处在价值观形成和确立的时期，抓好这一时期的价值观养成十分重要。"对此，总书记还用了非常形象生动的比喻："人生的扣子从一开始就要扣好。"由此可以看出，青年大学生之于历史发展的重要，价值观之于青年大学生成长的重要。青年大学生是时代的晴雨表，更是领风气之先的生力军。青年大学生正处在价值观形成和确立的关键时期，远大的理想在青年时代确立，良好的习惯在青年时代养成，高尚的情操在青年时代培育。他们在大学阶段打下什么样的精神印记、传承什么样的文化基因、筑牢什么样的价值根基，不但事关个人成长发展，更直接影响着这个国家、这个民族的精神底色和时代气质。学习贯彻习近平同志这一重要论述，就要全面贯彻党的教育方针，坚定不移把立德树人作为教育的根本任务，把培育和践行社会主义核心价值观作为高校改革发展的基础工程，教育引导青年大学生扣好人生的第一粒扣子，努力成为德智体美全面发展的社会主义建设者和接班人。

2. 遵循教育规律、扎根中国大地办学的迫切需要。习近平总书记强调:"办好中国的世界一流大学,必须有中国特色。没有特色,跟在他人后面亦步亦趋,依样画葫芦,是不可能办成功的。"世界一流大学不仅体现在教学、科研水平一流,更体现在文化一流、校风一流、精神内涵一流。我们要清醒地认识到,西方一些著名大学能够成为世界一流大学,并非是走完全相同的发展路径,而是各具特色、各领风骚,其根源在于体现了本国特色、本民族特点和文化自信。改革开放以后,中国一批高水平大学充分借鉴了西方世界一流大学的办学经验,办学水平得到了不断提高,一些关键性指标已经接近甚至达到世界一流水平,正不断缩小与世界一流大学的差距。但是,在迈向世界一流大学的关键阶段,我们不能亦步亦趋,盲目跟随。因此,我们必须要传承中华文化的优良传统,培育和践行社会主义核心价值观,发扬改革创新的时代精神,回归中国大学之道,坚守中国大学之本,塑造中国大学之魂,努力探索出一条体现中国特色、遵循教育规律、具有学校自身特点的发展道路。

3. 建设一流的社会主义先进校园文化的重要内容。习近平总书记指出,不同民族、不同国家由于其自然条件和发展历程不同,产生和形成的核心价值观也各有特点。这深刻揭示了不同的环境和文化氛围对价值观的形成具有重要影响。校园文化对学生世界观、人生观、价值观的养成有着潜移默化的深远影响,大学给予的文化认知,甚至能比所学知识、技能更深地烙在学生心中,成为灵魂深处不可或缺的一部分。高校要把培育和践行核心价值观与弘扬学校的办学传统、办学精神有机融合,利用重要仪式和重大节庆日等契机,通过开展丰富多彩的校园文化活动和形式多样的主题宣传教育活动,营造"日用而不觉"的浓厚氛围。要利用重要仪式和重大节庆日等契机,开展爱国主义、民族传统、礼节礼仪等主题教育活动。要开展高雅艺术进校园、"文明风采"竞赛等活动,着力打造体现社会主义核心价值观的优秀文化品牌。要加强校报校刊、广播电视、校史馆、图书馆、博物馆建设和管理,形成良好校园文化环境。要充分发挥校园网的引导作用,建设社会主义核心价值观网上传播阵地。

三、扎实有效探索高校培育和践行社会主义核心价值观的实现路径

核心价值观的生命力在于实践,在于每个师生的自觉行动。高校培育和践行社会主义核心价值观关键在于全体师生人人参与,人人实践。习近平总书记在五四重要讲话中明确要求,高等学校要以立德树人为根本任务,引导教师时刻铭记教书育人使命,始终关心和爱护学生成长,为他们放飞青春梦想、实现人生出彩搭建舞台。这为高校培育和弘扬社会主义核心价值观提出了要求,明确了方向。

1. 发挥人才优势和学科专业优势,为培育和践行社会主义核心价值观提供理论支撑。习近平同志指出,大学是一个研究学问、探索真理的地方。高校人才荟萃、智力密集,是研究、宣传社会主义核心价值观的重要阵地。高校要充分利用马克思主义理论优势学科、社会主义核心价值观重点研究基地和相关科研力量,深刻阐释培育和践行社会主义核心价值观的重大意义、科学内涵、基本要素和实践途径,推出更多有分量有价值的社会主义核心价值观研究成果。中国人民大学充分发挥人文学科齐全的学科优势,以教育部道德与伦理学研究基地为依

托,加强"中华优秀传统文化传承与社会主义核心价值观培育"这一重大课题的教学研究工作,组织了一批学校知名学者专家在《人民日报》、《光明日报》、《求是》等报刊上推出了一批有分量的精品之作、上乘之作。学校与光明日报社、中国伦理学会共同主办的"核心价值观百场讲坛"活动,邀请了叶小文等知名学者登台演讲宣传解读核心价值观,在全社会引起了强烈反响。

2. 引导广大教师时刻铭记教书育人的使命,做学生健康成长的指导者和引路人。习近平总书记强调"教师承担着最庄严、最神圣的使命","教师要时刻铭记教书育人的使命,甘当人梯,甘当铺路石,以人格魅力引导学生心灵,以学术造诣开启学生的智慧之门"。要充分发挥高校党员干部特别是领导干部在培育和践行社会主义核心价值观中的引领带动作用,继续实施好师德师风建设工程,把社会主义核心价值观纳入教师教育课程体系,融入教师职前培养和准入、职后培训和管理的全过程。要突出重点,针对高校思想政治理论课教师、高校辅导员等骨干群体,集中开展社会主义核心价值观专题培训。要继续做好全国教书育人楷模推选等工作。近年来,中国人民大学坚持"德才兼备、以德为先"的原则,修订完善了干部选拔任用制度。学校加强了思想品德课和哲学社会科学学科教师、辅导员和班主任队伍建设。探索开展了"本科生导师制"、"学生党建导师制"等德育创新工作,引导教师以高尚师德、人格魅力、学识风范教育感染学生,做青年学生健康成长的指导者和引路人。

3. 紧紧围绕立德树人的根本任务,把社会主义核心价值观教育融入人才培养全过程。培养什么人、怎么培养人是教育的根本问题,立德树人是高等教育的根本任务。高校围绕"勤学、修德、明辨、笃实"的要求,从落细、落小、落实入手,形成课堂教学、校园文化和社会实践多位一体的育人平台。要充分发挥课堂教学主渠道作用,全面深化课程改革,把党的教育方针和社会主义核心价值观细化为学生核心素养体系和学业质量标准,融入大学各学科课程标准、教材编写、考试评价之中。要在课程建设和教材修订中强化优秀传统文化内容,分学段有序推进中华优秀传统文化教育。要把实践环节纳入教育教学计划,规定相应学时学分,组织学生参加生产劳动、创新创造、勤工俭学等活动,在服务他人、奉献社会中升华对社会主义核心价值观的体验感受和认知理解。中国人民大学连续两年开展了"千人百村"社会调研活动,同学们在"接地气"的调研中加深了对国情民情的直观认识。以开展"红船领航"为抓手,注重发挥学生党员骨干在培育和践行社会主义核心价值观中的表率作用。通过开展"中国梦·人大情"为主题的传统文化体育、读史读经典等活动,让大学生从优秀传统文化中怡情养志、涵育文明。

现在,青春是用来奋斗的;将来,青春是用来回忆的。青年时代是用奋斗来书写的一本华丽乐章,而奉献是这部乐章里最深沉的音符。日益为学学有所获,笃实践行事有所成。广大青年要牢记总书记的殷切期待,勇于担起党和人民的重托,与时代同向,与祖国同行,用实际行动为社会主义核心价值观做出充满活力的青春诠释,在激扬青春、开拓人生、奉献社会的进程中不断书写人生华章!

时代需要 成长需要 践行需要

在五四运动95周年之际,在五四运动的策源地北京大学,习近平总书记发表了"青年要自觉践行社会主义核心价值观"的重要讲话,这一方面表明了青年大学生对于培养和践行社会主义核心价值观,实现"两个一百年"奋斗目标的重要地位和作用;另一方面也告诉我们,培养和践行社会主义核心价值观对于青年大学生的成长成才具有十分重要的意义。从对习近平总书记讲话的学习、梳理和理解中,我们可以深深体会到这一重要意义,即自觉践行社会主义核心价值观,对于青年大学生而言是时代的呼唤,是成长的需要,也是实践的必由之路。

习近平总书记指出"每一代青年都有自己的际遇和机缘,都要在自己所处的时代条件下谋划人生、创造历史。""五四运动以来,在中国共产党领导下,一代又一代有志青年……在救亡图存、振兴中华的历史洪流中谱写了一曲曲感天动地的青春乐章。"如果将五四运动以来的90多年作大致的历史阶段划分,可以归纳为三个"30年":第一个"30年"从1919年至1949年,是救亡图存,推翻三座大山,建立新中国的革命时期;第二个"30年"从1949—1979年,是探索社会主义革命和建设的道路,建设新中国的建设时期;第三个"30年"从1979年至今,是拨乱反正、改革开放,走建设中国特色社会主义道路,实现中华民族伟大复兴"中国梦"的改革发展时期。习近平总书记以北京大学师生为代表,肯定了全国高校广大教师和青年大学生在以上历史阶段"始终与祖国和人民共命运,与时代和社会同前进,在各条战线上为我国革命、建设、改革事业做出了重要贡献"。那么,生活在今天的青年大学生所肩负的历史使命就是坚定不移地走建设中国特色社会主义道路,实现"两个一百年"的奋斗目标,为中华民族的伟大复兴多做贡献。而要完成这一伟大的历史使命,必须自觉弘扬和践行社会主义核心价值观。习近平总书记进一步指出"五四精神体现了中国人民和中华民族近代以来追求的先进价值观"。"人类社会发展的历史表明,对于一个民族、一个国家来说,最持久、最深层的力量是全社会共同认可的核心价值观。""如果一个民族、一个国家没有共同的核心价值观,莫衷一是,行无依归,那这个民族、这个国家就无法前进。""我为什么要对青年讲讲社会主义核心价值观这个问题?是因为青年的价值取向决定了未来整个社会的价值取向,……青年要从现在做起、从自己做起,使社会主义核心价值观成为自己的基本遵循,并身体力行大力将其推广到全社会去"。上述习近平总书记的一系列论述鲜明、中肯地告诉我们,自觉践行社会主义核心价值观是当今时代的需要,全国的青年大学生都应该积极响应时代的呼唤,勇于承担这个伟大时代赋予自己的历史使命。

其实,自觉践行社会主义核心价值观还是青年大学生自身成长成才的需要。习近平总书记指出,他对青年大学生讲社会主义核心价值观问题,还因为"青年又处在价值观形成和确立的时期,抓好这一时期的价值观养成十分重要。这就像穿衣服扣扣子一样,如果第一粒扣子扣错了,剩余的扣子都会扣错。人生的扣子从一开始就要扣好。""现在在高校学习的大学生都是20岁左右,到2020年全面建成小康社会时,很多人还不到30岁;到本世纪中叶基本实现现代化时,很多人还不到60岁。也就是说,实现'两个一百年'奋斗目标,你们和千千万万青年将全过程参与……当代青年建功立业的舞台空前广阔、梦想成真的前景空前光明,希望大家努力在实现中国梦的伟大实践中创造自己的精彩人生。""广大青年对五四运动的最好纪念,就是在党的领导下,勇做走在时代前列的奋进者、开拓者、奉献者,以执着的信念、优良的品德、丰富的知识、过硬的本领,同全国各族人民一道,担负起历史重任,让五四精神放射出更加夺目的时代光芒"。所以,自觉践行社会主义核心价值观,不仅是时代的需要,是"要我做",更是青年大学生自身成长成才,建功立业,实现人生价值的迫切需要,是"我要做"。在当今时代,谁能认识到这一点,谁就成长进步得更好更快。

习近平总书记的讲话既强调了自觉践行社会主义核心价值观是时代的需要,是青年大学生成长成才的需要,也指明了如何践行社会主义核心价值观的实践之路,必由之路,即"怎样做"。习近平总书记指出"广大青年树立和培育社会主义核心价值观,要在以下几点上下功夫。一是要勤学,下得苦功夫,求得真学问。……二是要修德,加强道德修养,注重道德实践。……三是要明辨,善于明辨是非,善于决断选择。……四是要笃实,扎扎实实干事,踏踏实实做人。"这些论述具有很强的针对性和可操作性。大学生必须以学为主,这是因为大学是人生最珍贵的学习阶段,"有老师指点,有同学切磋,有浩瀚的书籍引路,可以心无旁骛求知问学",当然应当勤学。大学生必须崇德修身、知行合一,这是因为青年是价值观、人生观和道德观形成和确立的时期,错过了这一道德学习、修养、实践的重要时期,将会给整个人生带来不可估量的危害,所以必须修德。大学生必须明辨是非,善于决断选择,这是因为当今世界纷繁复杂、变化动荡,人生历程喜忧掺杂,不进则退,青年大学生时时面临选择和取舍。大学生必须扎实干事,踏实做人,这是因为"心浮气躁,朝三暮四,学一门丢一门,干一行弃一行,无论为学还是创业,都是最忌讳的。""青年要把艰苦环境作为磨炼自己的机遇,把小事当作大事干,一步一个脚印往前走。滴水可以穿石。只要坚韧不拔、百折不挠,成功就一定在前方等你。"所以为人处事是否笃实至关重要。

对习近平总书记在北京大学师生座谈会上的五四讲话进行学习、梳理和领悟,我们无不为总书记讲话的鲜明主旨、精深哲理、现实针对和热情关怀所打动、折服并产生共鸣。青年大学生朋友们要积极响应习近平总书记的号召,自觉践行和坚守"在中国大地上形成和发展起来的社会主义核心价值观,在时代大潮中建功立业,成就自己的宝贵人生"。

深入推进社会主义核心价值观的研究阐释和宣传教育

教育引导大学生树立和践行社会主义核心价值观,事关全面贯彻党的教育方针,事关中国特色社会主义事业后继有人,对于落实立德树人根本任务、巩固马克思主义在意识形态领域的指导地位,具有重大而深远的战略意义。

第一,发挥高校思想政治理论课主渠道作用,推动社会主义核心价值观进教材、进课堂、进学生头脑。办好思政课是加强社会主义核心价值观教育的重中之重。我们要按照习近平总书记重要批示要求,系统推进思政课改革,统筹教材、教师、教学、学科、管理等各环节,制定实施好"高校思想政治理论课建设体系创新计划"。一是进一步强化思政课的课程知识传授、能力培养、信仰塑造的功能定位,把培育和践行社会主义核心价值观作为思政课的重要任务。二是加强思政课立体化教材体系建设,着力健全教师培养培训体系,大力提高教师的思想理论水平和教书育人能力。三是实施"教学方法改革项目择优推广计划",启动"名师名家示范课工程",鼓励和引导教师改进教学方法,创新教学手段,提高教学质量。

第二,充分挖掘哲学社会科学各学科的育人资源,推动全过程、全员、全方位育人。哲学社会科学中的绝大多数学科都具有鲜明的意识形态属性,对于帮助广大师生坚定正确的政治方向,提高思想道德修养和精神境界具有重要作用。深入实施马克思主义理论研究和建设工程,强化哲学社会科学育人功能,是加强社会主义核心价值观教育的关键所在。一是高质量编写马列工程重点教材,充分体现社会主义核心价值观相关内容,加强工程重点教材在高校的统一使用工作。二是把研究阐释社会主义核心价值观作为高校哲学社会科学工作者的一项重要任务,充分利用马克思主义理论学科优势、加强社会主义核心价值观重点研究基地和相关科研力量建设,为社会主义核心价值观教育教学提供学理支撑。三是充分发挥中国特色新型高校智库作用,组织高校专家学者围绕培育和践行社会主义核心价值观中的重大理论和现实问题,深入研究社会主义核心价值观的丰富内涵和实践要求,推出更多有分量有价值的研究成果。四是加强宣传解读和解疑释惑,强化对社会热点难点问题的正面引导,消除青少年学生的模糊认识,进一步增强他们践行社会主义核心价值观的自觉性和主动性。

第三,把传承弘扬中华优秀传统文化与培育和践行社会主义核心价值观紧密结合,不断增强大学生的文化自信与价值观自信。中华优秀传统文化是社会主义核心价值观的源泉和基础,培育和践行社会主义核心价值观必须弘扬中华优秀传统文化。一是要在去粗取精、去伪存真的基础上,采取兼收并蓄的态度,坚持古为今用、推陈出新的方法,结合"三个倡导"的基本内容,深入阐发中华优秀传统文化的思想价值和时代价值。二是根据各学段学生的认知特点,整体设计,系统推进,相互衔接开展中华优秀传统文化教育。三是扎实落实《完善中华优秀传统文化指导纲要》,不断丰富培育和践行社会主义核心价值观与弘扬中华优秀传统文化结合的教育路径和制度保障,不断夯实中国特色社会主义思想道德基础。

讲清楚社会主义核心价值观的理论逻辑和实践逻辑

习近平总书记在北京大学师生座谈会上的重要讲话中强调,青年的价值取向决定了未来整个社会的价值取向,而青年又处在价值观形成和确立的时期,抓好这一时期的价值观养成十分重要。教育部认真贯彻落实总书记重要讲话精神,通过积极推动社会主义核心价值观"进教材、进课堂、进学生头脑",在引导青年学生培育和践行社会主义核心价值观方面走出了坚实的一步。根据这段时间来的理论研究和实践反馈,把这一项工作做得更扎实、更有效,我们要针对青年学生的认知特点、心理特点和行为特点,用他们愿意听、听进去、听明白的方式方法讲清楚社会主义核心价值观的理论逻辑和实践逻辑,以帮助青年学生"把人生第一粒扣子扣好"。

一、向青年学生讲清楚社会主义核心价值观的先进性

第四章　践行社会主义核心价值观

一个社会、一个群体、一个人可以没有某种价值观，但绝不会根本没有价值观。价值观作为人们心中的信念、追求、判别是非的尺度，在现实社会生活中从来不会是真空的。中国社会5 000年的文明传承，170多年的英勇抗争，90余年的不懈奋斗，60多年的发展建设，30多年的改革开放，各种各样的价值观在中国社会都有市场，各种各样的价值观都会或多或少影响到青年学生。因此，我们一定要承认、面对并讲清楚这样一个客观事实：并不是因为现实社会中没有价值观才提出社会主义核心价值观，也不会因为提出社会主义核心价值观，其他价值观就自然被取代而不存在了。

那么青年学生为什么会愿意并能把已经在他们头脑中存在并起作用的价值观扬弃，而培育并践行社会主义核心价值观呢？这是由社会主义核心价值观的先进性决定的。因而我们要做的第一件事就是通过科学阐释社会主义核心价值观的丰富内涵把社会主义核心价值观的先进性讲清楚。

核心价值观是具体的、历史的，每一种社会形态都有其核心价值观，它是社会存在观念形态的反映。正如恩格斯指出的："每一历史时代的经济生产以及必然由此产生的社会结构，是该时代政治的和精神的历史的基础。"因此，核心价值观的先进性来自于其社会形态的先进性。社会主义核心价值观，说到底是由我国的经济基础和政治制度决定的，它以国家的价值目标、社会的价值取向和公民的价值准则的方式，回答了我们要建设什么样的国家、建设什么样的社会、培养什么样的公民的重大问题。

社会主义核心价值观源自中国特色社会主义伟大实践，反映了中国社会生产力发展对思想文化建设提出的新要求，培育和践行社会主义核心价值观又为进一步推进中国特色社会主义伟大实践发挥强基固本凝神聚气的作用。也就是毛泽东所指出的，一定的文化"是一定社会的政治和经济的反映，又给予伟大影响和作用于一定社会的政治和经济"。这种作用主要体现为以下三个方面：

一是明确了我们国家的发展目标。建设富强民主文明和谐的社会主义现代化国家，实现中华民族伟大复兴，是鸦片战争以来中国人民最伟大的梦想，是中华民族的最高利益和根本利益。这一价值目标，是激励人们以更坚强的信心和更大的勇气去深化改革，去破解发展面临的各种难题，化解来自各方面的风险和挑战的精神动力。二是提出了当代中国社会的价值要求。"自由、平等、公正、法治"历来是人类社会孜孜以求的目标，但这些目标的实现，受现实的社会历史条件的制约，受人们对客观规律认识和把握程度的制约，在不同的社会发展阶段会呈现出不同的形态。以自由为例，从原始蒙昧到现代文明，自由是随着人类对自然规律认识的深入而不断发展的，人类"文化上的每一个进步，都是迈向自由的一步"。在归根结底的意义上，自由是对必然的认识。人们越是接近和把握了客观规律，其自由实现的程度就越充分。在社会历史领域，自由及其实现程度，受社会政治制度的制约。列宁认为，生活在社会中却要离开社会而自由，这是不可能的，在以金钱权力为基础的社会中自由是一种假面具。而在社会主义社会，自由则体现为人民权利充分保障基础上的各尽所能各得其所。三是明确了作为一名合格公民的价值准则。社会风气是社会文明程度的重要标志,是社会价值导向的集中体现。现实社会中存在着一些奉公守法、辛勤劳动、诚实正直吃亏,以损公肥私、巧取豪夺、欺瞒诈骗为荣等不良现象。从根本上杜绝这些不良现象,培育良好的社会风气既是人们的强烈愿望,更依赖于每一个人自觉地遵守和践行"爱国、敬业、诚信、友善"的价值准则,以形成根基雄厚的崇德向善的人民力量。

给青年学生讲社会主义核心价值观,一定要把这些基本的理论逻辑讲清楚,既在阐释理论的根本和深度上做文章,又在与他们的关注点、兴奋点结合上下功夫,否则,流于表层的宣讲,虽然可以成为学生考卷上的标准答案,但不能有效地化为他们血脉中的动力与激情。

二、向青年学生讲清楚中华文化是社会主义核心价值观的精神命脉

习近平总书记在阐述社会主义核心价值观时,反复强调,培育和弘扬社会主义核心价值观必须立足中华优秀传统文化。在北京大学面对青年学生的时候更是语重心长地说:"中华优秀传统文化已经成为中华民族的基因,植根在中国人内心,潜移默化影响着中国人的思想方式和行为方式。今天,我们提倡和弘扬社会主义核心价值观,必须从中汲取丰富营养,否则就不会有生命力和影响力。"我们应该怎样理解习近平总书记关于中华优秀传统文化重要论述的深刻内涵和重大意义?

习近平总书记反复强调中华优秀传统文化,因为中华优秀传统文化是我们的"精神命脉",是中华民族生生不息的"根基",是中华民族自我认同的精神身份证。我们生而为中国人,黄皮肤黑眼睛是生物肢体特征,中华文化则是心理和行为特征,二者缺一不可。尤其是中华文化在五千余年的绵延发展薪火相传中,积淀和孕育了中华民族生存和发展的密码,潜移默化地影响着中国人的思想方式和行为方式,让我们有了独特的精神世界,有了百姓日用而不觉的价值观。正是因为拥有这一独特的精神世界,在几千年的历史长河中,中华民族战胜了无数次的内忧外患,克服了不可胜数的艰难曲折,使统一的多民族的国家屹立于世界民族之林,创造了世界文明史的奇迹;也正是因为拥有这一独特的精神世界,让我们对全面建成小康社会,建设富强民主文明和谐的社会主义现代化国家,进而实现中华民族伟大复兴中国梦充满信心。

曾有专家讲,读不懂繁体字线装书的人,只能是生物学意义上的中国人,而不是文化学意义上的中国人。我们可以进一步说,只会读繁体字线装书还不能成为一个真正合格的中国人,只有读懂繁体字线装书背后的文化精神,体悟出习近平总书记讲的中华优秀传统文化讲仁爱、重民本、守诚信、崇正义、尚和合、求大同的时代价值,才是一个真正的中国人。只有这样的中国人才能上接文明之源,下启复兴之路,把中国优秀传统文化创造性转化为我们前进的精神动力,并结合时代发展的需要,进行创新性发展。毕竟只有清楚地知道自己从哪里来,要到哪里去,才能真正达到理想的彼岸。

当然,我们强调中国人独特的精神世界,并不是要孤立于世界之外,也不是要拒斥其他文明,而是基于对培育中国自己核心价值观的高度自觉。社会主义核心价值观离不开中华文化的滋养，如果社会主义核心价值观不是在中华文化的沃土中孕育养成，就是无源之水无本之木。正所谓本固则根深，根深则叶茂。舍弃自己的根本，照搬他人的东西，其结果很可能因东施效颦而失去自我。在现实的社会背景下甚至还可能为西方价值观的大行其道打开方便之门。

客观地说，在日益开放的国际环境中，中华文化的发扬光大正面临着西方文化价值观的强势挑战，对于青年学生来说，让他们秉持中国人的独特精神世界，通过传承中华优秀传统文化来怡情养志、涵育文明更是不容乐观。这些年来，在一定程度上，青少年通过洋快餐、影视作品、互联网等一系列载体，对西方文化的接触多于对中华优秀传统文化的感知，这些载体所蕴含或传播的价值观对青少年的影响是不容忽视的。我们不主张封闭僵化，一味去封堵遏制青年学生获取现代西方社会的资源、信息乃至文化价值观，也不主张矫枉过正，让青年学生都去读线装书、去写繁体字，但是运用现代方式、现代手段对青年学生进行中华文化精神培养熏陶，让他们了解中华文化中"民惟邦本""天人合一""和而不同"，"天行健，君子以自强不息""大道之行也，天下为公""天下兴亡，匹夫有责"；"君子喻于义""君子坦荡荡""君子义以为质"；"言必信，行必果""人而无信，不知其可也"；"德不孤，必有邻""仁者爱人""与人为善""己所不欲，勿施于人""出入相友，守望相助""老吾老以及人之老，幼吾幼以及人之幼""扶贫济困""不患寡而患不均"，等等，这样的思想和理念还是很有必要的。这些思想和理念，既随着时间推移和时代变迁而不断与时俱进，又有其自身的连续性和稳定性，使得青年学生在开阔视野、丰富知识的同时，对自己的优秀文化传统秉持温情与敬意，增强民族国家认同感、自豪感，并且外化为积极进取、拼搏向上的精神力量。

三、向青年学生讲清楚社会主义核心价值观的实践逻辑

习近平总书记对青年学生讲："道不可坐论，德不能空谈。于实处用力，从知行合一上下功夫，核心价值观才能内化为人们的精神追求，外化为人们的自觉行动。"确实，从理论上提出核心价值观只是起点，让人知道记住核心价值观的内容也不是全部，只有把核心价值观体现在社会实践中，落实到人的行动上才算完成。

社会主义核心价值观走向实践，首先要在实处用力，要注意引导青年学生注重在日常做人做事中身体力行。青年学生头脑清楚，把社会主义核心价值观那24个字背下来是一分钟的事，青年学生也很聪明，把这24个字的内涵讲个头头是道也能做到。可是要想真正变为行动特别是自觉行动，是需要下大功夫的。明代大儒王阳明讲"事上磨练"是有现实意义的，当然，青年学生在"事上磨练"，并不是说非要什么身处重大关头、遇到生死考验，讲究的是举手投足碰到的每一件事、每一个行为，特别是遇到挫折的时候，都用社会主义核心价值观来评判做得对不对，衡量差距有多大，昨天做到了今天是否还能继续做到，等等。当人在一件件的小事上从心所欲而不逾矩的时候，遇到大事件、大考验、大关头也就习惯成自然了，这是核心价值观的养成过程。

社会主义核心价值观走向实践，根本还要情景交融，营造与社会主义核心价值观相一致的社

会环境。青年学生不是生活在真空中，青年学生的身份也是多维的，在学校是学生，在家庭是儿女，在社会是公民，在打零工的企业是员工。如果一个人作为学生和作为子女或其他社会身份所带来的审美情趣和价值取向不是融洽一致的，而是分裂的，在学校和在家庭、在社会所面对的评价标准、是非观念是不一样的甚至大相径庭的，课堂教育就将流于空谈。为了让青年学生真正培育和践行社会主义核心价值观，全社会、我们成人要负起责来身体力行，为青年学生营造一个风清气正的社会环境。对于那些不良的、落后的、错误的价值取向，对于其赖以产生和存在的社会土壤，能够马上清除的，一定要果决利落，暂时不能完全清除的，要也给出鲜明的舆论导向，些许的视而不见或含含糊糊都会被青年学生误解为默许和纵容。

当然，社会环境固然重要，我们也不能把青年学生践行社会主义核心价值观的责任全部归之于社会环境。社会环境的改善也是要靠全体社会成员努力的，这其中就包括青年学生在内。奢求在一个已经完美无缺的社会环境中践行社会主义核心价值观不仅是不切合实际的，也是一种逃避责任的体现。有梦想就会有追求，有追求才会有行动。我们要教育并教会青年学生用理想超越现实，用追求消除困惑，站在坚实的大地上坚毅前行。习近平总书记反复深情地说："站在960万平方公里的广袤土地上，吸吮着中华民族漫长奋斗积累的文化养分，拥有13亿中国人民聚合的磅礴之力，我们走自己的路，具有无比广阔的舞台，具有无比深厚的历史底蕴，具有无比强大的前进定力。"当我们每一个中国人，特别是青年学生都怀抱这一理想，养成这一信念，践行社会主义核心价值观就会成为一种坚韧不拔的实践自觉，中华民族伟大复兴的中国梦就会早日实现。

培育和践行社会主义核心价值观应把握三个维度。

培养和践行社会主义核心价值观是一项长期艰巨的任务。"天下难事，必作于易。天下大事，必作于细。"践行社会主义核心价值观要落实、落细，内化于心、外化于行。对于24字的核心价值观的基本内容，除了从国家层面、社会层面和个人层面来把握之外，还要从其蕴含的灵魂、根基和国际视野三个维度去把握和理解。

第一，马克思主义是灵魂。我们提出的社会主义核心价值观，不是从一般意义上为世界社会主义凝练核心价值观，而是中国特色社会主义核心价值观。所以要坚持中国特色社会主义的共同理想，坚定中国特色社会主义的道路自信、理论自信、制度自信。只有坚持中国特色社会主义，才能建成富强、民主、文明、和谐的现代化国家。道路是实现途径，理论体系是行动指南，制度是根本保障，三者统一于中国特色社会主义伟大实践。中国特色社会主义来源于哪里？来源于科学社会主义，是科学社会主义在中国的运用和发展。中国特色社会主义是根植于中国大地、反映中国人民意愿、适应中国和时代发展进步要求的科学社会主义。科学社会主义当然就是马克思主义的科学社会主义。从根本上说，培育和践行社会主义核心价值观，关键是要坚持马克思主义立场观点和方法。立场就是站在哪一边的问题。坚持马克思主义立场，就是为广大人民群众谋福利，以人民群众的根本利益为本，切实解决群众关心的实际问题。只有如此，群众才能认同并践行社会主义核心价值观。马克思主义世界观是辩证唯物主义和历史唯物主义。信仰的确立来自理论的认知。共产党员信仰共产主义,就是因为认同马克思主义历史唯物主义理论。没有这个理论的认知,就不可能确立这个信仰。践行社会主义核心价值观,党员干部要率先垂范。党员干部只有具有坚定的理想信念,自觉以马克思主义为指导,无论国家层面、社会层面还是个人道德层面的价值取向才能在社会上弘扬起来。

第二,中华优秀传统文化是根基。培育和践行社会主义核心价值观,必须大力弘扬中华优秀传统文化。民族文化是一个民族区别于其他民族的独特标识。对中国传统文化要进行辩证的分析,进行创造性转化和创新性发展,不能简单地复古,不能让沉渣泛起。可以说,中华传统文化中与马克思主义有契合之处的内容,都是有时代价值的精华。一是弘扬传统文化中的唯物论思想。《史记》引用了管仲的一段话:"仓廪实而知礼节,衣食足而知荣辱"。二是弘扬传统文化中的辩证法思想。"祸兮福之所倚,福兮祸之所伏",已成为人们的常识。《易传》的"一阴一阳之谓道","刚柔相推而生变化",是更精粹更深邃的辩证观点。三是弘扬传统文化中"大同"社会理想。马克思主义的目的是为了解放全人类,实现共产主义。儒家学者所撰写的《礼运》篇中,宣扬了"大同"的理想。大同社会的原则是"天下为公"。所以,大力弘扬中华优秀传统文化有助于加快构建我们的价值体系,也有利于坚持马克思主义的指导地位。我们要认真学习贯彻习近平总书记关于文化建设的重要论述,加强对中华优秀传统文化的挖掘和阐发,努力实现中华传统美德的创造性转化、创新性发展,把跨越时空、超越国度、富有永恒魅力、具有当代价值的文化精神弘扬起来。正如习近平总书记所说:"只要中华民族一代接着一代追求美好崇高的道德境界,我们的民族就永远充满希望。"

第三,面向世界,既要借鉴人类文明优秀成果,又要能够引领人类历史发展趋势和方向。我们要有开放的胸襟、宽阔的视野,大胆吸收和借鉴人类文明的一切优秀成果,既要反对把西方资产阶级的价值作为"普世价值",也不能把属于人类社会的普遍追求的精神价值拱手让给西方。人类有共同的价值是肯定的,比如,人类都希望得到自由平等,都希望被尊重,都希望有幸福生活,等等。在借鉴世界文明成果的同时,也要注重传播中国声音,扩大中国的影响,要超越资本主义核心价值观的视野和境界,敢于引领人类历史的发展趋势,这样才能提高社会主义国家的吸引力和感召力,提升中国的文化软实力,增强中华民族的文化凝聚力。

培育和践行社会主义核心价值观的实现途径:

谈到培育和践行社会主义核心价值观,使我们想起1883年,恩格斯在马克思墓前说过的话:"正像达尔文发现有机界的发展规律一样,马克思发现了人类历史的发展规律,即历来为繁芜丛杂的意识形态所掩盖着的一个简单事实:人们首先必须吃、喝、住、穿,然后才能从事政治、科学、艺术、宗教等等;所以,直接的物质的生活资料的生产,从而一个民族或一个时代的一定的经济发展阶段,便构成基础,人们的国家设施、法的观点、艺术以至宗教观念,就是从这个基础上发展起来的,因而,也必须由这个基础来解释,而不是像过去那样做得相反。"

社会主义核心价值观是与社会主义生产力和生产关系相适应的意识形态。生产力决定生产关系,与生产力相适应的生产关系的总和构成经济基础,经济基础决定上层建筑,上层建筑反作用于经济基础。这些都是历史唯物主义的基本内涵。因此,如何培育和践行社会主义核心价值观必须从历史唯物主义最基本的概念出发进行思考,寻找答案。

一是要有正确的交往方式。人们的交往方式既是由人们的生产活动决定的,同时又反作用于人们的生产活动,是人们从事劳动、工作、生活、学习、娱乐及宗教活动必然产生的基本行为方式。没有交往就没有社会。现在中国社会,人们的交往方式存在着大量与社会主义核心价值观不符的成分。血缘关系、熟人关系很大程度上决定着交往方式,请客、送礼、说情,甚至行贿;不按法律办事、不按制度办事、不按规矩办事、不按民约办事,而且还堂而皇之、大行其事。过去很长时间我们的社会不是这样,那时的君子之交、主义之交的风气让人怀念。扭转这种局面的办法就是健全法制、制度,采取法律的、行政的、经济的、舆论的手段,加强教育、约束、管控,弘扬正气、鞭笞邪气、惩处违法违纪行为。

二是要有正确的消费方式。人们的消费方式既是人们的生活方式,又引导着人们的生产活动,是市场经济条件下人们的生存手段。没有消费就没有发展。从计划经济到市场经济,从物质匮乏到物质丰富,中国人逐渐有了消费意识,因而出现了不同的消费方式,其中有很多与社会主义核心价值观不符。过度消费、炫耀奢华、崇尚贵族、标榜皇家;还有盲目攀比、爱富嫌贫、迷恋消费、任性消费;再就是消费结构不合理、生态意识不强。现在我们国家还不富裕、收入差距巨大、经济增长方式不合理、资源消耗过量,这样的消费方式造成极大浪费,败坏了社会风气,影响可持续发展。扭转这种局面的办法就是建立合理的税收制度、再分配制度,引导合理消费、抑制过度消费、打击不法消费,大力倡导中华民族勤俭、理性的生活方式和思想意识。

三是要有正确的思维方式。人们的思维方式既是人们的生存本能,又决定着人们的生存方式,是人们每时每刻都会使用的。没有思维就没有人本身。中国人的思维方式有我们独到的地方,但时下中国社会中也有一些与社会主义核心价值观不匹配的思维方式。不能辩证地看待事物,即不能用变化的、连续的、发展的、对比的、交换的方法看待问题、看待别人、看待自己,剑走偏锋、走极端,以偏概全、怀疑一切、否定一切;要不然就是思维跳跃、思维发散,看社会阴暗面多,严重影响对于社会正能量的认识,当然也影响对于社会问题复杂性的认识。扭转这种局面的办法就是大力宣扬辩证唯物主义和历史唯物主义的立场、观点和方法,宣传典型事例,提倡和谐、善用中庸、充分说理、抑制偏激。

总之,只有掌握正确的交往方式、消费方式、思维方式,才能在实践中培育和践行社会主义核心价值观,而在培育和践行社会主义核心价值观的同时又优化交往方式、消费方式、思维方式,循环往复,长期坚持。培育和践行社会主义核心价值观,政府和社会有责任,学校和单位有责任,家庭和个人有责任。各方从不同的层次、角度,采取不同的方法、手段,共同努力,从自身做起,以促进我们社会的全面进步。

当代中国价值观念的实践基础和文化意蕴:

第四章　践行社会主义核心价值观

在当代中国思想文化界，价值观念成为最受人们关注的概念或话题之一。无论在哪一个朝代和哪一种制度下，社会价值观念特别是占主导地位的社会价值观念必定受到特定社会实践和思想文化的制约或影响。当代中国价值观念也是如此。社会主义核心价值观既不是天上掉下来的，也不是人为杜撰的，它是中国特色社会主义实践发展的产物，是社会主义先进文化发展的必然结果。习近平指出，当代中国价值观念，就是中国特色社会主义价值观念，代表了中国先进文化的前进方向。社会主义核心价值观是当代中国价值观念的高度概括和精炼表达，它既充分体现了社会主义的本质要求，又传承了中国优秀传统文化的精华，吸收了世界文明的先进成果。在培育和践行核心价值观的过程中，应该确立起价值观的自觉与自信，进而言之，要明确中国价值观念特别是核心价值观的实践基础和文化意蕴。

当代中国价值观念是支撑当代中国现代化进程的重要精神因素。核心价值观形成于中国特色社会主义伟大实践中，是对社会主义社会现实和实践发展的直接反映，是同社会主义基本制度相联系的价值取向，是关涉社会主义国家利益和公民利益的价值判断，是社会主义建设者或实践主体的共同认同的价值观念上的"最大公约数"。中国特色社会主义实践决定了社会主义核心价值观必然要反映时代精神、民族精神和社会制度性质，必然反映社会主义现代化建设的价值目标。例如，"富强、民主、文明、和谐"作为社会主义现代化建设的目标，是对社会主义实践经验的总结概括，起初被写入党和国家的有关文件中，后来在党的十八大报告中被列入社会主义核心价值观的内容中。追求国家强盛兴旺，人民共同富裕，人民当家作主，社会文明和谐，这是全体人民的共同期盼和社会理想，也是激励社会发展的强大精神动力。不能脱离中国特色社会主义实践这一"语境"来抽象地谈论或理解核心价值观。

核心价值观作为社会主义先进文化的核心内容和重要组成部分，它融合了传统文化与现代文化、民族文化与世界文化中的精华，从而具有强盛的生命力和巨大的影响力。

核心价值观的培育离不开中华优秀传统文化的沃土。中华文明绵延数千年，积淀形成了具有鲜明特色的优秀传统文化，是中华民族生生不息的文化基因，深深植根于每个中国人的内心世界，潜移默化地影响着老百姓的言行方式，孕育着当代社会所需要的核心价值观的思想精髓。例如，中国传统文化在人与自然的关系方面提倡"天人合一"的价值理念，在人与社会的关系方面提倡"民惟邦本"的价值原则，在人际关系方面提倡"言必信，行必果"的价值规范；在个体自身成长方面提倡"天行健，君子以自强不息"的精神状态，等等，一直为国人所乐道和推崇。这些思想构成培育核心价值观的重要文化土壤和精神营养。在传统文化向中国特色社会主义文化的创新性转化和创造性发展过程中，我们要坚持以马克思主义为指导，以当代中国发展的实践为基础，对传统文化采取批判继承的态度，坚持古为今用的原则，既要反对历史虚无主义，又要避免复古主义。

核心价值观的培育有赖于对世界文明成果的科学借鉴和吸收。在由民族历史向世界历史转化和发展的进程中，置身于全球化进程的民族和国家都不可避免地会遇到本土文化和外来文化的碰撞、民族文化和世界文化的矛盾。核心价值观培育的过程也是一个文化选择的过程。在多样多变的文化环境中，在交流、交锋、交融的复杂观念中，需要认真审视和鉴别精华和糟粕。我们在强调中国特色或国情特点时，不否认世界范围内现代化进程中包含一定的普遍性，不排斥人类文明发展的积极成果，不拒绝借鉴国外一切进步的思想文化。在人类文明发展的思想成果中，包含了资本主义在反对封建主义过程中提出的一些进步思想，包含了世界上一些发达国家在推进现代化进程中积累的先进经验和积极进步的思想成果，也包含了在批判资本主义社会弊端和反思现代化教训过程中形成的进步发展理念。经过新中国成立60多年来特别是改革开放30多年的建设，我国经济社会取得了举世瞩目伟大成就，但是，与世界发达国家相比我们还有很大的差距，真正实现社会主义现代化建设目标还有很长的路要走。他山之石，可以攻玉。我们应当积极借鉴和吸收世界文明的有益成果，充实和丰富社会主义核心价值观的科学内涵。同时，我们应该清醒地认识到，我们倡导的是社会主义核心价值观，而不是所谓的可以适用于一切时代一切民族一切国家的抽象的价值观。学习世界先进文化，也有一个创造性转化和吸收的过程，必须立足我国实际，服务于社会主义现代化建设需要。

核心价值观本身也是一种文化。我们应该按照文化的规律和特点培育和传播它。要使核心价值观融入大众文化，渗透到普通民众的日常生活、言谈举止中，使之日用而不觉，如同细雨润无声。核心价值观的内涵是丰富的，其表现形式也是多样的。随着中国特色社会主义实践的不断深入和拓展，随着对中国优秀传统文化和世界文明成果的认识和吸收的不断发展，核心价值观的内容和形式也将会进一步丰富和发展，对核心价值观的培育和践行将会提升到更高的水平。

深刻认识培育和践行社会主义核心价值观的重大意义：

党的十八大报告从国家、社会和个人三个层面提出了社会主义核心价值观。社会主义核心价值观是社会主义核心价值体系的内核，它体现了社会主义核心价值体系的根本性质和基本特征，反映了社会主义核心价值体系的丰富内涵和实践要求，是社会主义核心价值体系的高度凝练和集中表达。为深入贯彻落实党的十八大和十八届三中全会精神，中共中央办公厅专门印发了《关于培育和践行社会主义核心价值观的意见》。《意见》进一步明确把倡导"富强、民主、文明、和谐"，"自由、平等、公正、法治"，"爱国、敬业、诚信、友善"作为社会主义核心价值观的基本内容。这是中国共产党在新形势下为凝聚全党全社会价值共识所作出的新的论断，也是在全党全社会培育和践行社会主义核心价值观的基本遵循。

中共中央为什么高度重视培育和践行社会主义核心价值观？我认为，培育和践行社会主义核心价值观的重大意义主要有这样几个方面。

第一，为了应对西方价值观对中国不断渗透的需要。新中国成立之初，以美国为首的西方国家就主张对中国实行"和平演变"。冷战结束后，特别是新世纪以来，西方国家对中国的价值观渗透主要表现为：一是仍然坚持其"冷战"思维，利用现代信息技术，通过文化、科技等软性力量来推行西方社会制度和价值观念，进行文化扩张与渗透。美国前总统尼克松曾经鼓吹"1999不战而胜"；布热津斯基也鼓吹"大失败"主张。二是近年来美国领导人把宣扬西方价值观作为自己的施政纲领。从克林顿、小布什到奥巴马，几乎每一任美国总统在就职演说时都讲价值观问题。他们认为：所谓价值观问题是中国的软肋，所以经常以价值观问题对中国进行批评和要挟，以图对我国取得所谓"道德制高点"。三是利用互联网及其他传媒，利用文化交流、高层论坛、电影电视、学术研讨等途径对中国进行文化渗透，诋毁和批判中国的主流意识形态和民族文化。网络已经成为美国对中国输出美国价值观的主要途径。四是西方国家以新式的宗教渗透作为对华文化渗透的有效手段。美国前国务卿舒尔茨就曾经说过：从宗教信仰到政治行动只有一小步距离。所以西方某些国家一直利用宗教反华，例如支持达赖喇嘛谋求西藏独立，鼓动法轮功邪教分子闹事，扬言要出巨资160亿美元"把中国基督教化"等。美国《时代周刊》前驻北京记者艾克曼在他所写《耶稣在北京》一书中指出："根植于西方的大陆基督教会，崇尚美国的宗教自由和民主价值，倾向支持中国走向民主。在中国，上至政治学术精英，下至农民工人百姓，信仰基督的人数至少有八千多万，超过中共党员的人数。未来30年，中国经济在实现持续高速发展的同时，基督徒的人数会达到中国人口的三分之一，中国这条东方的巨龙，或许会被基督的羔羊所驯服"。五是通过资助、扶持中国的某些"西化精英"达到实现"和平演变"的目的。美国前国务卿赖斯曾经阐述过，控制中国不能主要依靠武力，要通过控制中国精英来影响中国决策，辅之以控制战略威慑，使中国更加符合美国的国家利益。同时，西方国家不断唱衰中国，鼓吹"中国崩溃论"、"中国威胁论"和"中国责任论"等。对于西方国家的政治企图，习近平在2012年12月26日中央军委扩大会议上的讲话中指出："我们在社会制度与意识形态等方面都与西方国家存在完全的不同，这就决定了我们同西方国家的斗争和较量是不可调和的，因而必然是长期的、复杂的、有时甚至是十分尖锐的。西方国家不论从国际战略格局上来说，还是从意识形态上来说，都绝不会希望看到像我们这样一个社会主义大国顺利实现和平与发展的。而他们的最终目的就是要搞垮我们的领导、颠覆我国社会主义制度。"

有鉴于此，应对西方的价值理念渗透，习近平在2013年8月全国宣传工作会议上的讲话中指出：必须高度重视意识形态领域的斗争，"在全面对外开放的条件下做宣传思想工作，一项重要任务是引导人们更加全面客观地认识当代中国、看待外部世界"；对于西方的价值渗透我们要进行有效的防范，在搞清楚重大是非问题的基础上进行有力的批驳；习近平强调应对西方文化渗透，最有效的方式是教育我们的青年人立足于中国优秀的传统文化，因为"博大精深的中华优秀传统文化是我们在世界文化激荡中站稳脚跟的根基"。要对国人特别是年轻人"加强爱国主义、集体主义、社会主义教育"，引导他们"树立和坚持正确的历史观、民族观、国家观、文化观，增强做中国人的骨气和底气"。

第二，为了应对当代中国社会体制转型的需要。随着改革开放的深入发展，中国社会仍然处在经济、政治、社会与文化的深刻转型过程之中。由于转型和改革开放步入深水区，人们的自主意识增强，利益多元化格局初步形成；特定利益群体的利益诉求，不同利益群体间的矛盾，对抗性矛盾的上升趋势，对执政党的整合功能提出了更高要求；由于社会突出问题没有能够及时化解,加之社会分配的严重不公导致贫富差距拉大,使得一部分人偏离了社会主义公平正义的核心价值观。社会心态尤其是负面社会心态的蔓延,如颓废阴暗、扭曲变态、焦虑怨恨、逆反冷漠、仇官仇富、消极报复等,给中国社会公众带来十分消极的影响,甚至影响了生产力的发展。

如何应对社会体制转型,消除社会负面心态,凝聚全社会的力量,构建和谐社会,成为当今执政党的首要课题。要消除社会负面心态,维护社会和谐稳定,党的十八大报告首先明确提出,要"培育自尊自信、理性平和、积极向上的社会心态"。其次,《意见》强调"用社会主义核心价值观引领社会思潮、凝聚社会共识"。只有不断深入开展中国特色社会主义和中国梦宣传教育,不断增强人们的道路自信、理论自信、制度自信,才能"坚定全社会全面深化改革的意志和决心"。再次,要通过全面深化改革与发展,实现经济结构转变,才能真正消除社会负面心态,凝聚社会共识。

第三,从严管党治党的需要。之所以将从严管党治党同培育和践行社会主义核心价值观联系起来,是因为党风与社会风气交织在一起。党风出现问题必然导致社会风气不正,社会风气不正又会反转过来影响党风。习近平将党风不正概括为"四风",即形式主义、官僚主义、享乐主义和奢靡之风;同时对"四风"成为政治顽症的原因进行了深入分析。习近平认为:西方资本主义国家的渗透与资本主义思想的影响是"四风"成为"政治顽症"的外部因素;封建主义腐朽思想对党的肌体的侵蚀是"四风"成为"政治顽症"的内部因素;个人主义思想极端膨胀是新形势下"四风"滋生的主观条件;体制不完善也是"四风"成为"政治顽症"的一个重要原因。要彻底清除"四风"的影响,习近平认为必须通过开展以为民务实清廉为主要内容的群众路线教育实践活动,增进党同人民群众的血肉联系,将党的奋斗目标内化到人民群众的伟大实践之中;要教育我们的党员干部和广大青年学生坚定理想信念,因为理想信念是共产党人的"精神之钙",和谐社会的构建缺了精神层面的东西是无论如何都不行的;要不断建设社会主义核心价值观的网上传播阵地,坚持团结稳定鼓劲、正面宣传为主,牢牢把握正确舆论导向。只有这样,才能不断强化广大人民群众的道路自信、理论自信与制度自信。

第四,实现中华民族伟大复兴中国梦的需要。十八大报告明确指出:"建设中国特色社会主义的总任务,是实现社会主义现代化和中华民族伟大复兴"。习近平在2012年11月29日参观"复兴之路"的展览中第一次提出了实现中华民族伟大复兴中国梦的伟大构想。在全国十二届人代会一次会议的闭幕会议上,全面深刻系统地阐述了中国梦。中国梦生动形象地表达了全体中国人民的共同理想追求,昭示着国家富强、民族振兴、人民幸福的美好前景,为坚持和发展中国特色社会主义注入新的内涵和时代精神。中国梦的提出,是中国共产党在新的形势下面向未来的政治宣言,是全面建成小康社会、富强民主文明和谐社会主义现代化中国和中华民族伟大复兴的动员令。

要实现中华民族伟大复兴的中国梦,没有十几亿人民群众的积极参与,是不可能实现的。怎样充分调动人民群众将全部精力投入到实现中华民族伟大复兴的中国梦中来,习近平认为必须通过提出一个主题与核心概念,借以感召和激励人民与我们党共同奋斗。而"中国梦是一种形象的表达,是一个最大公约数,是一种为群众易于接受的表述"。中国梦就是社会主义核心价值观的最好表现形式。习近平还认为,实现中国梦的途径在走中国道路的基础上,必须弘扬中国精神,中国精神就是以爱国主义为核心的民族精神,以改革创新为核心的时代精神。中国精神是凝心聚力的兴国之魂、强国之魂,为实现中国梦提供强大精神动力。今天,中国梦已经成为凝聚党心民心、激励中华儿女为实现中华民族伟大复兴而奋斗的强大精神力量。

——摘编整理自《思想理论教育导刊》,2014年第7期4~23页

辅助练习

一、单项选择题

1. 社会主义核心价值观是当代中国人应当共有的( )。
   A. 理想信念   B. 价值取向
   C. 思想武器   D. 意识形态

2. 党的十八大提出,"公平正义是中国特色社会主义的( )"。
   A. 基本目标   B. 重要诉求
   C. 内在要求   D. 主要内容

3. ( ),体现了社会主义核心价值观在价值导向上的定位,是立足公民层面提出的要求。
   A. 富强、民主、文明、和谐   B. 自由、平等、公正、法治
   C. 敬业、诚信、友善、公道   D. 爱国、敬业、诚信、友善

4. "爱岗敬业、忠于职守、团结协作、积极进取"是( )教育实践的主要内容。
   A. 家庭美德   B. 社会公德
   C. 职业道德   D. 高校思想

5. 培育和践行社会主义核心价值观的基本立足点是( )。
   A. 道德建设   B. 经济建设
   C. 文化建设   D. 政治建设

6. ( )是社会主义核心价值体系的精神内核,体现了社会主义核心价值体系的根本性质和基本特征。
   A. 社会主义荣辱观   B. 社会主义核心价值观
   C. 民族精神   D. 时代精神

7. 社会主义核心价值观的基本内容是(　　)。
   A. 民主、文明、和谐、正义、自由、平等、公正、法治、爱国、敬业、诚信、友善
   B. 富强、民主、文明、和谐、友爱、平等、公正、法治、爱国、敬业、诚信、友善
   C. 民主、文明、和谐、自由、平等、公正、法治、爱国、敬业、诚信、友善、公道
   D. 富强、民主、文明、和谐、自由、平等、公正、法治、爱国、敬业、诚信、友善

8. 培育和践行社会主义核心价值观的结合点是(　　)。
   A. 道德建设   B. 文化熏陶
   C. 经济建设   D. 实践养成

9. 先秦时期就提出了"和而不同""和合中庸""政通人和""天人合一""协和万邦"等丰富多彩、意蕴深远的(　　)理念。
   A. 重和谐   B. 重伦理
   C. 重民本   D. 重爱国

10. "爱国、敬业、诚信、友善"反映了"中国梦"的实现主体是(　　)。
    A. 中国特色社会主义   B. 社会主义性质
    C. 人民群众   D. 共产主义

二、多项选择题

1. 社会主义核心价值观,立足社会层面所提出的要求是(　　)。
   A. 自由   B. 平等
   C. 公正   D. 法治
   E. 爱国

2. 社会主义核心价值体系是建设和谐文化的根本,它的基本内容包括(　　)。
   A. 马克思主义指导思想   B. 中国共产党的领导
   C. 以爱国主义为核心的民族精神和以改革创新为核心的时代精神
   D. 社会主义荣辱观   E. 中国特色社会主义共同理想

3. 社会主义核心价值观,立足国家层面所提出的要求是(　　)。
   A. 诚信   B. 富强
   C. 民主   D. 文明
   E. 和谐

4. 对公民层面价值准则的认同,思想基础在于树立正确的"三观",即(　　)。
   A. 世界观   B. 爱情观
   C. 人生观   D. 价值观
   E. 职业观

5. 做社会主义核心价值观的积极践行者,要做到(　　)。
   A. 助人   B. 勤学

C. 修德　　　　　　　　D. 明辨
E. 笃实

三、判断题

1. 居于社会主导地位的价值观就叫核心价值观。（　　）
2. 中国特色社会主义事业的出发点和落脚点都是为了实现广大人民群众的物质利益。（　　）
3. 自由是中国特色社会主义的基本要义，是"中国梦"的核心意蕴。（　　）
4. 社会主义核心价值观所倡导的平等等同于近代启蒙意义上的资产阶级平等。（　　）
5. 民主是资本主义国家追求的一种价值理念。（　　）
6. 社会主义核心价值观是国家文化软实力的核心内容。（　　）
7. 培育和践行社会主义核心价值观的落脚点是文化熏陶。（　　）
8. 诚信是个人道德的基石，与社会运行并无关联。（　　）
9. 爱国主义是中华民族的民族精神中最稳定的文化基因。（　　）
10. 对社会层面价值取向的认同，思想基础是牢固树立"四个自信"。（　　）

【参考答案】

一、单项选择题

1. B　2. C　3. D　4. C　5. A　6. B　7. D　8. B　9. A　10. C

二、多项选择题

1. ABCD　2. ACDE　3. BCDE　4. ACD　5. BCDE

三、判断题

1. √　2. ×　3. √　4. ×　5. ×　6. √　7. ×　8. ×　9. √　10. √

实践活动方案

实践活动设计：学生分成若干组，以小组为单位调研"当代青年践行社会主义核心价值观"的情况，并提交调查报告或制作视频。

Chapter 5

明大德守公德严私德

学习目标

通过学习本章,同学们应当明确道德观念对人生发展的重要意义,从而自觉提高自身道德素质,认真学习道德的基本理论,树立正确的道德观,自觉传承中华传统美德和中国革命道德,积极吸收借鉴人类优秀道德成果,遵守公民道德准则,在投身崇德向善的实践中不断提高道德品质。

核心问题解析

一、道德及其变化发展

1. 什么是道德

道德是以善恶为评价方式,主要依靠社会舆论、传统习俗和内心信念来发挥作用的行为规范的总和。

(1)道德的起源。
①劳动是道德起源的首要前提。
②社会关系是道德赖以产生的客观条件。
③人的自我意识是道德产生的主观条件。

(2)道德的本质。

道德属于上层建筑的范畴,是一种特殊的社会意识形态。

①反映社会经济关系。

②是社会利益关系的特殊调节方式。

③是一种实践精神。

2.道德的功能与作用

(1)道德的功能。

①含义:道德作为社会意识的特殊形式对于社会发展所具有的功效与能力。

②功能:认识、规范、调节、导向、激励。

(2)道德的作用。

①为经济基础的形成、巩固和发展服务,是一种重要的精神力量。

②对其他社会意识形态的存在有着重大的影响。

③通过调整人们之间的关系维护社会秩序和稳定。

④是提高人的精神境界、促进人的自我完善、推动人的全面发展的内在动力。

⑤在阶级社会中,是调节阶级矛盾和对立阶级之间开展阶级斗争的重要工具。

辩证看:要反对"道德万能论"和"道德无用论"。

3.道德的变化发展

(1)经历五种基本形态:原始社会的道德、奴隶社会的道德、封建社会的道德、资本主义社会的道德、社会主义社会的道德。

(2)基本观点:人类道德的发展是一个曲折上升的历史过程,与社会生产方式的发展进程大体一致。

(3)道德进步的主要表现:作用越来越重要、调控范围不断扩大、调控手段不断丰富、衡量社会文明程度的尺度。

二、吸收借鉴优秀道德成果

核心思想:中华传统美德、中国革命道德。

1.传承中华传统美德

(1)中华传统美德的基本精神。

重视整体利益,强调责任奉献——以义为上、先义后利、见利思义、见义勇为。

推崇"仁爱"原则,注重以和为贵——社会和谐、团结互助、和平共处。

提倡人伦价值,重视道德义务——根据规范要求尽自己的义务。

追求精神境界,向往理想人格——道德理想的实现是人生诸种需要中最高层次的需要。

强调道德修养,注重道德践履——奋发向上、切磋践履、修身养性。

(2)中华传统美德的创造性转化和创新性发展。
①加强对中华传统美德的挖掘和阐发。
②用中华传统美德滋养社会主义道德建设。
辩证看:反对"复古论"和"虚无论"。

2. 发扬中国革命道德

中国革命道德是指中国共产党人、人民军队、一切先进分子和人民群众在中国革命、建设、改革中所形成的优秀道德,是马克思主义与中国革命、建设、改革的伟大实践相结合的产物,是中华民族极其宝贵的道德财富。

(1)中国革命道德的形成与发展。

中国革命道德萌芽于五四运动前后,发端于中国共产党成立以后蓬勃发展的伟大工人运动和农民运动,经过土地革命战争、抗日战争、解放战争以及社会主义革命、建设与改革的长期发展,逐渐形成并不断发扬光大。中国革命道德作为一种精神力量,从它形成的时候起,就对中国的革命和建设事业发挥着极其重要的作用。弘扬中国革命道德,要同弘扬中华传统美德相结合。

(2)中国革命道德的主要内容。
①为实现社会主义和共产主义理想而奋斗。
②全心全意为人民服务。
③始终把革命利益放在首位。
④树立社会新风,建立新型人际关系。
⑤修身自律,保持节操。

(3)中国革命的当代价值。
①有利于加强和巩固社会主义和共产主义的理想信念。
②有利于培育和践行社会主义核心价值观。
③有利于引导人们树立正确的道德观。
④有利于培育良好的社会道德风尚。

3. 借鉴人类文明优秀道德成果

一个民族的文化如何在与其他文化的交流碰撞和冲突融合中保持生命力?并且能够实现自我更新发展?答案是必须注意借鉴人类文明优秀道德成果。

借鉴和吸收人类文明优秀道德成果,必须秉承正确的态度和科学的方法。要坚持以我为主、为我所用,批判继承其他国家的道德成果。

三、遵守公民道德准则

1. 社会主义道德的核心和原则

社会主义道德建设是社会主义文化建设的重要内容。

(1)为人民服务是社会主义道德的核心。

①为人民服务是社会主义经济基础和人际关系的客观要求。

②为人民服务是社会主义市场经济健康发展的要求。

③为人民服务是先进性要求和广泛性要求的统一。

(2)集体主义是社会主义道德的原则。

在社会主义道德体系中,集体主义原则是指导人们行为选择的主导型原则。

①集体主义强调国家利益、社会整体利益和个人利益的辩证统一。

②集体主义强调国家利益、社会整体利益高于个人利益。

③集体主义重视和保障个人的正当利益。

2. 社会公德

社会公德作为社会公共生活中应当遵守的行为准则,在维护公共秩序方面具有重要的作用。

(1)公共生活与公共秩序。

公共生活是相对于私人生活而言的。在公共生活中,一个人的行为必定与他人发生直接或间接的联系,具有鲜明的开放性和透明性。

主要特征:一是活动范围的广泛性;二是活动内容的开放性;三是交往对象的复杂性;四是活动方式的多样性。

(2)公共生活中的道德规范。

社会公德是指人们在社会交往和公共生活中应该遵守的行为准则,是维护公共利益、公共秩序、社会和谐稳定的起码道德要求,涵盖了人与人、人与社会、人与自然之间的关系。

社会公德的主要内容:文明礼貌、助人为乐、爱护公物、保护环境、遵纪守法。

(3)网络生活中的道德要求。

网络生活中的道德要求,是人们在网络生活中为了维护正常的网络公共秩序需要共同遵守的基本道德准则,是社会公德在网络空间的运用与扩展。

要求:正确使用网络工具、健康进行网络交往、自觉避免沉迷网络、加强网络道德自律、积极引导网络舆论。

3. 职业道德

(1)职业生活与劳动观念。

职业是指人们由于社会分工所从事的具有专门业务和特定职责,并以此作为主要生活来源的社会活动。

树立正确的劳动观念:劳动没有高低贵贱之分,任何一份职业都很光荣。"劳动最光荣、劳动最崇高、劳动最伟大、劳动最美丽"。

(2)职业生活中的道德规范。

内容:爱岗敬业、诚实守信、办事公道、服务群众、奉献社会。

(3)树立正确的择业观和创业观。

内容:树立崇高的职业理想、服从于社会发展的需要、做好充分的择业准备、培养创业的勇气和能力。

(4)自觉遵守职业道德。

内容:学习职业道德规范、提高职业道德意识、提高践行职业道德的能力。

4. 家庭美德

(1)注重家庭、家教、家风。

注重家庭——国家好,民族好,家庭才能好。

注重家教——把美好的道德观念从小就传递给孩子,引导其有做人的气节和骨气,帮助其形成美好心灵,促使其健康成长。

注重家风——家风好,家道兴盛、和顺美满;家风差,殃及子孙、贻害社会。

(2)恋爱、婚姻家庭中的道德规范。

恋爱中的道德规范:尊重人格平等、自觉承担责任、文明相亲相爱。

家庭美德的内容:尊老爱幼、男女平等、夫妻和睦、勤俭持家、邻里团结。

(3)树立正确的恋爱观与婚姻观。

内容:不能误把友谊当爱情、不能片面或功利化地对待恋爱、不能只重过程不顾后果、不能因失恋而迷失人生方向。

大学生还需处理好:恋爱与学习的关系、恋爱与关心集体的关系、恋爱与关爱他人和社会的关系。

2016年教育部颁布的《普通高等学校学生管理规定》明确指出,在校大学生如符合我国婚姻法规定的结婚条件,可以结婚。但是要保持谨慎、理性的态度,尊重家庭,符合道德要求。

5. 个人品德

个人品德在社会道德建设中具有基础性作用。

(1)个人品德及其作用。

含义:个人品德是通过社会道德教育和个人自觉的道德修养所形成的稳定的心理状态和行为习惯。

要求:爱国奉献、明礼守法、厚德仁爱、正直善良、勤劳勇敢。

作用:对道德和法律作用的发挥具有重要的推动作用;是个体人格完善的重要标志;是经济社会发展进程中重要的主体精神力量。

(2)掌握道德修养的正确方法。

方法:学思并重、省察克治、慎独自律、知行合一、积善成德。

(3)锤炼高尚道德品格。

要求:形成正确的道德认知和道德判断、激发正向的道德认同和道德情感、强化坚定的道德意志和道德信念。

四、向上向善、知行合一

1. 向道德模范学习

含义:道德模范主要是指思想和行为能够激励人们不断向善且为人们所崇敬、模仿的先进人物。

学习内容:助人为乐,关爱他人;见义勇为,勇于担当;以诚待人,守信践诺;敬业奉献,勤勉做事;孝老爱亲,血脉相依。

2. 参与志愿服务活动

含义:志愿服务是指志愿贡献个人的时间及精力,在不求任何物质报酬的情况下,为改善社会、促进社会进步而提供的服务。

志愿服务的精神是奉献(精髓)、友爱、互助、进步。

大学生积极投身志愿服务活动,一是到最需要的地方去,二是帮助弱势群体。

3. 引领社会风尚。

内容:知荣辱、讲正气、做奉献、促和谐。

案例共享

案例1

一个民族需要传统

云南有个地方叫文山,文山很穷,有很多个国家级贫困县。但是文山有一个村子却找到了一种特殊的"致富"门路——拐卖婴儿。曾经一度,全村百分之七十几的年轻人都加入了这个新行业,人称"拐卖村"。

2005年年初在《南方周末》上看到相关报道,久久不能释怀。在传统社会中,一个人偷偷摸摸地做违法犯罪的事情,会让全家人抬不起头来;一家人做无本钱的生意,会让全村人瞧不起,连他们的孩子都找不到伙伴玩;而整个村子从事不光彩的职业,这实在让我难以想象。要知道,从传统农民的角度看,拐卖儿童属于最损阴德的恶行之一,怎么可能成为整个村子的生存和生财之道呢？这个村子的日常生活是什么样的？他们的价值观、成就感从何而来？是什么原因使他们选择了这样一种生存方式？难道仅仅是因为穷吗？我想不是。

首先是因为他们失去了传统。人追求的首先是有意义、有尊严的生活，而不是富裕的、奢侈的生活。金钱，只有在崇尚金钱的社会里，才会使拥有它的人感受到某种意义。所以，归根到底，人的意义不是来自于金钱，而是来自于崇尚金钱的社会理念。而这样的社会理念，必定是在传统丧失之后形成的。只要传统还在，金钱就不会成为压倒一切的目标。

活得有尊严、有意义，这是每一个社会人的本能。而"拐卖村"则整体失去了获得意义的可能。

一个人偷东西，我们可以说这个人有问题；一家人偷东西，我们可以说这家人有问题；但是如果整个村子、很多村子都偷东西，"光明正大"地偷东西，那一定是社会的某个环节出了问题。而偷窃的对象竟然是婴儿，这个问题就严重得无以复加了！

孔子说，"礼失求诸野"。当国家的整体秩序丧失之后，还可以到草根处找回社会重建的根基。野火烧尽之后，只要草根尚存，就会有春风吹生的那一天。最可怕的是草根烂了！

官员的腐败会对一个国家造成难以挽回的损失，知识分子失去操守会使一个民族看不清道路，找不到方向，丧失活力和动力。但是，如果草根阶层整体失去了对自己生活意义的肯定，失去了自尊，失去了内在的道德感，将是一个民族的灭顶之灾。

官员的弄权让我痛恨，而当农民集体地失去了质朴和良善，吃的菜不卖，卖的菜不吃的时候，乃至于有整村贩卖婴儿的事情，则让我脊背发寒。

诡异的是，我现在所奢望守护的传统，它最大的破坏者，正是我曾经相信的那种超越文化、超越民族、超越地域的标尺。传统有大有小，但真正流淌在每一个人血液中的是本乡本土的小传统，这些各不相同的小传统才是我们的草根得以生存的土壤。

礼失求诸野，当我在大山深处，依然能够见到乐于放羊的人群，依然能够见到日日歌舞的人们，我感到欣慰。我相信那是我们未来文明的草根。只是，在日甚一日的全球化和现代化的飓风之下，不知这些草根还能存活多久呢？

一个民族要有传统。传统使我们获得了有别于他人的特殊品性，构成了我们的文化记忆，使我们成为我们而不是旁人。它把我们和本民族久远的历史连接起来，使我们感受到自己是一棵有根的大树上长出来的叶子，而不是现代化潮流之上的浮萍，全球化列车上的齿轮。

只有民族共同延续和遵奉的传统，才能使我们获得生存的意义，获得尊严。拥有自己的传统，并为自己的传统而自豪，这是一个民族得以延续、得以生长的根。

保护我们的传统，就是保护我们的未来，保护我们作为自己而不是作为别人的未来。

——摘编自《一个民族需要传统》，田松，决策探索，2006年第2期

【思考讨论】

1. 什么是传统？为什么说一个民族需要传统？
2. 大学生应如何继承中华民族的优良传统，充分发挥道德的功能与作用？

案例2

23岁大学生洪战辉携妹求学12年

洪战辉，湖南怀化学院的一名在读大学生，在11岁那年家庭突发重大变故：父亲疯了，亲妹妹死了，父亲又捡回一个遗弃女婴，母亲和弟弟后来也相继离家出走。洪战辉稚嫩的肩膀过早地压上了生活的重担。

从读高中时，洪战辉就把这个和自己并没有血缘关系的妹妹带在身边，一边读书一边照顾年幼的妹妹，靠做点小生意和打零工来维持生活，并把妹妹带到自己上大学的异地他乡上学，如今已经照顾妹妹整整12年！

13岁小男孩成了洪家的顶梁柱

1982年，洪战辉（小名洪全会）出生在河南省周口市西华县东夏镇洪庄村。在12岁之前，洪战辉和众多农村的男孩一样，有着一个天真烂漫的童年，父亲、母亲、弟弟、妹妹和他共同组成的家庭，尽管生活很艰苦，但也很幸福。

1994年8月底的一天，生活跟洪战辉开了个天大的玩笑，他的人生之路从此转弯。

那天中午，洪家发生了一件震惊全村的事儿——洪战辉的父亲洪心清突然发疯，不但把家里的东西都砸坏了，还殴打自己的妻子。洪战辉的妈妈看到这种情况，赶紧去叫人帮忙把洪心清送到医院。但是慌忙之中，却把只有1岁的小女儿留在了屋内。等大家赶到时，1岁的妹妹已经被爸爸摔到了地上，送到医院时已经没气了。洪心清得的是间歇性精神病，妹妹也永远离去了。

而此时的洪战辉，正上小学五年级，还不满12岁。这年的腊月二十三，洪心清临近中午还没回家吃饭，洪战辉就和妈妈一起去找，在离村5里地的一棵树下，父亲不知从哪儿捡回一个被遗弃的女婴，眼光里透出一种父爱。

无奈之下，天快黑的时候，一家人把孩子抱回了家。洪战辉一抱上小女孩，小女孩就直往他怀里钻，他想起了妹妹。洪战辉给女婴起名叫洪趁趁。

1995年8月20日，吃过午饭后，母亲不停地忙着蒸馒头，直到馒头足以让一家人吃一周之后，她才停了下来。第二天，母亲不见了。她不堪家庭重担和疯丈夫的毒打，选择了逃离。

"娘，你去了哪里？回来吧……"弟兄俩的哭声在暮色中飘了很久。他们不想这样失去母亲，不想失去生活的依靠，洪战辉哭喊着和弟弟四处寻找妈妈，夜已经深了，娘那天没有回家。

似乎一夜之间，13岁的洪战辉便突然长大了。他稚嫩的肩膀开始接过全家生活的重担：抚养幼小的洪趁趁，伺候病情不稳定的父亲，照顾年幼的弟弟，寻找出走的母亲。

此时，洪战辉已到西华县东夏镇中学读初中，学校离家有两三公里。每天上学的时候，怕患病的父亲伤害小妹妹，他就把小趁趁交给自己的大娘照看，放学回到家里，再忙着准备全家人的饭……

在读初中的3年中，洪战辉无论是在早上、中午还是下午、晚上，都要步行在学校和家之间,及时照顾全家人吃饭。

1997年7月,洪战辉初中毕业,成为东夏镇中学考上河南省重点高中西华一中的3个学生之一。

"我要挣钱读书,我要养家"

"接到录取通知书时,我正收拾行李准备出去打工。"洪战辉对记者说,"我要去挣钱读书,我要养家。"

当时清醒的父亲用家里的一袋小麦口粮换了50元钱,颤抖着递给洪战辉说:"娃儿呀!爸对不起你!考上了学却没钱上……"

16岁的洪战辉怀揣50元钱,只身一人冒着炎炎烈日跑到周口、漯河等地,因为又瘦又小,三天三夜连刷盘子洗碗的活也找不到,只得返回西华县城。此时,洪战辉已身无分文。

洪战辉的执着精神引起了一个中年人的同情。在软磨硬泡了两三天后,那位中年人在自己承建的装雨棚的工地上,给了洪战辉一份传递钉枪的工作。洪战辉拼命地干,一个暑假,他挣了700多元。这年9月1日,洪战辉终于按时到西华一中报到了。而且,通过竞选,他当上了293班的班长。

在学校逐渐安定下来后,洪战辉就在学校附近租了一间房子,从家里把小趁趁接到了身边。他又开始像上初中时一样,每天奔波在学校与住处之间。一早,他要让小妹妹吃早点,再叮嘱她不要外出,然后上学。中午和晚上,他从学校打了饭,带回住处和小趁趁一起吃。

来到县城读书后,一切开支都大了起来,而且高中的学习压力也是初中所无法比的。但是洪战辉知道,如果失去了经济来源,父亲的病情好转、弟弟和妹妹的生活以及自己美好的理想都是空谈,打工挣钱成了洪战辉繁重学业之外最大的任务。

"没办法,我要读书,我要养家,就必须想办法挣钱!"从此,洪战辉在校园里,利用课余时间卖起了圆珠笔芯、书籍资料、英语磁带等,"鞋垫、袜子,只要能挣钱我都卖",用微薄的收入维持着全家的生活。

洪战辉边挣钱边学习和照顾小趁趁,还得定时给父亲送药。这种日子持续了一年多,在洪战辉上高二的时候,父亲的精神病突然又犯了。

父亲住院需要照顾、花钱,为了借钱,洪战辉跑遍了周围的几个村子,求了几乎所有的亲朋好友,但跑了两天才借来40多元钱。后来,西华县南关的一个油漆店老板邓阿姨知情后,向他伸出了援助之手,把看病所需的2 000元钱送到了洪战辉家中。

生活的压力、家庭的现状逼迫洪战辉不得不辍学。高二时,洪战辉挥泪告别了难舍的校园。回到农村老家后,他收拾农田,照顾父亲,闲暇的时候教妹妹识字,并在农闲的时候做点小生意,挣钱补贴家用,一年挣了六七千元。

到了2000年的时候,小趁趁已经6岁了,父亲的病情也控制了下来。"不读书不学习没有知识是不行的!"洪战辉渴望再次回到校园读书。

刚好,洪战辉在西华一中的老师李永贵和秦鸿礼调到了西华二中。两位老师一直关心着洪战辉,他们让人给洪战辉捎信:希望洪战辉能重回高中学习。由于二中的高中部是新建的,洪战辉成了西华二中的一名高一新生。

洪战辉又把小趁趁带在身边,她也到了上学年龄了,秦老师帮助在附近找了所小学,小趁趁也开始上学了。

"我不能倒下,我要考上大学,改变自己的命运"

新的高中生活又开始了。和以往不同的是,在边挣钱边学习边照顾小趁趁的同时,洪战辉还多了一个工作——辅导小妹妹学习。

生活在平淡中继续。2002年10月,父亲的精神病第三次犯了。他把父亲送到了一家精神病医院,可是交不起住院费。不久,正上初一且成绩全班第一的弟弟洪锦辉不辞而别,外出打工了。

10月底的一天,扶沟县一家乡镇精神病医院被洪战辉的孝心所感动,答应免去住院费只收治疗费。洪战辉赶紧回家取住院用的东西,到家后又连夜骑上自行车赶往医院。家到医院有近50公里路,夜已经很深了,连续奔波三天的洪战辉极度疲惫,骑着骑着,眼睛就睁不开了,结果连人带车栽倒在路旁的沟里,等他醒来时,自行车压在身上,开水瓶的碎片散落一地。

也不知在沟中躺了多久,洪战辉想起了妹妹和父亲。他咬着牙对自己说:"我不能倒下,我倒下了,父亲的病就没人管了,妹妹就没人管了,我一定要考上大学,改变自己的命运!"他终于顽强地站了起来。

由于洪战辉的情况同学们都了解,再加上诚信经营,他的生意很红火,甚至外校的学生也来他这里购买图书。就是在那段时间里,洪战辉仅卖一本文言文翻译的资料,就卖了5 000多册,赚了2万多元。

2003年6月,断断续续读了5年高中的洪战辉,终于迈进了高考考场。

"也许,那时没人理解为何我能断断续续读5年高中而不放弃学业。5年中,停学挣钱一年,5年中我晕倒过16次,但每一次都站了起来!"洪战辉说,"5年中我从没接受过一次捐款,但当我做小生意卖书需要进货时,班里的同学几乎把所有的生活费都借给了我!"洪战辉很是自豪和感动。

"我会牢牢记住帮助过我的人,我要帮助更多的人"

高考成绩公布后,洪战辉以490分的成绩被湖南怀化学院录取。可5 200元的学费和要照顾妹妹让他很为难。利用暑假,他打工挣了2 000元,决定先到湖南看看,把妹妹托付给了大娘。

大学新生报到当天,他交了1 500元学费后,就干起了老本行做了"小商贩"。当他看到许多报到的新生纷纷向家里打电话时,就四处打听,寻找电话卡的销售渠道。他找到一位电话卡销售商,把身上仅有的500元全部购买电话卡,当天晚上就卖了100多张,两三天就赚了六七百元。

为了挣钱,洪战辉可谓想方设法,后来他还逐渐代理了步步高复读机、电子词典和丁家宜化妆品在湖南怀化学院的总经销,他还垄断过学校19栋学生宿舍楼的纯净水供应、电话机的安装等。

2004年春节,洪战辉回到河南老家,看到失学在家的小妹,非常愧疚。"无论如何,不能再让妹妹辍学,我要带着妹妹上大学!"洪战辉暗下决心。

回到怀化后,洪战辉开始为小趁趁联系学校。终于有一天,当他到鹤城区石门小学找校长提出妹妹插读的请求时,校长同意了。

2004年6月底,洪战辉打电话给正在河南工业大学上学的高中同学张永光等人,让他们帮忙把妹妹带到怀化。他要利用暑假挣钱。

6月27日,小趁趁终于在怀化火车站见到了哥哥,她一下子抱住洪战辉的腿,久久不愿松开。

2004年暑假,洪战辉一位高中女同学从河南来看望他时,一见小趁趁就非常喜欢,亲切地叫她"小不点"。从此,大家都纷纷叫她"小不点"。

暑假过后,"小不点"又重新回到了学校。一早,她背着书包去上学。中午,在学校吃中餐。回到学院寝室后,洪战辉还给她补习功课,教她普通话。

穷人的孩子早当家,"小不点"学会了做饭,如果哥哥出去推销东西回不来,她就一个人做饭等哥哥回来吃。路上看到空瓶子,她会捡回来。遇到哥哥从市里进了学生用品回来,她也会帮着搬运。妹妹的懂事让洪战辉很欣慰。

当社会各界知道洪战辉的情况后,不少人提供财力、物力的帮助,但被他谢绝了:"不接受捐款,是因为我觉得一个人自立、自强才是最重要的。我现在已经具备生存和发展的能力,这个社会上还有很多处于艰难中而又无力挣扎出来的人们,他们才是我们现在需要帮助的。"

学校的老师也被洪战辉的事迹所感动,一些老师纷纷捐款。有一次老师们捐了3 190元,当老师把这些钱交给洪战辉时,他不接:"比我困难的同学有的是,更重要的是我现在已经知道怎么去养活自己了。"洪战辉态度很坚决,无奈之下,学校只好冲抵了洪战辉的部分费用。大概一年后,系里师生又为洪战辉捐了一部分款,但这次洪战辉坚决拒绝了。学生处专门给他每月拨的200元补贴,反复催促他也不去领。

"我想告诉那些处于贫困中、挣扎中的人们,要保持一种平和的心态,不要怨天尤人,最主要的是你怎么去改变你自己,用什么样的方式去改变你自己。"洪战辉高兴地说,"考入大学后,每年春节回家,都能欣慰地看到久病的父亲病情大有好转;2004年年底,母亲也感到了愧疚,回到了久别的家中;在外漂流了多年的弟弟现在也有了消息。我作为普通人,还会一如既往地去做我该做的事情,去尽我该尽的义务和责任,平和、静心、无悔、无愧地走完这一生。"

——摘自《23岁大学生洪战辉携妹求学12年》,潘志贤,人民网,2005年12月14日

【思考讨论】

1.12年困境的风吹雨打,12年如一日的责任担当,12年从未懈怠的自立自强,洪战辉的故事永远定格在了2005年,国人用集体性的感动,向一位朴素的青年英雄致敬。请回答:洪战

辉的事迹为何如此让人感动？在他身上到底蕴含着怎样的中华民族的优良道德品质？

2. 洪战辉说："感动不能泛滥，行动才能改善。"你认同这种观点吗？为什么？

案例3

南京冠生园凄凉走完破产路

2004年7月20日上午9时30分，中外合资南京冠生园食品有限公司债权人大会在江苏省南京市中级人民法院第一法庭准时召开，参加会议的106名债权人审议并表决通过了清算组工作报告和破产财产分配方案。

7月25日晚，债权兑付工作全部结束，债权清偿率为23.825%。至此，曾经叱咤全国食品行业辉煌一时的南京冠生园走完了凄凉破产路。

资不抵债被法院宣告破产

2001年9月3日，距离中国的传统节日中秋节还剩不到一个月时间。就在这个平常不过的日子里，"南京冠生园大量使用霉变及退回馅料生产月饼"的问题被媒体曝光了。

就在曝光两小时之后，江苏省和南京市卫生防疫部门、技术监督部门即组成调查组进驻该厂。南京卫生监督所到冠生园进行了采样，采集了十多种月饼进行化验。该厂的成品库、馅料库全部被卫生监督部门查封，各类月饼2.6万个及馅料500多桶被封存。

9月6日，南京冠生园被有关部门责令全面停产整顿。

一波未平，一波又起。其后不久，冠生园的一位老师傅又向媒体透露了南京冠生园用冬瓜假充凤梨的内情。原来自1993年冠生园合资后就用冬瓜假冒凤梨，被曝光前，厂里每天有一二十位职工专职削冬瓜皮，切成条后加糖腌制，再加上凤梨味香精，批发价仅两角一斤的冬瓜就变为一元左右的凤梨，以每天生产一万个凤梨月饼零售价3元估算，就是3万元的销售额。

南京冠生园在公众眼里彻底失去了信用

尽管有关部门后来通知商家南京冠生园的月饼经检测"合格"，可以重新上柜，但心存疑虑的消费者对其产品避之唯恐不及，冠生园月饼再也销不动了。信誉的缺失使多年来一直以月饼为主要产品的南京冠生园被逐出了月饼市场，公司的其他产品如元宵、糕点等也很快受到"株连"，没人敢买。南京冠生园从此一蹶不振。

2002年2月1日，春节即将到来之际，南京冠生园以"经营不善，管理混乱，资不抵债"为由向南京市中级人民法院申请宣告破产，法院受理此案，并依法组成了合议庭。

2002年2月27日，南京市中级人民法院做出(2002)宁经破字第一号民事裁定书，宣布南京冠生园食品有限公司进入破产还债程序。并根据民事诉讼法的有关规定，指定南京市商贸局、南京市食品工业公司、南京市体改委、南京市外经委以及工商、税务等部门派员组成清算小组进驻该厂，负责该厂财产的保管、清理、估价、处理和分配等事务。4月8日，清算组开始接受企业债权人的债权登记。当时的估算是：该厂已拖欠食品原料供货商的债务达2 000多万元，单是积欠工商银行和交通银行的贷款就达500多万元，而企业本身的资产却只有五六百万元。

位于南京市广东路53号小巷里的南京冠生园再次成为媒体关注的焦点,然而这里再也见不到一丝生机,到处都显示出衰败的景象。空空荡荡的厂区内悄无声息,人去楼空,厂门两边张贴着法院的核资清算告示。只有大理石的门脸,金字镌刻的厂牌,似乎还传递出这家老字号昔日的辉煌。

由法院派驻的专业保安把门十分严格,除了来取私人物品的零星职工,外人一律不得出入,而60位职工则早在两个月前就以买断工龄的形式全体离厂。

"陈馅月饼"不仅沉重打击了南京冠生园,还给月饼市场蒙上了一层阴影。2001年全国月饼销量比上一年同期锐减四成左右,全国超过400亿元的销售市场一下子减少了近200亿元。全国20多家挂冠生园牌子的月饼都受到连累,销量直线下降,少数企业因无法经营而黯然退出了当地市场。受此影响,冠生园集团上海公司在全国12个主要市场中退出了5个。

南京冠生园资产812万易主

2004年1月31日下午3时,南京冠生园食品有限公司破产资产拍卖在华美达酒店举行。令人意外的是,拍卖会开始仅20分钟即宣告结束,手持166号牌的江苏皇朝置业有限公司最终以812万元卷走标的。

这次拍卖成交的包括南京冠生园的各类生产设备190台套、一批车辆、一批存货及流动资产以及位于广东路53号的有证房产约7 300平方米。而南京冠生园的品牌和厂里拥有的土地则不在拍卖之列。这是由于当年与外方成立中外合资南京冠生园食品有限公司时,中方并没有把冠生园的品牌和厂里拥有的土地作为股份参股,此次合资公司破产,冠生园品牌也就顺利回归到南京市冠生园食品厂,也就是南京市食品工业有限公司。

2004年2月9日,江苏皇朝置业有限公司将拍得南京冠生园的812万元交付南京市中级人民法院资产清算组。至此,经过曝光、破产、拍卖、资产偿还等一系列过程后,走过70多年风风雨雨的南京冠生园正式隐退江湖。

一家具有70多年历史的知名老字号企业倒下了,作为国内第一个因失去诚信而死于"媒体"的老牌食品企业的悲剧,留给人们的却是深长的回味与无尽的思考……

——摘编自《南京冠生园凄凉走完破产路》,赵兴武,光明网,2004年8月5日

【思考讨论】

1. 南京冠生园的凄凉落幕,给人们留下了诸多的思考。你认为南京冠生园破产的根本原因是什么?有哪些启示?

2. 你是如何看待社会主义建设中道德与市场经济的关系的?

3. 结合南京冠生园的败落,谈谈你对"以诚实守信为荣,以见利忘义为耻"的社会主义荣辱观的理解。

案例 4

从不谈自己 只谈别人和集体
——记"两弹"元勋朱光亚

朱光亚,我国著名核物理学家、国防科技战线杰出的领导者和组织者。从20世纪五六十年代起,他作为新中国核事业,特别是"两弹"事业的元勋和主要技术负责人,和许多著名科学家一起,组织领导了我国原子弹及氢弹的研制工作,为原子弹、氢弹技术的突破及武器化工作做出了重大贡献,为铸造和建立我国精干、有效的核自卫力量立下了不可磨灭的功勋。1985年获国家科技进步特等奖,1999年荣获"两弹一星功勋奖章"。2004年为表彰朱光亚对我国原子能事业发展所做出的杰出贡献,国际小行星中心和国际小行星命名委员会批准将我国国家天文台发现的、国际编号为10388号的小行星正式命名为"朱光亚星"。

朱光亚对自己要求非常严格。他从不张扬个人,凡是接触过他的人都有这样的感触,他对自己的成就和贡献从来只字不提,这在中国工程科技界是有口皆碑的。这种缄默展示着这位老科学家虚怀若谷的博大胸怀。1996年初,解放军出版社策划出版了一套"国防科技科学家传记丛书",他自然是必写对象之一。报请审批时,他二话不说,提笔就把自己的名字划掉了。在有关国防科技历史的文献中,都有他撰写的文章,但字里行间他都只谈别人和集体,从不谈自己。他经常谦虚地说:"核武器研制是一项综合性很强的系统工程,需要有多种专业的高水平科学家与工程技术人员通力协作。"他特别强调钱三强、王淦昌、彭桓武、郭永怀、保泽慧、邓稼先、程开甲、陈能宽、周光召、龙文光等科技专家在其中所建立的不可磨灭的功勋。

1994年3月,在全国政协八届二次会议选举的当天,出席会议的近2 000名全国政协委员,有96%投了朱光亚的票,朱光亚顺利当选全国政协副主席。作为新中国原子弹及氢弹研制的科技领导者之一,朱光亚长时期内很少出头露面,以至于在审读他那简短而不平凡的履历时,政协委员们都受到了深深的震撼。在被选为全国政协副主席后,他说:"实在是过奖了,要说做了一些工作,那是大家做的,我个人并没有什么值得称道的地方。"

1996年10月,朱光亚荣获"何梁何利科学技术成就奖",奖金为100万港币。颁奖的头一天,他就对身边的同志说要把奖金全部捐出去,作为中国工程科技奖助基金。100万港币可不是一个小数字,如果存在银行,当时每年的利息少说也有10万。身边的同志虽然知道他的决定一定是经过考虑不会轻易改变的,但还是不忍心他这样做,因为他的经济状况并不特别宽裕。于是,有人试探性地建议说:您是不是从中拿出一部分来捐比较合适,比如说50万,这也不少了。朱光亚的回答是:"中国工程科技界的工程科技奖助基金,现在有很大一部分是由海外友好人士捐助的,如果我们也能捐一点,虽然为数不很多,也算是做一点工作和一份贡献。"

尤其令人敬佩的是,在捐出了100万港币之后,朱光亚又反复叮嘱周围的人不要把这件事张扬出去。人们看得出,他是真心实意这样做的。而且,他不让宣传这件事,还有更深一层的意思——他不希望因此给别人造成什么影响。如果他的这种做法被别人知道后,给其他人造成了压力,他会感到于心不安。所以,在很长一段时间里,即便是在中国工程院的院士中,也很少有人知道朱光亚捐款这件事,社会上就更没人知道了。

朱光亚是大牌科学家,又担任过国家领导人,但他在中国工程院工作的几年中,始终都把自己当成一名普通工作人员,从不搞什么特殊化。无论是1996年以前租房办公,还是后来搬进中国科技会堂新址,他办公室的条件和几位副院长都是一样的,许多第一次到他办公室的人,几乎都有这样的感叹:"如果不是亲眼所见,真不能想象朱院长就在这样的条件下办公。"但是朱光亚从未觉得自己的办公条件与自己的职务不符,相反,他还是一如既往地严于律己,处处体谅主管单位的困难。由于有一段时间工程院用房较紧张,他不同意为自己的警卫和司机安排休息房间,所以他们只好各处打"游击",有时警卫只能站在走廊里值班。工程院搬进科技会堂后,中国科协的领导曾提出请朱光亚和几位副院长到小餐厅用餐,又被朱光亚和几位副院长谢绝了,他们一定要坚持和大家在一起吃份儿饭。1998年朱光亚离开中国工程院的领导岗位时,他再三叮嘱秘书和身边的工作人员:办公室里所有用公费购买的书籍、资料,一册也不许带走,一定要一件一件登记后交上去。

——摘编自《记两弹元勋朱光亚:从不谈自己,只谈别人和集体》,于建柱,新浪网《人物》专题,2005年11月1日

【思考讨论】

1. 朱光亚身上体现了一种怎样的道德品质?你怎么看待他不张扬个人的这种为人处世的特点?

2. 为什么说在多样化人生观状态下,必须弘扬为人民服务的主导思想,坚持以集体为本位的价值导向?

案例5

23名毕业生被银行告上法庭

由于未按合同约定归还来自银行的国家助学贷款,中国石油大学北京校区的23名本科毕业生被中国建设银行北京昌平支行告上了法庭。银行要求解除双方借款合同,并要求学生归还所借款项的本金和利息。2005年12月28日,北京市昌平法院正式受理此案。

学生毕业后就"消失"

根据建行昌平支行的诉状,2000年至2002年,该行陆续向中国石油大学的23名学生提供了数额不等的助学贷款,并签署了《中国建设银行北京分行信用助学借款合同》。这23名学生毕业前夕又与银行签订了《国家助学贷款补充合同》,规定了毕业后具体的还款数额、期限以及还款方式。按约定,这23名学生须从毕业当年9月起开始分期偿还借款本息。如果学生连续3个月未偿还本息,建行将有权解除合同。该《借款合同》签订后,建行北京昌平支行如约向23名学生发放了全部贷款,但这些学生毕业后却没有按合同约定归还借款本息。

建行将学生告上法庭

建行昌平支行认为这23名毕业生的行为严重侵犯了银行的合法权益，遂将他们诉至法院，要求解除双方的借款合同，并要求23名被告归还所借贷款的本金和利息。

据了解，这23名被起诉的毕业生来自全国不同的省份，大部分家在农村。毕业前他们就读于中国石油大学不同的年级与系科。这些毕业生中，拖欠的款额最高为3.6万余元，最低的3 000多元。他们留给银行的联系地址大多为原籍住址，其中有9名学生因读研等原因，所留地址仍是中国石油大学北京校区的校址。另外14人已经离校走上工作岗位，目前这些学生都很难联系到。

记者在其中一名学生贷款的合同中看到，他于2004年毕业后前去新疆克拉玛依油田公司工作，记者按照他留给银行的工作单位电话试图联系时，电话始终无人接听。

建行已停该校贷款

银行个人业务部一位工作人员告诉记者，"已停止对中国石油大学发放国家助学贷款"，原因是"该校还款率低"。

随后，记者又联系了中国石油大学学生处，一名女负责人证实：目前该校主要贷款来源于中国银行。她表示该校学生助学贷款的申请还在正常进行，没有受到影响，并表示学校财务部门每学期会针对在校学生的一些欠款发出催款通知，但这一措施并不适用于已毕业的学生。

建行方面提出撤诉

2006年1月19日，本是建设银行昌平支行诉42名（2005年12月20日，建行昌平区支行一次性把中国石油大学23名拖欠助学贷款的毕业生起诉到了昌平区人民法院，一周之后，该行又把第二批19名拖欠助学贷款的大学生告上了昌平法院）欠贷大学生一案开庭的日子，不过，银行与学生对簿公堂的一幕并没有出现。昌平法院工作人员告诉记者，在42名因欠贷而被建行方面起诉的学生中，目前已偿还贷款的超过了一半。在收到建行递交的撤诉申请后，法院取消了原定的开庭计划，并将依法做出撤诉裁定。

担心校友贷款受影响

在接受采访的几名欠贷学生中，对于成为被告一事，他们均表示对于自己的行为是否会影响其他校友申请国家助学贷款表示担心。

欠贷学生小石说，去年年底，他从网上看到了媒体关于建行起诉欠贷学生的报道，查询后才得知自己也成了被告。他说："知道自己成为被告时，整个人都懵了，第一个念头就是要赶紧想办法把钱还上。"

"我已经失信了，必须补偿银行。"对于银行方面采取起诉学生的方式来追讨欠款，小石表示理解，但他认为自己影响了母校与单位的声誉，因此很自责。

另一名欠贷学生刘峰说，在他成为被告之后，他最对不起的是母校，同时也很担心自己的行为会影响其他校友申请国家助学贷款。

后续报道

2006年6月12日,拖欠助学贷款不还的4名中国石油大学毕业生的真实姓名,首次以公告送达判决书的形式在媒体上公布。这是北京市昌平法院首次在媒体上公布欠贷大学生名单。法院的公告为:"现依法向季鹏飞、张银华、霍伟程、侯俊4被告送达判决书。此公告期为60天。4被告如果对法院判决不服,可以在公告期满15日内向法院提出上诉。"

据悉,在法院公告后75天内,这4名被告如果还不和法院联系,一审判决将自动生效,4名欠贷大学生将被强制执行。

——转载自中国广播网,2005年1月29日

【思考讨论】

1. 你是如何看待中国建设银行北京昌平支行的起诉和大学生欠贷行为的?
2. 大学生的诚信道德主要体现在哪些方面?你认为该如何建设?

案例6

诚信:和谐社会"伤不起"

案例一:

15年前,河北农业大学果树9301班学生李宝元因病去世,留下年迈的父母。毕业前夕,李宝元班上最要好的朋友牛树起说"宝元的父母咱们得管!"毕业后,同学们从四面八方坚持给两位老人写信、汇款,并多次到家中探望两位老人,时间长达15年。李宝元的父母,凭着精神支撑,克服种种困难,并最终还清借债。两代人信守并践行承诺,演绎着人间朴实而坚韧的真情。

案例二:

中国青年报社会调查中心通过民意中国网和搜狐新闻中心,对6 744人进行的一项调查显示,82.4%的人感觉当前人与人之间的互信度低。其中,半数人(53.8%)觉得互信度非常低。哪几类关系间的信任度相对较高?调查中,69.6%的人首选"家人之间",其次为"夫妻之间"(54.4%)和"朋友之间"(34.1%)。

案例三:

4月14日,国务院总理温家宝在中南海向新聘任的8位国务院参事和5位中央文史研究馆馆员颁发聘书,并同参事、馆员座谈时指出,近年来相继发生"毒奶粉""瘦肉精""地沟油""彩色馒头"等事件,这些恶性的食品安全事件足以表明,诚信的缺失、道德的滑坡已经到了何等严重的地步。

谢遐龄:"常怀羞耻之心。"

记者:案例一中河北农大的个案报道,引起国内巨大反响,并一时成为全国各地争相学习和推广的典范。为什么该个案会引起社会如此巨大的关注和推崇?

谢遐龄:树立个案是中国的传统做法。在古代,有很多突出人物的历史记载,例如朝代更替的时候,有些人为了坚持忠于前朝而抛头颅洒热血。同时,重视对个人的表彰是中华民族的

传统之一,例如对雷锋的表扬。

该个案之所以引起巨大反响,说明这些人的经历是非常值得尊敬和推崇的,但我们要强调的是,河北农大演绎出来的诚信故事并不只是一个个案,而是在国内普遍存在的,因为在民间有很多类似的诚信案例。同时,从河北农大诚信个案可以看到,中国传统的"仁义礼智信"美德在一定范围内存在并且得到了继承和发扬,而案例二中调查结果显示人们认为互信度低,说明了现实情况让人失望,但人们对诚信很是向往并且认识到其珍贵性。

记者:在现阶段,应该如何提升诚信的地位?

谢遐龄:第一,要重视党风建设和领导的模范作用。孔子曰:"君子之德风,小人之德草。草之上风,必偃。"引申而言,就是民风怎么样,关键是看党风,这也是党中央历来重视党风建设、不断开展党风教育活动和实践科学发展观的原因。在党风建设里,诚信非常重要,这也是为什么我们党坚持基本路线一百年不动摇。当初邓小平同志在提出基本路线一百年不动摇时,就是在给世界传递一个承诺,即中国基本国策短期内不会改变,并且将身体力行。正因为党从深层次领悟到了"无信不立",中国改革开放才会进展顺利。当然,这也是核心阶层给我们树立了一个很好的表率,充分发挥了示范作用。

第二,要提高党的执政能力,完善社会主义核心价值体系。建立社会主义核心价值体系不能搞表面工作和形式主义,但对于精神文明建设,很长时间内许多干部都是借助于搞活动,而思想上对精神文明建设的内容仍然模糊。党的十七届四中全会明确提出要在全党、全社会开展社会主义核心体系学习教育,从而明确了精神文明建设的中心任务。这几年,核心价值体系建设工作得到很大改善,但党的执政能力建设也要与时俱进。对此,党的执政能力应该狠下功夫。其实历史上我们党有着丰富的执政经验,例如毛泽东同志提出的"反对自由主义""批评与自我批评"等。总之,践行社会主义核心价值体系一定要把继承传统和狠下功夫相结合。

第三,要明确党内领袖和行政首长的职能。市委书记应该负责教化工作,而市长应该承担行政体系运行职能,但现在市委书记与市长分工不明,导致党内领袖和行政首长都在抓发展,进而导致诚信机制缺乏,而这需要在讨论和研究后进行格局调整。在格局调整后会出现一些具体的诚信问题,其中最为首要的是知耻。知耻是胡锦涛总书记提出的,为什么要讲?因为现在问题太严重,需要重锤猛击。古代讲究"忠孝仁义礼义廉耻",落在一个"耻"上,而且在社会主义核心价值体系中,社会主义荣辱观位置显著,但其概括起来就一个"耻"字。然而,现在的人们羞耻心极差,很多事情都反其道而行之,因而要提高诚信,必须要常怀羞耻之心。

肖群忠:"道德教育狠抓落实。"

记者:我国进入社会主义现代化建设转型关键时期,各种矛盾聚集,构建和谐社会面临巨大挑战。作为中华民族的传统美德和社会主义核心价值体系的重要组成部分,诚信的现代价值是什么?

肖群忠:中华民族传统"仁义礼智信"五德在现代社会重要性日益凸显,而其中诚信是现代道德的基础。对于诚信,开始我们只有理论层面的认知,将其看作一个突出的道德问题,并没有深入到民间生活层面。

为什么诚信如此重要？因为如果没有诚信，现实生活中一切经济生活、文化生活、政治生活就会不可能。我们传统社会是熟人社会，而现在是陌生人社会，人与人之间大范围时空性的交往必须以诚信为本，而且人的发展和社会的多元也需要诚信。此外，诚信其实是中国社会的一个表征，一切道德问题在最显性的层面上都可以体现为诚信问题。

记者：那么为什么我们现在会出现诚信缺失危机？

肖群忠：从根本上说，我们搞市场经济，追求个人利益最大化，道德经不起利益的冲击，导致出现见利忘义、背信弃义。

同时，我们没有建立有效的诚信道德机制。传统诚信主要是靠品德，它在熟人社会是可以实现的，如案例二中的调查表明熟人和亲属间的诚信度还是很高的，而且过去熟人社会和家族社会里，维持诚信主要靠亲情、血缘和道德，但现在我们社会生活多元化，面临更多的利益诱惑，诚信度也受到挑战。

此外，从自身道德约束机制或者制约机制角度来看，一是我们现在失去过去家族社会、熟人社会中家族宗族势力的亲情道德约束；二是我们现在没有信仰，缺乏个人信念和信仰层面的支撑，特别是做坏事的人并没有考虑过儒家所说的报应等。

记者：现在有一些观点认为"不诚信会占便宜""太诚信就玩不转"等，很明显，这是对诚信道德的一种误读。从伦理上看，应该如何消除这种道德滑坡并且修补人与人之间的信任感呢？

肖群忠：这些观点客观反映了中国社会面临诚信缺乏的状态，体现了当代中国人的一种投机心理。对于如何消除道德滑坡，可以从以下几个方面努力：

首先，加强法律的制裁。自由主义思想家认为，只能用法制来约束诚信，因为法律是道德的保障，没有硬的约束，道德也难进展，但现在法律和制度对诚信的制约与束缚力度远远不够，特别是国家立法的责罚力度不大。以最近一系列恶性食品安全事件为例，其颠覆了社会道德，损害了国家形象，危害了人民群众的基本生存权，对那些当事人应该严重判刑，对那些企业也应该取缔关闭，否则只会屡禁不止。

其次，应该全面加强制度层面的监管力量。一定要加强单位和部门对道德舆论的监督，比如说学术腐败问题，应该成立学术道德委员会，把学术剽窃问题搞清楚。国外对道德的监管力度很大，如医生收了红包被查将永远取消行医执照，而教授学术剽窃将无法获得从教资格。这里又提出一个新概念，"行业监管"，即各种行业都要讲职业道德，所以应该成立行业道德委员会。

再次，真正把道德教育狠抓落实。像河北农大的诚信案例，其实在中国传统道德里是非常平凡的。李宝元父亲欠债还钱是过去多数中国人都可以做到的，而且欠债还钱、父债子还，甚至子债父还，都是天经地义的事，是做人起码的道德。当然，我们要树立正面典型并对反面案例加强引导。

最后，加强道德建设和精神文明建设。我们现在非常重视文化建设，而文化建设的核心是道德建设，因而需要把诚信作为道德建设的突破口来抓。精神文明建设不是一日之功，但如果不切实去做,就永远都无法实现。从民众角度看,全社会对诚信问题已经高度关注,因为诚信道德是人民群众幸福生活的内在要素之一。此外,不仅我们国家发展需要诚信道德,我们树立礼义大国国家形象更需要诚信道德。当然,道德建设和文化建设不仅是一种工具性的思维,更是作为一个目的本身、本体和一个社会文明状态的表征,只要从这个高度切实加强道德建设和精神文明建设,就会取得良好效果。

林永和:"我们反省过吗?"

记者:之前一度掀起"国人疯抢加碘盐"热潮,最近上海又上演"染色馒头"事件,同时,国内频频出现"专家意见要反着听"和南京街头"扶不起"的尴尬,让国内民众颇感无奈。民众之间的互信度和民众对权威的信任度越来越低。当前影响诚信的障碍有哪些?

林永和:可以从三个层面进行解析。

一是法律层面,比如说"染色馒头""瘦肉精"和保险公司交钱易索赔难等,这些都是不依法办事而造成的诚信障碍。现在中国相关法律不健全,而且市场经济追求利益最大化,导致有些人不惜违法和不讲诚信。

二是道德层面,比如案例一就是诚信道德层面的正面典型。关于诚信道德层面的负面典型也不少,比如有些大学生毕业后不还助学贷款,有些司机不讲交通法规等。

三是心理层面,即个性品质或者心理素质层面。心理层面的障碍因素主要是教育。首先是早期教育,早期家庭教育影响个性品质的形成;然后是后期教育,即学校教育、社会教育。现在有些学校过分看重分数,忽略了品德教育,从而导致学生养成不良人格和造成人格缺陷。我们作过调查,发现了一个奇特而有趣的现象,即被调查者都认为"别人素质不好,我的素质挺好",其中认为自己素质高的占到80%以上,认为别人素质不高的也占到80%以上,呈现互相指责性状态。我们都在指责别人,但我们反省过吗?这也是我们道德教育的缺失。

记者:您提到早期教育,但是现在很多家长一方面教导孩子要诚信,另一方面却不断告诫他们除了父母的话谁都不能信,出现了诚信教育两难窘境。您如何看?

林永和:父母教导孩子保护自己的合法利益与安全无可厚非,但是不能缺乏公共道德意识。问题中的矛盾教育,需要从父母这一代来提升心理素质和道德修养。因此,引出一个新话题,当父母不合格,父母的教育没到位,自然也教育不出合格的子女。我们研究发现,问题大学生背后都是问题家庭。因此,现在要从源头抓起,但父母的问题从哪来呢?从小时候学来,从社会中染色来。

记者:现实生活中,我们希望主动构建与他人的融洽关系,但在潜意识里却不断增强戒备心理,应该怎么做才能克服和避免这种尴尬?

林永和:其实解决诚信难题也需要三个层面。基础层面是个人品德和素质层面,这是一个看不见、摸不着和渐进的过程;第二个层面学校道德教育;第三个层面是社会法制教育。

第一个层面是要学会反思,我们不信赖别人,但我们是否认识到被别人信赖。每个人都有不诚信的时候,例如上学时是否作过弊,是否做过不太符合道德规范的事情,如果这些没有伤害到公共利益，就可以通过自省去完善和修正。

第二个层面需要社会舆论。由于人们的猎奇心，愿意找一些不诚信的案例去津津乐道，而诚信的案例却往往被忽略和边缘化。因此，公共舆论在谴责不诚信时，却在监督社会诚信方面存在缺失。所以，有关部门应该大力宣传河北农大这样的正面案例，阻断或者减少误导社会风气的负面影响。例如我们对那些几十年坚守在教书育人第一线的教师的宣传太少，使得社会舆论一边倒。此外，在宣传正面案例时，应该给予当事人高额回报，如社会名誉、经济价值等，可以尝试设立一个道德冠军，从而引导社会趋善避恶。

第三个在法制层面，应该划清界限，"染色馒头"就是违法，"瘦肉精"就是需要制裁，又如抢盐事件幕后肯定有黑手在制造和散播谣言，一定要查出并绳之以法。只要分清法德情理，社会就会实现相对和谐与安宁。人类心灵扭曲，就是由于法不责众、执法不严和道德的公共监督机制不严厉。因此，政府要健全相关法律法规，而且政府公职人员要率先"言必行、行必果"，发挥示范作用，取信于民。此外，各个团体和组织也要讲诚信。

此外，从心理学视角看，在熟悉社会中讲良心，在半熟悉社会中强调公共道德、公共监督和公共舆论，在陌生社会中讲法制。所以，现在建立和谐社会，需要建立人与人之间的沟通，积极发挥皮格马利翁效应，进行诚信引导与暗示，慢慢实现从陌生到相识、相知、相爱，这也是道德水准可以提升的一个心理处方。

（注：谢遐龄，全国政协委员，复旦大学社会发展与公共政策学院教授；肖群忠，中国人民大学伦理学与道德建设研究中心副主任，教授；林永和，北京工商大学心理素质教育中心主任，教授。）

——转载自中国教育报，2011年5月10日

【思考讨论】

阅读上述案例，谈一谈你对诚信道德对社会产生作用的理解。

阅读链接

案例1

"公共文明"标注社会成熟度

"中国人为什么会这样？"前段日子，一张中国游客卢浮宫前水池泡脚的照片，曾引来关于国人文明素养的热烈讨论。耐人寻味的是，当人们发现许多金发碧眼的游客也在同样行事，就有声音立即"再反思"：为什么外国人可以泡，中国人泡就要背上"低素质"的污名？

"别人可以，我为什么不行？"这样的提问方式，显示了国人个体意识、权利意识的觉醒。

但放在卢浮宫的语境下,却少了些说服力:景观水池里泡脚,既有碍观瞻,也难言卫生,何况旁边还有禁止戏水的标牌。即便有一些"同道",充其量证明别人和我都错了,而非我做得对。遇事只逞一己之愿,不求反躬自身,强调个人而忽略他人、强调自己而忽略社会,这样的思维方式,实乃阻碍国人提升公共意识、形塑公共文明的重要原因。

可叹的是,一些令人反感的陋习,往往被理解成与他人无关的个人选择,甚至被视为不可侵犯的"权利"。殊不知,走入公共场合,再彪悍的个人权利也有边界,绝非可以随心所欲、"我的地盘我做主"。大声说话固然是你的权利,但安静显然是更多人所需;开车打远光灯能看得更清,但对面来车也要有同样的视野。视恶习为权利,恰恰是弄反了权利的概念:权利不仅是"我可以",更是作为"我"的他人也可以。只有认识到这一点,"人人相善其群",才能涵养人们的公共意识。

公共意识的背后,是在现代化之路上困扰中国百余年的国民素质大考题。传统中国遭遇现代文明时,早有外国传教士写成《中国人的素质》一书,提出中国人缺乏公德、不守时间、不懂礼貌诸般弱点,更有前贤先哲痛心疾首于"国人的词典里没有公共精神",痛定思痛于"为未来改造国民性"。遗憾的是,直到今天,我们还在为景观水池中泡脚争论,为颐和园绿地上小便辩护。当我们自豪地宣称"用100年走过了欧美国家300年的路",也应该更深切地记住美国社会学家英格尔斯在《人的现代化》一书的论断:国家的现代化,首先是国民的现代化。我们所追求的现代化,不应仅是经济现代化,更应当是现代文明秩序的构建。

"欲维新吾国,当维新吾民",从梁启超到孙中山再到中国共产党,所有社会的进步力量,无不把"国民素质"作为发展的根本。正如梁启超所说,"苟有新民,何患无新制度,无新政府,无新国家"。而所谓"素质",并不仅是会英语、会电脑的现代技能,更不是会穿衣、会玩乐的现代生活,而是价值尺度、思维方式、行为规则的"观念现代化"。处理个人和社会关系的公共意识,可说是最根本的现代公民意识。在个人之外,谨记还有社会;在私人领地之外,敬畏公共空间。当我们全力以赴孜孜于从传统社会向现代社会转型之际,不能忘了只有培育规则意识、提升文化追求、涵养公共精神,才能获得几代国人梦寐以求的"现代性",重塑一个文明古国的时代尊严。

经过多年追赶,我们终于可以和世界"坐在一起喝咖啡"了。2012年,内地居民出境人数达到8 300多万人次,而英国人口也不过6 000多万,可说"凡有井水处,皆能闻汉语"。然而,如果只是抢购打折奢侈品、当世界的"金主",得到的将只是"可以从后门进出做生意,但不要从前门进出用晚餐"的待遇。说到底,只有遵循现代文明的普遍性规则,才能更好地融入世界。如果我们留给世界的,只是加塞排队的混乱,只是"中国人就餐区"的标牌,这样的文明形态不但不能"对人类有较大贡献",或有可能面临"开除球籍"的危险。

鲁迅先生曾言,"列国是务,其首在立人,人立而后凡事举"。在五千年中华迈向现代社会的关键节点,"立人"之要在于培育公共精神、涵养公共文明。公共文明的程度,标注着现代社会的成熟程度。只有公共意识这一观念的水位越来越高,曾让先贤们横眉冷对的"国民性"才会向"现代性"不断进发,走向复兴的"中国梦"也才能重塑一个民族的精神高地。

——转载自人民网,2013年8月7日

案例2

"9.11"事件中的两件事

第一件,世贸大楼顶部被飞机撞击之后,烈焰奔腾,形势千钧一发。楼上的人们通过EXIT向下逃生的时候,并不特别慌乱。人往下走,消防队员往上冲。互相让道,并不冲突。有妇女、小孩、盲人到时,人们都自动地让出一条道来,让他们先走,甚至还给一条宠物小狗让道。一个民族的精神不强悍到一定的程度,断然做不出这种举动。面对死亡,冷静如斯,恐怕不是圣人也接近圣人了吧。

第二件事,"9.11"的第二天,世界就知道这是阿拉伯恐怖分子所为。很多阿拉伯商店、餐馆被愤怒的美国人砸了。一些阿拉伯商人也受到袭击。这个时刻,有相当一批美国人自发地组织起来,到阿拉伯人的商店、饭馆为他们站岗,到阿拉伯人居住区巡逻,阻止悲剧的进一步发生。这是一种怎样的精神啊。我们自古就有报复的传统。我住在成都,邓艾破成都后,庞德的儿子把关羽一家老幼全杀光了。血腥报复,斑斑点点,不绝于史籍。

——摘自《信念与道德》,刘亚洲

案例3

最美司机

2012年5月29日,杭州司机吴斌生命中的最后一个职业行为,震撼、感动了无数人。他驾驶的客车在途中遭到对向车道突然飞来的铁块的袭击,之后,他强忍疼痛让车缓缓减速,稳稳地停车,打起双闪灯,拉好手刹,最后解开安全带挣扎着站起来,打开车门,保全了车上24名乘客的安全。安全停车、疏散乘客,吴斌忍住剧痛,完成生命中最后一次履职。或许只是一个司机本来就应该要做的工作。但是看看现场送别的市民的沉痛表情,看看网络、微博等平台上网民们的深情告白,人们对吴斌的怀念和感动,就可知道,如此履职高于一切的精神又是多么弥足珍贵。对这样一个平凡英雄的赞美,其实也是对自己的鞭策,也是对这个社会道义的呼喊。千万个普通个体,如果都能在点点滴滴中干好自己的工作,履行好自己的职责,哪怕是最简单的不断重复的动作和规范,整个社会就能少一些意外,多一些正向的力量。

——转载自凤凰网,《最美司机》专栏

案例4

"一米线"内有公德

"嗨,我早上5点钟就去火车站排队买车票,却被几个加塞的人越过'一米线'抢了先,连上班都迟到了。"2月15日,宁夏银川市邮政储汇局的一名职工在她的办公室对记者埋怨说。火车站是这样。日前,一位在银川河东机场工作的机场员工告诉记者,机场候机大厅的值机柜台前,就设有"一米线",可有的乘客就是视而不见,扎着堆儿越过"一米线"抢着、嚷着办理乘机手续,生怕自己赶不上飞机。

记者在采访中了解到,"一米线"作为一种人文关怀,目前已在银川市的服务窗口,包括火车站(汽车站)、机场、医院、银行和大型商业网点等人口稠密的地方画出一道又一道,以提醒人们按序排队,买票购物。可在这些服务窗口,有的人根本不知道"一米线"的用意,随意加塞已排起的长队;有的干脆越过"一米线",直接将头伸进售票、购物、办手续的柜台窗口;有的则不听服务人员的劝阻和群众的指责,公然辱骂服务人员和按序排队群众。

——摘自重庆邮电大学思修精品课案例教学资源

案例 5

网络反腐典型案例

2008 年关键词:天价烟。南京市江宁区房产局原局长周久耕发表"将查处低于成本价卖房的开发商"的言论,引来人肉搜索。网友发现其开会时抽天价烟。周久耕被调查,移送司法机关,因受贿罪被判 11 年。

2009 年关键词:最牛团长夫人。公车私用旅游,手摸千年壁画,只因 19 岁讲解员出言制止,便连扇讲解员两个耳光。2009 年 10 月,网络曝光新疆生产建设兵团"最牛团长夫人"于富琴掌掴讲解员,新疆生产建设兵团农十二师 221 团党委常委、副团长陈伟及其妻 221 团医院党支部书记于富琴均遭免职。

2010 年关键词:性爱日记。广西来宾市烟草专卖局原局长韩峰的性爱日记被网友曝光,后被撤职并移交司法部门,一审以受贿罪判处其有期徒刑 13 年,并处没收个人财产人民币 10 万元。

2011 年关键词:微博开房。"房卡怎么给我?我不到前台拿。""宝贝,我上午一直在市长那汇报工作"……2011 年 6 月 20 日,"为了你5123"微博直播邀约开房。微博被大量转发,有记者证实微博中男主人公正是江苏省溧阳市卫生局局长谢志强。次日,谢志强被停职接受调查。

2012 年关键词:不雅视频,雷公。因网上曝出不雅视频,重庆市委研究决定,免去雷政富北碚区委书记职务,并对其立案调查。网友因其长相有特点,赐名雷公。

——转载自新华网

案例 6

刻章救妻

北京下岗男子廖丹,为救患上尿毒症的妻子,找人刻了医院的收费章,为妻子进行免费透析治疗,4 年间以此方式骗取医院治疗费 17 万余元。事发后,廖丹被检方以诈骗罪起诉,面临 3 至 10 年的刑责。"她病成这样,我总不能掐死她,哪怕有一点钱给她治病,我何必去刻假章?"在法庭上,被告人廖丹掩面而泣。

有感人肺腑的真情,有性命之危的焦虑,有铤而走险的无奈,有制度不足的暴露……这样一个集合诸多电影元素的故事,注定会引发关注。当众多媒体蜂拥而至的时候,故事的走向也就可以预期。好心人的捐款解决了他们金钱上的困顿,法院也在法律范围内从宽判决,有期徒刑3年,缓刑4年。

制度上也并非毫无进展,八月底,《关于开展城乡居民大病保险工作的指导意见》出台,大病患者发生的高额医疗费用,报销比例将不低于50%。

不过,"刻章救妻"所揭示的最大问题,还是社保制度地方各自为政、缝隙太大。在流动人口日益增多的当前,期待各种社保制度能够尽早"全国联网",公民可以任意漫游都能享受"服务"。

——转载自中国网,中国观察,2012年7月18日

案例7

一群荷兰商人的故事

16世纪末,一个名叫巴伦支的荷兰船长,为了避开激烈的海上贸易竞争,他带领17名船员出航,试图从荷兰往北开辟一条新的到亚洲的航行路线。他们到了三文雅,进入北极圈。

就在一天清晨,他们突然发现自己的船已航行在海面的浮冰里,想退已来不及了。最终,他们不得不把船停泊在岛屿旁边。迎接他们的是接踵而来的各种恶劣天气。北极圈是地球上最寒冷的区域之一,三文雅岛上常年覆盖着10至12英尺的雪,厚厚的积雪被零下40至50度的严寒冻结,变得像花岗岩一样坚硬。巴伦支船长和17名荷兰水手将必须在这种条件下度过漫长的8个月。为了御寒,他们拆掉了船上的甲板做燃料。食物就靠打猎来勉强维持生存。在这样极端恶劣的环境中,有8个人死去了。

但巴伦支船长他们却做了一件令人难以置信的事情:在死亡的威胁下,他们丝毫未动别人委托给他们的货物,而这些货物中就有可以挽救他们生命的衣物和药品。8个月后,幸存的巴伦支船长和9名荷兰水手终于把货物完好无损地带回荷兰,送到了委托人手中。

结果,巴伦支船长和船员们的诚信震动了欧洲,也为荷兰商人赢得了宝贵的信誉,海上运输业务随后源源不断的地涌入荷兰人手中,最终使荷兰成为当时的世界第一强国,外号"海上马车夫"。

——资料来源:百度文库

案例8

产科医生贩婴击穿的是制度和伦理底线

近日,陕西富平县曝出产科医生涉嫌拐卖婴儿,此事令人惊惧。基层医卫制度及传统人际伦理由此蒙上的阴影,短时间内恐难消除。唯有严查、法办,并以此契机建立广泛而周全的预警防范机制,方能修复被击穿的底线。

可怕之处在于,其一,据当地百姓说,"县上就这一个专科医院,不在这生孩子又去哪里呢?"而在保健院许多人看来,张淑侠是富平县妇产科"最权威的专家"。这样一位"专家"告诉家属,孩子感染了梅毒、乙肝,"不是正常人,不如趁早了结",甚至以"会传染病毒"为由不让父

亲靠近新生儿。同样,在2006年,她告诉一名新生儿的家属,"你的娃有病,生殖器有问题,治不好",从而诱使家属签字"自愿放弃孩子"。2007年,她让人放弃新生儿的理由则是"先天性心脏病"。

可怕之处之二,一个产科副主任居然能"只手遮天"。在专业的妇幼保健院内,对新生儿的诊断、处理,对家属的告知,包括最后说服家属签字,这一系列环节,基本由张淑侠一人就能完成——竟然没有其他医护人员的介入和监督。院领导,不知情;科主任,不知情;同事,不知情:"此前确实没发现蛛丝马迹。"

可怕之处尚有其三。媒体采访多个受害家庭,发现他们均与张淑侠有密切交集。最新的受害家庭中,新生儿的爷爷是张的同村小学同学,因此对她"比较信任"。产妇分娩当晚,张淑侠并不值班,是这位爷爷打电话叫她来医院的。2006年的两桩旧案中,一名婴儿的奶奶是张的同学,同窗4年;另一名产妇的邻居是张的妹妹,妹妹还专门给姐姐"打了招呼";2007年的一桩旧案,受害家庭也是托了张的"关系"才进保健院的。

在县域"熟人社会"中,这样的人际关系本是让人放心、感到安全的伦理纽带,然而张淑侠的行为彻底颠覆了这种温情,撕裂了人际间的基本信任。由此造成的恶劣影响,恐不亚于医卫制度失守。这固然是一起极端个案,但它击穿了制度和伦理两条底线的设防,因而其警示必须超越个案,开启一种更具普遍性的反省。

——摘自《中国青年报》,2013年8月

案例9

80元"小处方"医生

被群众亲切称为"小处方医生"的汉口医院副主任医师王争艳,是武汉市民"海选"出来的"百姓心目中的好医生"。作为一名社区医生,她心系患者。"不能让患者等一分钟。"虽然工作时间只半天,她通常到下午1时才能看完。最晚一次看到下午3时还没吃饭,患者看不过去了,给她送来了生煎包和牛奶,逼着她吃下。"她每次接诊都不会少于15分钟。"退休干部、患者鲍玉珍说,"每次接诊,无论问什么她都耐心回答。有次看完病,还想帮妹妹咨询病情,王争艳毫不推辞,同样细心地帮助分析。"王争艳对病人的耐心,源自她"让病人用最小的代价治好病"的行医理念。在基层行医26年,她所开处方平均不超过80元。有人抽查她2008年和2009年的处方,平均单张处方值55元,最小处方值只有2毛7分,是为一名胃炎患者开出的一支2毫升的胃复安。这是一种止吐药,在具有同样功效的药品中最便宜。王争艳服务的社区,多是收入水平不高的居民。这恰如她自己多年的生活境遇。多少年来,王争艳月收入2 300元,丈夫是铁路上一名车工,每月交完各种保险到手的只有600多元。一家3口至今"蜗居"在不到50平方米的小屋,儿子在直不起腰的小阁楼上长到了22岁。"在基层医院做一个全科医生虽然清苦,但能为各种病人解除痛苦,却很自豪。"

——转载自中国文明网,道德模范频道,2011年9月21日

案例 10

冬吴相对论之世上最难就业季

英语、法学、会计、计算机、国际贸易这些曾经的大学热门专业现如今都成为失业率最高的专业之一。很多人读硕士、博士不是因为热爱学习,而是因为害怕工作,所以现在很多企业不要博士,宁肯要本科、高职。就业市场为什么不能接受月薪6 000的博士,却能接受月薪6 000的月嫂,甚至最高的有1万多元,大学生就业难和企业用工荒同时并存说明我们大学生不愿意去从事所谓护理学的直接的服务性,认为低人一等,而愿意从事所谓生产性的服务行业,我们整个社会都在为虚荣买单。

未来5到10年内最有市场价值的专业是什么?其一,中国正在老龄化的必然趋势,并且在未来会越演越烈。如果你的工作是和老龄化有关的,其实会越走越宽。其二,随着产业升级,服务业尤其是现代服务业会带来越来越多的机会。不管从事什么服务业哪怕是生产型的服务业,也要建立起所谓的服务的心性。有服务精神的人,就是有福气的人。其三,要走窄门。你找一个冷门专业学一学,也许出来之后,你反而有一个更好的竞争壁垒优势。第四,不管你学什么专业,一定要有一些基础的知识。比如说历史的知识,文学的知识,以及沟通的能力,表达的能力。鲍威尔说:"人一定不要把自己和自己所在的这个位置绑得太紧,要不然有一天你不在那个位置上的时候,你将一钱不值。"选专业的时候,你也要有这种胸怀,不要把自己跟自己的专业绑得太紧,一旦那个专业不流行、不热门的时候,你可能在就业市场上就会很煎熬。

——摘自《冬吴相对论》,第363期

案例 11

汽车业界的苹果公司——特斯拉电动跑车

特斯拉推出的超级电动跑车,时速从0到100公里只需要4秒,传统的燃油汽车,能在8秒钟内提速到100公里已经很不错了。其实,美国人的买车成本和用车成本都比中国低,大部分的豪华车在美国卖4万美元左右,美国的停车成本更低,除了纽约等大城市,其他的中小城市都不收停车费。美国人仍然认为,有必要开发一款更好的电动车。特斯拉就是从2003年开始研发的。

现在,追捧特斯拉电动车的是一些热衷于环保,喜欢绿色、节能生活方式的人群。虽然这些人数量不算多,但这些人的话语权越来越大。实际上,强调环保的生活方式早已在欧美各国形成一股风潮。穿兽皮、吃鱼翅的人越来越少,甚至在美国大学宿舍中,如果用空调会被认为是很没品的事情。

特斯拉的创始人马丁看到了其中的商机,将特斯拉电动车定位为时尚、环保的奢侈品,销售对象指向高端人群。马丁把创业地址放到硅谷,这样有两个好处,一是容易找到互联网人才,二是天生具有互联网基因。

苹果最早认识到,做互联网产品不仅要有互联网化的思考方式,还得有高精尖的制造工艺配合,让产品具有时尚感。而谷歌带给业界的启示是:必须懂得如何把分布式的数据转化为产品模式,还得有开放的心态。马丁或许受到了苹果和谷歌的启发,特斯拉走的是奢侈品路线,车内看起来就像一个巨大的 PAD,中控台触摸式的键盘和用户体验让人惊叹。

特斯拉的创始人马丁从一开始就打算做一款完全不一样的跑车,功能强大、设计出众,还有互联网的智能系统。接着,马丁从设计到加工生产,整合了各种优质资源,做出了让人耳目一新的特斯拉。

——转载自环球网

案例 12

由鸟巢现象说"素质"

奥运之后,北京的鸟巢与水立方成了旅游的热门景区,在"十一"黄金周,报载最高的旅游人数一天达 50 多万,超过故宫与八达岭长城。然而,接着就爆出一条新闻,说一些不自觉的游人把"鸟巢变成了垃圾场",网上贴出的图片也显示,确有一些人在草地席地而坐,一些废弃的包装纸或塑料袋散落在青青的草地上,显得格外扎眼。这一照片勾起了许多人对国民素质的感叹:"国人的素质啥时候能提上去?"

对于"素质问题",过去不是这么提的。过去的说法叫"不自觉"——"你这人怎么不自觉?"今天,当人们说素质问题的时候,其实还隐含这层意思。因而,一旦出现素质问题,人们就把批评的焦点指向个人,指向每一个老百姓。这实在有失偏颇。

这幅照片,我在第一眼之后,心底就有疑问,鸟巢是怎样迎接 50 万人的?有足够的休息场所与设施吗?有足够的垃圾筒、卫生间以及导向标志吗?有足够的管理人员、保洁人员、服务人员吗?

素质问题,其从某种意义上说是管理问题、教育问题、服务问题。素质不但是一种道德取向,更是围绕有关管理、教育、服务的一种社会机制,是一种法制,然后才是一种习惯。

我也曾到过那种号称国民素质极高的国家,但我看到,在高素质的背后,是完善的社会服务与浏览设施,是尽善尽美的服务。你看到的一方面是永久的笑脸,一方面是严厉的管理制度。素质就是在这么个环境里,形成的一种自然而然的自觉行为。而我们见到的情况,往往是有缺陷的文明管理。有的有严厉的管理,却没有服务,有的有服务,却没有宣传教育。要把国人的素质提上去,看来还得从尊重国人开始。

——摘自《中学生阅读(高考版)》,陆士华,2009 年第 2 期

案例 13

用互联网基因改造传统产业

雷军从来没做过手机,为什么能推出小米手机,而像诺基亚这样的大公司却做不出同样的产品?根本原因在于诺基亚不具备互联网基因。小米用预售的方式解决了资金的难题,观念一变,很多难题就迎刃而解了。

再比如，有朋友想开电影院，大的影院成本很高，但如果只开小包间成本并不高，很多人看电影并不是为了欣赏影片，只是为了享受两个人在一起的感觉。这就是重新定义并发掘了新的需求。

对于一款车来说，不仅仅是一个代步工具，也是一种身份标志。过去，有钱人买豪车觉得有面子，现在有品位、追求绿色环保更受人尊敬。这时候，特斯拉应运而生。首先，它是一款绿色产品，且性能不亚于传统汽车，最高时速高达300公里，充一次电可以跑400公里。现在，这家公司开始扩建充电站，等到麦当劳餐厅都能充电时，将会何等方便。

特斯拉是一个很生动、鲜活的案例，在最传统的汽车行业中，优秀的设计、良好的用户体验及环保概念，加上互联网基因，这些因素共同促成了特斯拉的诞生，而且这种趋势将在所有的传统行业中出现。

——转载自新浪网

思想精华

把"德性"教给你们的孩子：使人幸福的是德性而非金钱。这是我的经验之谈。在患难中支持我的是道德，使我不曾自杀的，除了艺术以外也是道德。

——贝多芬

我们以前谁也不曾想到：在这个世界上还有比我们的伦理更完善、立身处事之道更为进步的民族存在。但事实上，我们却发现了中华民族，它竟使我们觉醒了。

——莱布尼茨

人的吸引有三个来源：心灵、智能和肉体。心灵吸引产生友谊，智能吸引产生尊重，肉体吸引产生情欲。这三种吸引的结合产生爱情。

——尤·留里科夫

爱情是一本永恒的书，有人只是信手拈来，浏览过几个片段。有人却流连忘返，为它洒下热泪斑斑。

——施企巴乔夫

真正的爱情世上只有一种，而模仿出来的爱情却有千种万种。

——拉罗什科夫

实际上，每一个阶级，甚至每个行业，都有各自的道德。

——恩格斯

道德教育的核心问题，是使每个人确立崇高的生活目的……人每日好似向着未来阔步前进，时时刻刻想着未来，关注着未来。由理解社会理想到形成个人崇高的生活目的，这是教育，首先是情感教育的一条漫长的道路。

——苏霍姆林斯基

谁遇到缺德事不立即感到厌恶,遇到美事不立即感到喜悦,谁就没有道德感,这样的人就没有良心。谁做了缺德事而只害怕被判刑,不由于自己行为不轨而责备自己,而是由于想到痛苦的后果才胆战心惊,这种人也没有良心,而只有良心的表面罢了。但是,谁能够意识到行为本身的缺德程度,而不考虑后果如何,却是有良心的。

——康德

道德常常能填补智慧的缺陷,而智慧却望远填补不了道德的缺陷。

——但丁

应该热心地致力于照道德行事,而不要空谈道德。

——德谟克利特

我们大家要学习他毫无自私自利之心的精神。从这点出发,就可以变为大有利于人民的人。一个人能力有大小,但只要有这点精神,就是一个高尚的人,一个纯粹的人,一个有道德的人,一个脱离了低级趣味的人,一个有益于人民的人。

——毛泽东

真理和美德是艺术的两个密友。你要当作家,当批评家吗?请首先做一个有道德的人。

——狄德罗

有两种东西,我们愈是时常愈加反复地思索,它们就愈是给人的心灵灌注了时时翻新,有加无已的赞叹和敬畏——头上的星空和心中的道德法则。

——康德墓碑铭文

最有道德的人,是那些有道德却不须由外表表现出来而仍感满足的人。

——柏拉图

知识欲的目的是真,道德欲的目的是善,美欲的目的是美。真善美,即人间理想。

——黑田鹏信

教师真正的教养性表现为:学生能从他身上看到一个引导他们攀登道德高峰的引路人,从他的话里听出他在号召他们成为忠于信念,对邪念不妥协的人。

——苏霍姆林斯基

没有任何东西比人类的爱更富有智慧、更复杂。它是花丛中最娇嫩的而又最质朴、最美丽和最平凡的花朵,这个花丛的名字叫道德。

——苏霍姆林斯基

辅助练习

一、单项选择题

1. 社会生活中最普遍、最基本的公众性生活是（　　）。
   A. 家庭生活　　　　　　　　B. 公共生活
   C. 职业生活　　　　　　　　D. 网络生活

2. 人们在社会交往和公共生活中应当遵守的最基本的道德规范是（　　）。
   A. 法律法规　　　　　　　　B. 职业道德
   C. 家庭美德　　　　　　　　D. 社会公德

3. 以为人民服务为核心、以集体主义为原则的社会主义道德建设在公共生活领域的体现是（　　）。
   A. 文明礼貌　　　　　　　　B. 助人为乐
   C. 爱护公物　　　　　　　　D. 遵纪守法

4. 公共生活中的道德规范，即社会公德，其主要内容包括文明礼貌、助人为乐、爱护公物、保护环境、遵纪守法。其中，社会公德最基本的要求是（　　）。
   A. 文明礼貌　　　　　　　　B. 助人为乐
   C. 爱护公物　　　　　　　　D. 遵纪守法

5. 社会公德是指在社会交往和公共生活中公民应该遵守的道德准则，它"涵盖了人与人、人与社会、人与自然之间的关系"。其中，在人与社会之间的关系上，社会公德主要表现在（　　）。
   A. 举止文明、尊重他人　　　B. 爱岗敬业、诚实守信
   C. 爱护公物、维护公共秩序　D. 热爱自然、保护环境

6. 职业道德是指从事一定职业的人在职业生活中应当遵守的具有职业特征的道德要求和行为准则。职业道德的最基本要求是（　　）。
   A. 爱岗敬业　　　　　　　　B. 诚实守信
   C. 奉献社会　　　　　　　　D. 办事公道

7. 社会公德、职业道德和家庭美德的状况，最终都是以每个社会成员的道德品质为基础的，因而，无论是社会公德、职业道德，还是家庭美德的建设，最终要落实到（　　）。
   A. 整个社会的道德水平的提高上　　B. 个人品德的提高上
   C. 公民文化素养的提高上　　　　　D. 社会物质生活水平的提高上

8. 道德修养是指个人在道德意识、道德行为方面,自觉地按照一定社会或阶级的道德要求所进行的自我审度、自我教育和自我完善的活动。道德修养的实质是(   )。
   A. 严格践行国家法律法规　　　　　　B. 在头脑中对不同道德观念进行选择
   C. 恪守国家和民族的道德要求　　　　D. 在头脑中对不同法律规定进行选择

9. 加强道德修养,对于个人品德的提升具有重大促进作用。加强道德修养的方式方法很多,但根本途径只有一个,那就是(   )。
   A. 学思并重　　　　　　　　　　　　B. 省察克治
   C. 慎独自律　　　　　　　　　　　　D. 积极参与社会实践

二、多项选择题

1. 在当代社会,有序的公共生活对经济社会健康发展的重要意义愈加突出。具体体现在(   )。
   A. 是促进社会和谐的重要条件　　　　B. 是社会生产活动的重要基础
   C. 是提高社会成员生活质量的基本保证　D. 是社会文明的重要标志

2. 当今社会,对社会公共秩序的维护除了道德和法律两种最基本的手段外,还有(   )。
   A. 民间风俗　　　　　　　　　　　　B. 社会礼仪
   C. 宗教教规　　　　　　　　　　　　D. 传统礼仪及戒律

3. 网络生活中的道德要求,是人们在网络生活中为了维护正常的网络公共秩序而需要共同遵守的基本道德准则,是社会公德规范在网络空间的运用和扩展。其基本要求包括(   )。
   A. 正确使用网络工具　　　　　　　　B. 健康进行网络交往
   C. 自觉避免沉迷网络　　　　　　　　D. 养成网络自律精神

4. 在信息技术迅猛发展,互联网已经成为人们全新的工作、学习和生活方式,成为重要的信息平台与交流工具的同时,我国依然出台了许多互联网管理的法律法规。原因在于(   )。
   A. 抑制互联网经济的快速发展　　　　B. 兴利除弊,促进我国互联网的健康发展
   C. 维护国家安全和社会公共利益　　　D. 保护个人、法人和其他组织的合法权益

5. 社会主义职业道德主要包括爱岗敬业、诚实守信、办事公道、服务群众、奉献社会。其中,体现了奉献社会要求的是(   )。
   A. 爱岗敬业　　　　　　　　　　　　B. 诚实守信
   C. 办事公道　　　　　　　　　　　　D. 服务群众

6. 择业是指个人根据自己的意愿和社会的需要,选择自己所从事的工作的过程。但是,在选择工作的过程中,要树立正确的择业观。正确的择业观包括(   )。
   A. 要以自己的需求为唯一出发点　　　B. 要树立崇高的职业理想
   C. 要服从社会发展的需要　　　　　　D. 要做好充分的择业准备

7. 下列选项与"在艰苦中锻炼是成才的必要条件"意义相一致的是(　　)。
   A."梅花香自苦寒来"
   B."不经历风雨怎能见彩虹"
   C."千淘万漉虽辛苦,吹尽狂沙始到金"
   D."人才是第一资源,人人都可成才,人才就在群众中"

8. 家庭美德是调节家庭内部成员以及与家庭生活密切相关的人际关系的行为规范。下列选项属于家庭美德调整范围的有(　　)
   A. 尊老爱幼　　　　　　　　B. 勤俭持家
   C. 邻里团结　　　　　　　　D. 男女平等

9. 68年来,吴孟超一直忘我工作,主刀完成14 000多台手术,耄耋之年仍坚持亲自上手术台;他把我国肝脏外科事业提高到世界领先水平,荣获了国家最高科学技术奖,被军委授予"模范医学专家"荣誉称号,国际有关组织将一颗小行星命名为"吴孟超星"。有人问吴孟超,你拿了那么多第一,拥有那么多头衔,获得那么多荣誉,你这一生值了。老人家回答说,是啊,就我的人生来讲,这些东西确实够多了。但是要说"值",它究竟值在哪里?我想最重要的是,它凝聚着祖国和人民的需要。作为一个知识分子,只有把个人的发展与祖国和人民的需要紧紧联系在一起,我们的知识价值、人生价值才会有很好的体现。吴孟超老人的先进事迹对我们的启示有(　　)。
   A. 自强不息是中华民族生生不息的力量源泉
   B. 爱国行为是爱主义精神的落脚点和归宿
   C. 一个人的价值只能体现在特定的历史条件下
   D. 一个人只有先爱岗敬业,才能做到奉献社会

10. 社会道德建设最终要落实到个人品德的养成和提高上,主要原因在于(　　)。
    A. 个人品德对道德和法律作用的发挥具有重要的推动作用
    B. 个人品德是经济社会发展过程中重要的主体精神力量
    C. 个人品德的稳定性可以促使整个社会道德水平的稳定发展
    D. 个人品德的提升能够为社会道德和法律的发展进步创造条件、提供动力

【参考答案】

一、单项选择题

1. B　2. D　3. B　4. D　5. C　6. A　7. B　8. B　9. D

二、多项选择题

1. ABCD　2. ABCD　3. ABCD　4. BCD　5. ABCD　6. BCD　7. ABC　8. ABCD　9. ABD
10. ABCD

实践活动方案

1. 实践活动设计：学生分成若干小组，以小组为单位调研"当代中国社会道德现状"情况，并提交调查报告或制作的视频。

2. 运用"道德之眼"和"法律之眼"看社会：结合所学相关道德、法律理论，发现生活中的不道德现象和违法现象，用照片记录下来，在实践课上与大家分享。

Chapter 6

尊法学法守法用法

学习目标

在当今中国,法治已成为党和政府治国理政的基本方式,在国家治理和社会管理中发挥重大作用。大学生不仅要学习法律知识,增强法律意识,还要树立法治理念,培养法治思维,维护法律权威,成为具有良好法律素质的社会主义事业建设者和接班人。

核心问题解析

一、社会主义法律的特征和运行

我国社会主义法律是党的主张和人民意志的共同体现,是维护人民利益和公民权利的有力武器,是国家机关、社会组织和全体公民的活动规则和行为准则。

1. 法律及其历史发展

(1)法律的含义。

法律是由国家制定或认可并以国家强制力保证实施的,反映由特定社会物质生活条件所决定的统治阶级意志的体现。

(2)法律的历史发展。

法律不是从来就有的,也不是永恒存在的。

①奴隶制法律——奴隶主阶级专政的国家意志的表现。

基本特征:具有明显的原始习惯残留痕迹;否认奴隶的法律人格;存在严格的等级划分;刑罚方式极其残酷。

②封建制法律——封建地主阶级意志的体现。

基本特征:确立农民对封建地主的人身依附关系;实行封建等级制度;维护专制皇权;刑罚严酷。

③资本主义法律——维护资产阶级的政治、经济和社会秩序。

基本特征:私有财产神圣不可侵犯;契约自由;法律面前人人平等;人权保障(注:以上均与资本主义社会相适应)。

④社会主义法律——最广大人民群众意志的集中体现,是实现人民当家作主、实行人民民主专政的重要保证。

2. 我国社会主义法律的本质特征

体现党的主张和人民意志的统一;具有科学性和先进性;是中国特色社会主义建设的重要保障。

3. 我国社会主义法律的运行

法律制定、法律执行、法律适用、法律遵守。

二、以宪法为核心的中国特色社会主义法律体系

1. 宪法是国家的根本法

宪法是党的指导思想、中心工作、基本原则、重大方针、重要政策在国家法制上的最高体现。

(1)我国宪法的形成和发展。

我国宪法同党和人民进行的艰苦奋斗和创造的辉煌成就紧密相连,同党和人民开辟的前进道路和积累的宝贵经验紧密相连。

(2)我国宪法的地位。

①我国宪法是国家的根本法,是治国安邦的总章程,是党和人民意志的集中体现。

②我国宪法是国家各项制度和法律法规的总依据。

③我国宪法规定了国家的根本制度。

(3)我国宪法的基本原则。

党的领导、人民主权、尊重和保障人权、社会主义法治、民主集中。

(4)我国宪法确立的制度

①国体和根本政治制度——国体:工人阶级领导的、以工农联盟为基础的人民民主专政的社会主义国家;根本政治制度:人民代表大会制度。

②基本政治制度——中国共产党领导的多党合作和政治协商制度、民族区域自治制度、基

层群众自治制度。

③基本经济制度——社会主义公有制为基础,多种所有制共同发展。

2. 我国的实体法律部门

我国的实体法律部门主要包括宪法相关法、民法商法、行政法、经济法、社会法、刑法。

3. 我国的程序法律部门

我国的程序法律部门主要包括诉讼法和非诉讼程序法。

三、建设中国特色社会主义法治体系

1. 建设中国特色社会主义法治体系的重大意义

①中国特色社会主义的本质要求和重要保障。
②推进国家治理体系和治理能力现代化的重要举措。
③全面依法治国的总抓手。

2. 建设中国特色社会主义法治体系的主要内容

完备的法律规范体系、高效的法治实施体系、严密的法治监督体系、有力的法治保障体系、完善的党内法规体系。

3. 全面依法治国的基本格局

科学立法、严格执法、公正司法、全民守法。

四、坚持走中国特色社会主义法治道路

1. 坚持中国共产党的领导

党的领导是中国特色社会主义最本质的特征,是社会主义法治最根本的保证。坚持党的领导,是社会主义法治的根本要求,是全面依法治国的题中应有之义。

2. 坚持人民主体地位

人民是依法治国的主体和力量源泉,坚持人民主体地位是依法治国的基本原则。

3. 坚持法律面前人人平等

平等是社会主义法律的基本属性,是社会主义法治的基本要求。坚持法律面前人人平等,要求公民不分民族、种族、性别、职业、家庭出身、宗教信仰、教育程度、财产状况、居住期限等,都应当平等享受公民权利、平等履行公民义务。坚持法律面前人人平等,要坚决反对特权思想和特权现象。

4. 坚持依法治国和以德治国相结合

(1)正确认识法治和德治的地位。

(2)正确认识法治和德治的作用。
(3)正确认识法治和德治的实现途径。
(4)推动法治和德治的相互促进。

5. 坚持从中国实际出发

建设法治中国,必须从我国实际出发,同完善和发展中国特色社会主义制度、推进国家治理体系和治理能力现代化相适应。坚持从实际出发,就是要突出法治道路的中国特色、实践特色、时代特色。

五、培养法治思维

1. 法治思维及其内涵

(1)法治思维的含义与特征。

含义:法治思维是指以法治价值和法治精神为导向,运用法律原则、法律规则、法律方法思考和处理问题的思维模式。

特征:法治思维是一种融法律的价值属性和工具理性于一体的特殊的高级法律意识。培养法治思维,必须抛弃人治思维。

(2)法治思维的基本内容。

法律至上、权力制约、公平正义、权利保障、正当程序。

2. 尊重和维护法律权威

(1)法律权威的含义。

法律权威是指法律在社会生活中的作用力、影响力和公信力,是法律应有的尊严和生命。

四个基本要素决定法律是否权威:法律在国家和社会治理体系中占主导地位和起决定作用;法律本身要科学;法律在实践中得到严格实施和遵循;法律反映人民共同意愿且为人民真诚信仰。

(2)尊重和维护法律权威的重要意义。

①社会主义法制观念的核心要求和建设社会主义法治国家的前提条件。

②对于推进国家治理体系和治理能力现代化、实现国家的长治久安极为重要。

③实现人民意志、维护人民利益、保障人民权利的基本途径。

④维护个人合法权益的根本保障。

(3)尊重和维护法律权威的基本要求。

遵守法律、服从法律、维护法律。

3. 怎样培养法治思维

学习法律知识、掌握法律方法、参与法律实践、养成守法习惯、守住法律底线。

六、依法行使权利与履行义务

1. 法律权利与法律义务

（1）法律权利的含义与特征。

含义：法律权利是指反映一定的社会物质生活条件所制约的行为自由，是法律所允许的权利人为了满足自己的利益而采取的、由其他人的法律义务所保证的法律手段。

特征：法律权利的内容、种类和实现程度受社会物质生活条件的制约；法律权利的内容、分配和实现方式因社会制度和国家法律的不同而存在差异；法律权利不仅由法律规定或认可，而且受法律维护或保障，具有不可侵犯性；法律权利必须依法行使，不能不择手段地行使法律权利。

（2）法律义务的含义与特征。

含义：法律义务是指反映一定的社会物质生活条件所制约的社会责任，是保障法律所规定的义务人应该按照权利人要求从事一定行为或不行为以满足权利人利益的法律。

特征：法律义务是历史的；法律义务源于现实需要；法律义务必须依法设定；法律义务可能发生变化。

（3）法律权利与法律义务的关系。

①法律权利和法律义务是相互依存的。

②法律权利和法律义务是目的和手段的关系。

③有些法律权利和法律义务具有复合性的关系。

2. 依法行使法律权利

（1）我国宪法法律规定的基本权利。

政治权利、人身权利、财产权利、社会经济权利、宗教信仰及文化权利等。

（2）行使法律权利的界限。

目的、限度、方式、程序。

3. 依法履行法律义务

（1）公民应履行的基本法律义务。

维护国家统一和民族团结；遵守宪法和法律；维护祖国安全、荣誉和利益；依法服兵役；依法纳税。

（2）违反义务应当承担的法律责任。

民事责任、行政责任、刑事责任。

案例共享

案例 1

复旦投毒案

2013年4月16日,上海,2010级硕士研究生黄洋同学经抢救无效死亡。黄洋的被害,令与他同专业的同学难以相信。黄洋是四川自贡人,家境贫寒,但个人非常努力,成绩也很优异。他是为了给母亲治病,才立志学医的。平时在班级里,他勤奋好学,多次获得学校奖学金。据了解,她母亲手术费都来自他的奖学金。在他喝到有毒水时,感觉到异样特意倒掉了原有的水并清洗了饮水机,以防同室其他同学喝到。这也引发了网友关于"误杀"的猜测。上海市二中院于10月30日立案受理复旦投毒案,林森浩涉嫌以投毒方式故意杀人,该案由上海市人民检察院第二分院提起公诉。

2010年,林某因成绩优异被中山大学推荐,免试进入上海复旦大学医学院攻读研究生,并在中山医院见习。

在此期间,林某依然保持不错的成绩,并在研究生学生会担任干部。在复旦的校外冠名奖学金名单中也有林某的名字。林某曾在自己的书中写下"我热爱医学,立志献身医学事业,为祖国医学发展与人类身心健康奋斗终生"这样的誓言。

"林看起来挺阳光的,也挺开朗的。"与林某一起组织过活动的段同学回忆,林某碰到熟人都会主动打招呼,对师兄师弟也比较客气。不少见过林某的校友,对其的描述仍大多是"阳光、热情"。

——资料来源:百度文库

【思考讨论】

从此案件中我们可以得出怎样的结论?

【案例分析】

大学生既要具备良好的思想道德素质,也应具备相应的法律素质,树立"以遵纪守法为荣,以违法乱纪为耻"的观念。学习和掌握法律知识,增强法律意识,提高运用法律的能力,是培养大学生法律素质的基本内容。

案例 2

落下病根无钱医治,见义勇为英雄三告被救少女

因勇救落水少女而被常州市政府授予"见义勇为先进分子"荣誉称号的邳州市人杨永,却因救人落下病根,成了一生都离不开治疗的"药罐子"。

为讨个说法，也为落实治疗费用，杨永不得不一而再、再而三地将被救女孩推上法庭。日前，杨永在接受《现代快报》记者采访时表示："如果可能，我希望一次了结此事。我不希望我救了这个孩子，又害了她。"

见义勇为落下病根

事情得从 1999 年 12 月 9 日说起。当天下午 3 时许，杨永卖完老姜，骑车经过常州兰陵木器厂附近时，看到河边围着一大群人，一个女孩正在河中挣扎。他顾不得多想，衣服也没脱就跳入河中。由于天冷，衣服厚重，再加上河边很滑，几经周折，杨永才把女孩托上岸。还没来得及喘口气，就听有人喊"书包还在河里"。"学生没了书包怎么行？"这么想着，杨永又一头扎进了水里，捞起书包。

等精疲力竭的杨永上岸时，女孩已被人送走。事后，杨永才得知，获救的女孩是常州物资学校的学生黄某，那天她是被一辆红色助力车撞入河中的。

围观的人很快散去，一身泥水的杨永站在风里直打哆嗦。等他推着车快跑到住处时，已成了个"冰人"，全身没了知觉，连人带车倒在地上。次日，杨永便发起高烧，起初他以为是感冒了，但连吃了几天的感冒药也未奏效。后来，他两腿关节和腰部开始酸痛，并蔓延到全身关节。他跑遍了常州各大医院，最后被诊断为痹症、关节炎等。

求助无门对簿公堂

在杨永四处求医的同时，女孩的家人也在电台播出了寻找救命恩人的启事。在老乡的介绍下，杨永和女孩的母亲见了面。黄母千恩万谢，并强留下礼物。他们还互留了地址，希望今后常来常往。

可杨永的病始终不见好转，反而更严重了，并被医院通知住院。原本每天骑车近百里，靠卖老姜为生的杨永，现在却因病只能待在家里，连生活都成了问题。杨永觉得，这个责任应当由肇事者负。他来到女孩家，希望他们帮忙找到肇事者。可黄母明确表示，杨永救了她女儿，她表示感谢，但他们已和肇事者达成了协议，不想再纠缠此事。杨永屡次上门后，黄母不耐烦了，不是避而不见，就是赶他走，双方关系急剧恶化。杨永的心凉了，他决定通过法律途径讨个说法。

法院判定女孩补偿

就在杨永求助碰壁的时候，他的义举却得到了肯定。2000 年 5 月 18 日，常州市人民政府授予杨永常州市"见义勇为先进分子"荣誉称号，并奖励其 5 000 元现金。

可这些奖金只是杯水车薪，杨永一家三口全靠妻子一人打工每月挣得三四百元钱维持生计。加上不断增加的医药费，全家生活陷入了困境。2000 年底，杨永无奈之下只好把他亲手救起的女孩推上了被告席。要求法院判令其赔付医疗费、误工费、精神损失费等共计 26 万余元。

2001 年 11 月 29 日下午，原常州市郊区人民法院公开审理了这起罕见的见义勇为者状告被救少女的人身损害赔偿案。这期间，原常州市郊区人民法院委托常州市中级人民法院对杨永的伤情进行了鉴定,并追加肇事者陈某作为被告参加诉讼。

法院经审理认定,杨永救人事实成立,且黄某和陈某分别是其行为的直接和间接受益人,因此两被告均应对杨永的损害进行赔偿。法院于2002年7月31日做出判决:黄某赔偿杨永医疗费、交通费、住宿费2 593.86元,陈某赔偿3 890.78元。杨永不服,提出了上诉,常州市中级人民法院维持了原判,并将"赔偿"更正为"补偿"。

官司今后年年得打

杨永的病被医学界称为"不死的癌症",需长期治疗,没有了收入来源的他很快又陷入了窘境。2004年底,杨永再次将黄某和陈某告上法庭,要求其赔偿2002年7月后所支出的医疗费、交通费等6 800余元。法院很快做出判决,要求两被告适当补偿。时隔一年,2005年底,杨永又不得不以相同的理由再次提起诉讼,要求继续赔偿。目前,法院已受理了此案。

杨永说:"我希望一次性做个了结,我这样接连打官司对这个女孩的精神一定会产生影响,我救了她,不希望又害了她。听说她考上了大学本科,我很为她高兴。可我也很无奈,我的病不能不治,我现在仍然是每天全身关节痛,天冷更是如此。"

杨永的代理律师刘为帅介绍,《江苏省奖励和保护见义勇为人员条例》中规定:见义勇为的行为受法律保护。对因见义勇为受到损害的人员,其所在单位、有关部门和司法机关应当采取相应的保护措施,帮助解决生活、医疗、就业、入学、优抚等实际问题。但就目前的实际情况而言,此规定不够具体,相关的责任部门也不明确,很难落实。杨永的情况又特殊,今后所需的治疗费用无法预计,因此只能通过年年起诉的方式,获得相应的补偿。

常州市见义勇为基金会一位姓张的工作人员也表示,考虑到杨永家里生活困难,同时为鼓励其见义勇为的行为,基金会已给予了最大的帮助,前后拿出了近2万元。至于其他的救助,一方面是基金会并没有此行政职能,另一方面相关部门对此也未有定论。

2006年1月18日上午,杨永再次把自己亲手救上岸的黄某和肇事者陈某告上法庭。他要求两被告补偿他的医药费3 142元、交通费1 338元、误工费1 188元,合计5 668元。江苏省常州市天宁区人民法院开庭,杨永和黄某的父母同时出庭,杨永出示了近年来自己看病的各种凭证,法庭没有当庭宣判。

这已经是杨永第三次把黄某告上法庭。此案在当地引起广泛关注。记者采访过程中,一些人表示了对心目中英雄的极度失望,甚至迁怒于风气不好、人心不古,但也有一些人忠告:不要对英雄求全责备,应该抱以平常心。

——摘自《落下病根无钱医治,见义勇为英雄三告被救少女》,新华网,2006年1月9日

【思考讨论】

1. 你是如何看待见义勇为中的法律与道德问题的?
2. 如何界定见义勇为的法律性质和特征?
3. 见义勇为如何获得"公正"的法律救济与帮助?法律和制度层面应如何关注和解决见义勇为的社会问题?

【案例分析】

本案例主要通过界定见义勇为的法律性质和特征,来探讨见义勇为中的法律与道德问题,以及见义勇为行为的受益人到底该不该承担行为人损失的赔偿责任。

扶贫帮困、见义勇为是中华民族的传统美德,对弘扬社会正气、推动人类的文明进步起着非常重要的作用。现实生活中,见义勇为者的正义行为和合法权益却得不到有效保护的现象时有发生,这不利于鼓励见义勇为的行为,甚至导致更多的见义不为、见危不为的现象。本案例中,尽管杨永的做法不值得提倡,但"见义勇为者流血,其家属流泪"现象在我国已屡屡发生。因此,杨永起诉后,全国大大小小的媒体都予以报道。

据统计,我国每年发生安全事故、治安案件数百万起,2003 年突破 250 万起,每年还以 10%的速度递增,需要鼓励全社会树立起见义勇为的良好风尚。见义勇为是在高尚的道德情操和高度的思想觉悟驱使下进行的,也是社会主义道德规范所提倡的。但是,见义勇为一般具有很高的人身危险性,现实中常发生因见义勇为而使行为人或其亲属遭受财产损失、见义勇为者受到人身伤害的情况,如何进行救济我国法律尚无明确规定。

近年出现的因见义勇为引起的索赔案件,在审判实践中,基于不同的认识,有不同的处理结果。本案中法院部分支持了原告的诉讼请求,充分弘扬了社会的主旋律,也是有其法律依据的。虽然目前我国现行法律对见义勇为无明确规定,但《中华人民共和国民法通则》(以下简称《民法通则》)及最高人民法院《关于贯彻执行〈中华人民共和国民法通则〉若干问题的意见》(以下简称《适用意见》)中的一些规定,可以作为处理此类案件的依据。首先,从法学理论上来说,见义勇为在我国民法中应属于无因管理的范畴。其次,《民法通则》第 93 条规定"没有法定或约定的义务,为避免他人利益受损失而进行管理和服务的,有权要求受益人偿付由此支付的必要费用",这是无因管理之债发生的法律依据。另外,《适用意见》第 142 条明确规定:为维护国家集体或他人的合法利益而使自己受到损害,在侵害人无力赔偿或无侵害人的情况下,如果受害人提出请求的,人民法院可以根据受益人受益的多少及其经济状况,责令受益人给予适当补偿。这些规定可作为法院对见义勇为索赔案件的处理依据。

案例 3

邮政局迟送准考证,考研泡汤赔偿案

因邮政局迟送准考证致使大学生延误考期而引发的一场官司,在河南省南阳市桐柏县人民法院一审结案。法院一审判决大学生陈健胜诉,被告桐柏县邮政局被判向原告陈健赔偿精神损失费 8 000 元,并承担本案诉讼费用。

原告陈健,男,23 岁,桐柏县人。1995 年陈健考入上海海运学院,后一直致力于考研,并于 1999 年 10 月报考了北京大学国际关系学系硕士学位研究生。由于寒假将至,报名后陈健要求北京大学将准考证寄往其籍贯河南省南阳市桐柏县毛集镇铁山村陈小庄组的家中。北京大学于 1999 年 12 月 30 日以挂号信的形式寄出准考证,桐柏县邮政局毛集邮政支局于 2000 年 1 月 2 日收到邮寄准考证的邮件,但一直到 2000 年 2 月 3 日才将邮件送达给陈健,而北京大学确定的考研日期是 2000 年 1 月 22 日、23 日、24 日,待陈健接到准考证之日考研日期已过 10 天,陈健的考研资格已被取消。由于 2000 年是全国研究生招生实行并轨前的最后一年,今后即使考取研究生也得付出高昂的学费,该事件对致力于考研而家境又十分贫寒的陈健造成了巨大的精神打击,致使陈健一度抑郁不语,茶饭不思,继而头发大面积脱落。后经陈健的父亲陈合中仔细查看,发现该信封上有两个邮戳,一个邮戳证明此信从北京发出的时间是 1999 年 12 月 30 日;另一个邮戳是桐柏县邮政局毛集支局加盖的,时间是 2000 年 1 月 2 日。也就是说,这封事关陈健命运的信在毛集支局被放了整整 1 个月零 1 天!

陈健多次到毛集支局交涉,支局只同意按《邮政法》的有关规定进行赔偿,其数额只有几十元钱。

2000 年 5 月 10 日,忍无可忍的陈健一纸诉状将桐柏县邮政局告到了桐柏县人民法院,要求该局赔偿精神损失费、备考误考费共计 3 万元。桐柏县法院当即受理了这起河南省首例大学生因考研准考证被迟延投递而引起的损害赔偿案。

在庭审过程中,原、被告对迟延投递的事实没有争议,法庭辩论的焦点在于邮政局对其过错应否承担民事责任。因为,如果适用《邮政法》,那么原告陈健得到的赔偿最多为几十元;而如果适用《民法通则》,原告的诉讼请求则可能得到支持。

对此,陈健的代理律师强调,本案应适用《民法通则》,因为《民法通则》是国家的基本法,它是由全国人民代表大会通过的,其效力高于全国人大常委会通过的《邮政法》。

而被告桐柏县邮政局认为,邮政局的过错应适用《邮政法》及邮电部门的有关规定。因为《民法通则》是普通法,《邮政法》是特别法,依照特别法优于普通法的原则,应适用特别法。

桐柏县人民法院经审理后认为,公民使用邮政通信的行为,是与邮局达成的一种实践性合同,公民足额支付邮资并将信函交给邮局,就与邮局之间产生了合同上的权利义务关系,邮局有义务在规定的时间内将函件送达信封上约定的收件人。本案中,由于被告桐柏县邮政局工作人员的极端不负责任,造成邮件延误,致使原告陈健不能参加考试,精神受到极大损害,由此给原告陈健造成的精神损失理应予以赔偿。

原告陈健对备考误考损失的请求,因未提供相应证据,不予支持。被告桐柏县邮政局辩解的赔偿标准不适用本案,因《邮政法》及其《实施细则》规定了"邮政企业对于邮件丢失、损毁、内件短少"三种情形的赔偿标准及补救措施,而未对收发人员不及时传递造成的后果予以明确规定,因此,本案应适用《民法通则》有关条款予以解决。据此,桐柏县人民法院依照《民法通则》第 111、第 121 条之规定做出了本文开头的判决。

——案例来源:《准考证迟送考研泡汤》,曾庆朝、红彦、文章,法制日报,2000年10月28日

【思考讨论】
1. 造成法律冲突的原因有哪些？当一般法与特殊法的规定不一致时,应如何适用法律？
2. 你如何看待本案的判决结果？

【案例分析】
本案争议的焦点是《民法通则》与《邮政法》效力的高低以及当两者发生矛盾时如何适用的问题。

依照《立法法》的规定,我国法的渊源有法律、行政法规、地方性的法规、自治条例和单行条例、国务院部门规章和地方政府规章等。全国人大及其常委会制定的法律规范性文件叫法律,国务院根据宪法和法律制定行政法规。《立法法》第79条还规定,法律的效力高于行政法规、地方性法规、规章。行政法规的效力高于地方性法规、规章。现在的问题是,《民法通则》是不是法律？《邮政法》是不是法律？《民法通则》属于法律毫无疑问,《邮政法》由第六届全国人民代表大会常务委员会第18次会议通过,自1987年1月1日起施行,当然也应当认定为法律。《邮政法》第34条规定,平常信件的损失邮政企业不负赔偿责任。第33条规定,对于挂号信件的丢失、损毁、内件短少的情形,按照国务院邮政主管部门规定的金额赔偿。

《邮政法》与《民法通则》是同一位阶的法,是特别法与普通法的关系。依照我国《立法法》第83条规定,同一机关制定的法律、行政法规,特别规定与一般规定不一致的,适用特别规定。当《民法通则》和《邮政法》规定不一致时,应当适用《邮政法》的规定。但是当《邮政法》没有规定时,应当适用《民法通则》的相关规定。因《邮政法》及其《实施细则》规定了"邮政企业对于邮件丢失、损毁、内件短少"三种情形的赔偿标准及补救措施,而未对收发人员不及时传递造成的后果予以明确,因此,本案适用《民法通则》是正确的。

案例4

孙志刚案

2003年3月17日,广州发生了一起大学生孙志刚因无暂住证被收容致死的案件。之后,国务院颁布了《城市生活无着的流浪乞讨人员救助管理办法》(以下简称《救助管理办法》),8月1日起施行。这起事件,涉及政府行为,意义深远。孙志刚案件揭示了我国行政权力在一定程度上的滥用以及对公民权利的侵害,反映了我国依法行政的水平,要求依法限制权力,保障人权。

孙志刚,男,27岁,湖北武汉人,2001年在武汉科技学院艺术设计专业结业。2003年2月24日受聘于广州达奇服装有限公司。3月17日晚10时许,孙外出上网,途遇天河区黄村街派出所民警检查身份证,因未带身份证,被作为"三无"人员带回派出所。孙的同学成先生闻讯

后赶到派出所并出示孙的身份证,但当事警官仍拒绝放孙。3月18日,孙被作为三无人员送往收容遣送站。当晚,孙因"身体不适"被转往广州市收容人员救护站。20日凌晨1时多,孙遭同病房的8名被收治人员两度轮番殴打,于当日上午10时20分死亡。救护站死亡证明书上称其死因是"心脏病"。4月18日,中山大学中山医学院法医鉴定中心出具尸检鉴定书,结果表明,孙死前72小时曾遭毒打。4月25日,《南方都市报》以《被收容者孙志刚之死》为题,首次披露了孙志刚惨死事件。次日,全国各大媒体纷纷转载此文,并开始追踪报道。6月5日上午,孙案开庭。6月9日孙案一审判决:主犯乔燕琴被判死刑,李海婴被判死缓,钟辽国被判无期。其他9名被告人也分别被判处3年至15年有期徒刑。同日,孙案涉及的民警、救治站负责人、医生及护士一共6人,以玩忽职守罪分别被判处2年至3年的有期徒刑。

孙志刚案件为中国社会在人权保障和执法观念上带来的变化持久而深远。

2003年8月7日,公安部副部长白景富在国务院新闻办召开的新闻发布会上指出,孙志刚案件的处理,是迅速的,是坚决的,也是非常严肃的。公安部部长周永康曾先后作了7次重要批示。该案件之后,取消了收容遣送制度,收容站变成了社会救助站。

2003年8月26日,公安部颁布了《公安机关办理行政案件程序规定》。11月12日,最高人民法院、最高人民检察院、公安部又联合发布通知,共同向全社会宣告:坚持依法办案,正确适用法律,有罪依法追究,无罪坚决放人。除了政法系统,我国行政机关也进一步明确了公民的权利。8月27日,十届全国人大常委会第四次会议表决通过了《行政许可法》,明确规定"公民、法人或者其他组织合法权益因行政机关违法实施行政许可受到损害的,有权依法要求赔偿"。从而制止行政部门滥用"国家"、"政府"的名义侵害公民权益。

2003年6月20日,国务院颁布了《城市生活无着的流浪乞讨人员救助管理办法》8月1日起施行。2003年7月21日,民政部颁布了《城市生活无着的流浪乞讨人员救助管理办法实施细则》8月1日起施行。自2004年5月1日起,施行《中华人民共和国道路交通安全法实施条例》。自2004年3月14日起,施行《中华人民共和国宪法修正案》。这一系列法律、法规的出台,深刻体现了中央人民政府"以人为本"思想的发展。

——案例来源:《孙志刚被故意伤害致死案》,法制网,2009年10月22日

【思考讨论】

1. "以人为本"的思想在政府行为中如何体现?
2. 如何评价国务院制定的《城市生活无着的流浪乞讨人员救助管理办法》?
3. 《城市流浪乞讨人员收容遣送办法》是否与我国宪法所确立的保障人权,有效限制政府权力的原则相悖?谈谈我国法律应该如何保障人权。

【案例分析】

孙志刚案件实质上反映了国家行政权力在一定程度上的滥用，是对公民个人迁徙流动权利的一种侵害。该案件具有鲜明的时代特色和较强的现实意义，揭示了当前社会改革发展过程中国家权力与公民权利的冲突。

自1982年5月国务院发布《收容遣送办法》到2003年废除，该办法已经实施了21年。当时实行收容遣送制度基于中国"城乡二元制"的社会结构，在当时具有社会福利和综合治理的性质，是"为了救济、教育和安置城市流浪乞讨人员，以维护城市社会秩序和安定团结"。当时的收容遣送对象限于："（一）家居农村流入城市乞讨的；（二）城市居民中流浪街头乞讨的；（三）其他露宿街头生活无着的。"但是，随着现代化和城市化进程的展开，迁徙自由的呼声日益高涨，户籍制度逐渐松动，收容遣送制度已经变得不合时宜，成为一定意义上强制人身、侵害公民权利甚至成为某些利益集团生财的手段，在实际执行中又扩展到城市里的民工和流浪人员，一些地方甚至将收容遣送制度作为加强城市刚性管理，驱赶外来民工的工具。这些社会弱势群体的人身自由极易受到侵犯，有损法治正义价值，与我国宪法"公民的人身自由不受侵犯"的规定相抵触。

今天，依法治国是我们治理国家的一项基本方略。改革越深入，社会越发展，依法行政的必要性越强，对收容和限制人身自由范围作不适当扩展的越权行为必须予以纠正。即使是出于社会治安综合治理的需要，也应该重新依法制定相关法规，做到依法行政。如果民工在城市中违背了有关法律法规，应当按《刑法》或《治安管理处罚法》的规定进行处理，而不应当用强制的方法将其送回户籍所在地。以行政手段为主导的收容遣送制度，在城市化发展的今天，其"治理功能"越来越弱，相反，却暴露出依附于这个制度上的权力容易被滥用的危险。暂住证和收容都涉及相当大的利益，其中的办证、罚款、放人的牟利特征相当明显。如果存在很大的利益诱惑，制度本身又没有很好的约束机制，必然导致某些警察滥用搜查权和非法限制人身自由的行为。《收容遣送办法》也违反了《立法法》的有关规定，应予改变或撤销。《立法法》规定，对公民政治权利的剥夺、限制人身自由的强制措施和处罚，只能由法律加以规定。只能由法律规定的事项而法律尚未制定的，全国人大及其常委会有权授权国务院对其中的部分事项先制定行政法规，但是有关犯罪和刑罚、对公民政治权利的剥夺、限制人身自由的强制措施和处罚、司法制度等事项除外。《收容遣送办法》作为1982年制定的行政法规，其中有关限制人身自由的内容，与《立法法》相抵触。《立法法》规定，法律的效力高于行政法规、地方性法规、规章。对于"超越权限的"和"下位法违反上位法规定的"法律、行政法规、地方性法规、自治条例和单行条例、规章，由有权机关依据《立法法》第88条规定的权限予以改变或者撤销。可见，《收容遣送办法》属于应予改变或者撤销的行政法规。新一届中央人民政府，顺应时代潮流,于2003年6月通过了《救助管理办法》,彻底废止了《收容遣送办法》。这充分体现了我国政府坚持以人为本,坚决依法行政,推进法治国家进程的决心。

案例5

<h2 style="text-align:center">史上最牛钉子户</h2>

2007年3月27日傍晚时分,重庆杨家坪鹤兴路17号的主人杨武来到顶楼的平台,这是他在"孤岛"上的第7天。在大约两个小时前,这个被称为"史上最牛钉子户"的户主出现在窗口,用他那标志性的动作——握紧拳头——大喊:"我要和市长对话!"随后,又拿起手机给知道联系方式的几个记者激动地打电话:我是重庆杨武,我要见(市委书记)汪洋!此时,重回平静的杨武向下望了一下四周的深坑,其凛然的神态,宛如城堡的主人在逡巡城堡周围的护城河。事实上,在整个3月末,来自全国和世界的上百家媒体和媒体背后的目光都在等待,看身处"孤岛"的杨武以及这个已陷入僵局的"最牛钉子户"事件,如何最终落脚到彼岸。

一个人的擂台

此前,自从3月21日突然从幕后"浮出水面"并戏剧性地孤身攀上"孤岛"以来,杨武一直安静地保卫着他的房子。用妻子兼"发言人"吴苹的话来讲,他是一个"坐得住的人"。上"孤岛"以后,他从未主动和家人联络。对杨武来说,高出大坑17米的这个"孤岛",不啻电影《霍元甲》中高高在上的武术擂台,只不过,这是他一个人的擂台,他不允许别人侵犯。3月21日下午,他对坡下欲上前阻拦他进屋的工地保安伸出拳头:"你敢上来,我就把你们打下去!"这是一次让人始料未及的"出拳"。如果将谈判视作一场拳王争霸赛,那么这个前"渝州拳王"在前11个回合都隐忍不发,最后一回合时,他出拳了,且一出就是重拳。根据三天前九龙坡区法院的裁定,杨武必须在22日以前自行搬迁,否则法院将予以强拆。

漫长的拉锯战

一方是可谓"戒急用忍"的国企开发商,一方则犹如为保巴国城池而殒命不恤的巴蔓子,一场漫长的拉锯战不可避免。拉锯战的张力已达到饱和,僵局起源于1993年。那一年,杨家木质结构的老房子年久失修,吴苹获准在原址重建起现在这栋小楼。然而,杨家的房子还未干透,鹤兴路就张贴出拆迁公告,宣布重庆南隆房地产开发有限公司(以下简称南隆公司)为拆迁开发商。从当时的照片看,杨家新翻修的房子在众多棚户房中格外醒目。但对于鹤兴路上那些长久住在困危房中的居民们来说,拆迁无疑是有吸引力的。任忠萍说,当时这就是一个危房改造项目,鹤兴路片区地处当地的商业核心地段,但80%左右的建筑系危房。

然而,由于资金原因,拆迁却一直没有动静,且一停就是11年。直到2004年,重庆南隆与重庆智润置业有限公司(下称重庆智润)签署联建协议,后来,重庆正升加入,成为该项目法人。动迁从此重新启动。该项目的拆迁补偿方案有现房安置和货币安置两种。吴苹选择了房子,一如11年前那样坚持。由于开发商一直不同意吴苹原地安置的条件,双方没有正式协商。"当时开发商本着先易后难的原则,把她先放了一下。"任忠萍说。"之后,通过一户户谈判做工作,其他拆迁户都接受了安置方案。"任忠萍说,到2006年9月份,整个鹤兴路上只剩下吴苹一家。

不是结局的结局

2007年4月,在已被挖了十米地基中间的孤岛上坚守了三年的重庆"钉子户"杨武,从开发商处获得约350万元的拆迁补偿费及价值30万元的安置房。"钉子户"是人们对《物权法》的一大关注热点,特别是它所引发的公共利益之争的话题至今还没有得出定论。

——案例来源:《史上"最牛钉子户"面临强拆》专题,网易新闻

【思考讨论】

1. 什么是物权法视野下的公共利益?
2. 你怎样看待"史上最牛钉子户"事件?

【案例分析】

本案涉及的法律规定主要有:《中华人民共和国宪法》第13条规定,"国家为了公共利益的需要,可以依照法律规定对公民的私有财产实行征收或者征用并给予补偿"。《物权法》的第42条规定,为了公共利益的需要,政府或开发商可以征收个人的房屋或其他物权,但必须依法给予拆迁补偿。征收单位、个人的房屋及其他不动产,应当依法给予拆迁补偿,维护被征收人的合法权益;征收个人住宅的,还应当保障被征收人的居住条件,以及《城市拆迁管理条例》等相关规定。

具体来看本案,首先要界定公共利益需要的征收范围,并给予合理补偿后进行征收,将使用权回收,再根据公共利益需要进行开发,建设符合公共利益的设施。至于非公共利益需要的区域,不能征收,只能由开发商根据市场规则及《民法通则》来进行。但本案中,首先,未能准确界定公共利益征收的范围,将商业开发的区域也划入征收范围,而不是根据市场规则来进行,就这样一并征收了,剥夺了被拆迁人的土地使用权;其次,没有给予合理的补偿,就先下达了拆迁命令,等于是先剥夺了人家的产权,把人家赶出家门,造成既成事实之后再补偿。这使得被拆迁人处于不利地位。

案例6

刑诉法大修

2012年3月14日,《刑事诉讼法修正案》获得人大通过。这部施行了16年的刑诉法,完成了第二次"大修",于2013年1月1日起施行。这次修改内容很多,其中:在严禁刑讯逼供的规定后,增加不得强迫任何人证实自己有罪的规定。同时规定,采用刑讯逼供等非法方法收集

的犯罪嫌疑人、被告人供述和采用暴力、威胁等非法方法收集的证人证言、被害人陈述,应当予以排除。违反法律规定收集物证、书证,可能严重影响司法公正的,应当予以补正或者做出合理解释;不能补正或者做出合理解释的,对该证据应当予以排除。(自证其罪)

【思考讨论】

为什么不能自证其罪?

【案例分析】

不被强迫自证其罪规则(privilege against self-incrimination)又被称为沉默权规则(the right to silence),指的是在刑事案件中,犯罪嫌疑人、被告人不能被强迫自己证明自己有罪,不能被迫成为反对自己的证人。从佘祥林案到赵作海案,冤案错案让人们对刑讯逼供深恶痛绝。为了从制度上防止、遏制刑讯逼供和其他非法收集证据的行为,刑事诉讼法修正案草案在原有"严禁刑讯逼供"的规定后,增加"不得强迫任何人证实自己有罪"的规定。

以佘祥林案为例,他曾在一份申诉材料中陈述:"当时我已被残忍体罚毒打了十天十夜,精神麻木,早已经处于昏睡状态,且全身伤痕累累,根本无法行走站立,我只有一个愿望就是希望能尽快地休息一会儿,只要能让我休息一下,无论他们提出什么要求,我都会毫不犹豫地顺应。"这种违背人的生理规律、强制犯罪嫌疑人自证其罪的做法,犯罪嫌疑人怎么能不招呢?

案例 7

"法无禁止即自由"与"法无授权不得为"

——凡是不禁止停车的地方公民都有停车权

原告:河南王城律师事务所、张水山

被告:洛阳市公安局交通警察支队四大队

事实与理由:原告王城律师事务所律师张水山诉称,2007年7月16日上午,张水山驾驶该所豫C32958轿车到老城区人民法院办案,把车停在了既不是人行道,也不是慢车道和快车道的空地上,并没有违反道路交通安全法律、法规的有关规定。但当张水山从法院出来时,发现汽车上夹着一张交警四大队的交通违法通知单,通知单上没有加盖单位公章,执勤民警的署名潦草看不清,且只有姓没有名,后原告到指定银行缴纳了罚款。原告认为,自己停车并没有违反道路交通安全法律、法规的有关规定,也不影响人行道上行人通行,对任何人均没有带来危害和不利,交警队的行为显属滥用职权、乱罚款,请求法院依法撤销处罚决定书,判令被告承担诉讼费用,维护原告的停车权利。为了维护原告及其他有车民众合法的停车权利,原告特依法向被告所在的老城区人民法院提起公益诉讼,希望通过此诉讼引起公众对有关问题的关注和讨论,借此督促有关部门完善停车管理制度。

老城法院以不方便审理为由让原告向洛阳市中级人民法院提起诉讼,河南省洛阳市中级人民法院(2007)洛行初字第158号行政裁定书做出裁定如下:一、起诉人张水山、河南王城律师事务所诉洛阳市公安交通警察支队四大队做出的410304-04055039号《公安交通管理简易程序处罚决定书》一案,本院予以受理。二、本案指令涧西区人民法院审理。2007年8月,涧西区人民法院接受洛阳市中院的指令审理了该起公益诉讼。

【思考讨论】
公民在不是规定停放点但也不是禁停点的地方停车是否属于违章停车?

【案例分析】
关于这个问题,可以从以下三个方面来理解:

(1)公民"法无禁止即自由"、政府"法无授权不得为"的法制理念,通过报纸、电视台等媒体的广泛宣传已深入人心,这将对老百姓依法维权和政府依法行政产生深远的影响。

(2)老城区、瀍河区、涧西区等区的交警部门都新划了大量的停车位,方便了车辆停放,节省了老百姓的时间,提高了老百姓的办事效率。

(3)交警同样应该树立司法为民的服务理念和服务意识,不应该为罚款而罚款,这样才能建立和谐社会。政府职能部门人员的一言一行,都会影响公民的一举一动,作为交警同志,一定要坚持依法办事,执法为民,不但要正确适用法律,更要便民、为民、亲民,坚持以人为本的理念,构建和谐执法的良好局面,坚决彻底的放弃罚款第一的执法目的,牢固树立"人民交警为人民"的服务理念和服务意识,在执法中规范自己的行为,才能有利于构建和谐的警民关系,构建和谐的新社会。

阅读链接

案例1

辛普森杀妻案

1994年6月12日深夜11点50分,在洛杉矶市西区邦迪街,一条名贵的纯种日本狼狗狂吠不已,爪子上沾满血迹。这使一对散步的美国夫妇心生疑惑,便尾随这条狼狗来到一座西班牙式高级公寓楼前,结果发现了两具鲜血淋漓的尸体。他们吓得魂不附体,立刻狂敲隔壁住家大门想借电话报警。但是,深更半夜的敲门声却把宅主吓得半死,以为来了劫匪,便立刻打911电话报警。洛杉矶市警署两位警官接警后火速赶到现场,发现是一宗恶性人命案,便呼叫重案处的刑警前来增援。

大批刑警赶到现场后,经初步调查,证实被害的白人女子35岁,名叫妮可,是黑人橄榄球明星辛普森的前妻;被害的白人男子25岁,名叫戈德曼,是附近一家意大利餐馆的侍者。两人皆因利刃割喉致死。妮克的脖子几乎被割断,咽喉和颈椎骨都裸露在外,刀口喷着鲜血;戈德曼身中30余刀,死于颈部静脉断裂和胸腹腔大出血。凶杀现场血腥弥漫,惨不忍睹。辛普森与妮可的两个孩子尚在二楼熟睡,没有目睹这可怕的场面。

案发后,洛杉矶警方出动了大批警力进行侦查,由此引发了本案一系列争议的问题。尽管辛普森案是所谓世纪大案,但是从这个凶杀案的刑事调查过程来看,洛杉矶市警方在侦破案件、搜集罪证、遵循正当程序等方面漏洞百出。根据已公开的刑事调查记录和涉案当事人的回忆,警方在办案过程中至少出现了三个重大失误,对这个谋杀案的结局产生了极大影响。

(1)忽视现场勘查常识,布歇局长应当派几位压根儿就没进入过第一现场的警官去通知辛普森,防止第一现场的血迹与后来被警方宣布为第二现场的辛普森住宅的血迹发生交叉沾染;但法医却姗姗来迟,在案发10小时后才到达现场,错过了准确地鉴定被害人死亡时间的最佳时机;不但没对尸体进行X光检查和采集妮克的右手指纹,而且对妮可死亡前是否受到性侵犯未作任何医学鉴定;可尸体裸露的肩膀上有七点血滴,从这些血滴的形状和滴落方向看,它们不可能是妮可本人滴落,妮可的尸体在解剖前已进行冲洗,这些血滴永远消失了。

(2)警方涉嫌非法搜查,没有搜查许可证进入民宅国宪法第四条修正案明文规定,人民的人身、住宅、文件和财产不受无理搜查和扣押的权利,不得侵犯;没有面临迫在眉睫危险和非紧急情况下,福尔曼警官独自一人迫不及待地在辛普森宅内继续搜查,某些人命关天的特殊情况下警官可以用电话或其他现代化通信手段与法官取得联系,法官了解现场情况后可以口头授权警察进行搜查。

(3)警官携带血样返回现场,得到辛普森的血样后瓦纳特警长并未将它立即送交一步之遥的警署刑事化验室,反而携带血样回到了32千米以外的凶杀案现场。

通过辛普森一案,人们会注意到,美国司法制度对程序公正和确凿证据的重视程度远远超过了寻求案情真相和把罪犯绳之以法。美国最高法院大法官道格拉斯(任期1939—1975)精辟地指出:"权利法案的绝大部分条款都与程序有关,这绝非毫无意义。正是程序决定了法治与随心所欲或反复无常的人治之间的大部分差异。坚定地遵守严格的法律程序,是我们赖以实现法律面前人人平等的主要保证。"

事实证明,在很多情况下,注重程序公正不一定总是导致公正的审判结果,有时抄家搜查、刑讯逼供反而有助于及时破案、伸张正义。但是,这种做法只是饮鸩止渴,虽然得益一时,但却助长官府和警察滥用权力和胡作非为,从根本上损害宪政法治的千秋大业。应当强调的是,美国司法制度和诉讼程序虽然存在很多缺陷,但是,人世间不存在完美无缺、值得人们奋斗终生的伟大制度,也不可能有那种不枉不纵、绝对公正的诉讼程序。人们只能是两害相权取其轻。美国最高法院大法官霍姆斯(任期1902—1932)认为:"罪犯逃脱法网与政府的卑鄙非法行为相比,罪孽要小得多。"

——摘自《美国宪政历程:影响美国的25个大案》,任东来、陈伟、白雪峰

案例2

王斌余案的启示

今年28岁的打工者王斌余,至今未婚,不过,他再也没有这个机会了。今年5月11日晚,这个来自甘肃省甘谷县盘安镇一个偏僻小山村的年轻人,激愤之下一连捅死4个人。

这本是一起简单的凶杀案件,王斌余也只是一个普通的罪犯,和其他凶杀案一样,等待他的将是法律的严惩。

然而,透过王斌余被贫富差距和社会不公所扭曲的心灵,这又不是一起简单的凶杀案件。它折射出,在王斌余的背后,许许多多的农民工,有着相似的困惑与挣扎。

只上过小学四年级的王斌余,没有什么文化与技能,为此他只能靠出卖苦力维生。在外出打工的八九年,他总是在屈辱中挣扎,最终也因无法承受屈辱而成了杀人犯。

"我杀了他们,是被他们逼的。"

那个夜晚王斌余并没有想杀人。

5月11日晚,因为没有要来工资,他和弟弟王斌银又被拒绝住到宿舍,他们便到外面找个住所。

就在这时,王斌余又遇到了白天没有给自己工资的吴某某,以及苏志刚、吴华等人。"我就是想问他们要点生活费。"

据警方事后调查,王斌余兄弟两人来到吴某某位于惠农区河滨工业园区的住处后,再次向吴某某索要工资,但吴某某没有开门,于是双方发生争执。之后,苏志刚、苏文才(苏志刚之父)、吴华、苏香兰(女)先后到来,也和王斌余兄弟争吵了起来。

提起那天的事,王斌余有点激动,"苏志刚说我告他的状,可我从来没有。苏文才还打了我弟弟一个耳光。我告诉他们,我们只是来要工钱,并不是来打架的,可是他们父子俩又来打我。"

也许正是苏文才打了王斌余弟弟一个耳光,让王斌余长期压抑在心中的愤怒爆发了,"为什么我们活着总是让人欺负?!"

王斌余的愤怒变成了疯狂。他掏出身上的一把折叠刀,将苏志刚、苏文才、吴华、苏香兰相继捅倒在地,又见吴某某之妻汤晓琴扶着被捅伤的苏志刚蹲在墙根处,王斌余持刀又将汤晓琴捅伤,后又看到吴某某,王斌余追了上去。

王斌余没有追上吴某某。此时已由疯狂重新回到理智的王斌余又回到事发现场,对4个

被害人再次进行捅刺,"他们这样欺压民工,却受不到法律的制裁,我就是要杀了他们。我杀了他们,并不是我想的,这是命运的安排吧。"对于自己的所为,王斌余没有后悔,"反正我也不想活了,我这样活着太累了!"

王斌余杀了人后没有逃跑,而是到惠农区公安分局自首,"我是被他们逼得没法活了。"

在王斌余一案的司法审判中,至关重要的是以事实为依据,以法律为准绳,正确履行司法职责,维护法律的权威。

对王斌余杀人案的司法审判引发社会各界关注和讨论。应当注意的是,王斌余杀人前的遭遇与他杀人的行为虽有一定的关联,但我们没有理由得出王斌余除了杀人别无选择的结论。更值得注意的是,许多议论把王斌余看作是全国上亿农民工处境的缩影,从改善所有农民工境遇的善良愿望出发谈论对王斌余如何定罪量刑,这显然隐含着情绪化的危险。以不适当的方式影响未决案件的司法裁判,是不可取的,也是与法治原则相悖的。

王斌余案件是一个惨痛的悲剧。王斌余在杀人犯罪之前,不是一个罪大恶极之人,犯杀人重罪有深刻而又复杂的原因,被王斌余杀死、杀伤的人也同样不是十恶不赦之徒,对公民的生命权,我们都应当给予足够的尊重和依法保护。我们有理由相信,公诉人和法官会掌握所有能够得到的人证物证,充分而全面地了解案情,让判决具有坚实的事实和法律基础,经得起历史的检验。

进城务工人员是工人阶级的新鲜血液和重要组成部分,是社会财富的创造者和共和国的建设者。各级党委和政府要把进城务工人员问题列入重要议事日程,完善相关的法律法规和政策措施,加大劳动执法检查力度,切实保障进城务工群体的合法权益。广大进城务工人员要努力做到自信、自立、自强、自律,争做学习的模范、创业的先锋、守法的公民、致富的骨干。全社会要尊重、理解、关心和帮助进城务工群体,努力形成平等友爱、团结互助的社会主义新型人际关系。

国家通过司法审判有效地捍卫社会公平和正义,必须建立在维护法律权威的基础之上。无论何种原因和形式的有法不依、执法不严,都是现代社会管理的大忌。落实依法治国的基本方略,不仅包括司法、行政机关在实践中逐步改进工作,也包括全体国民对于法律权威的尊重和维护。现在我们议论王斌余案件的审判,无疑应该有更高的觉悟来维护法律的权威,相信法律最终会给我们一个公正的答案。

——资料来源:百度文库

案例3

黄仲华诉刘三明债权人撤销权纠纷案

原告黄仲华在被告刘三明处工作中受伤,被告已为原告申请工伤认定,但原告和被告于工伤认定做出前自愿达成协议:原告自愿放弃工伤认定和伤残等级鉴定,被告赔偿原告6 927

元,双方签订协议后就此事项做一次性了断,原告保证今后不得以任何理由以此事项向被告提出任何经济赔偿。协议签订后,德阳市劳动和社会保障局做出工伤认定,德阳市劳动能力鉴定委员会鉴定原告为十级伤残。根据规定,黄仲华应获得的工伤保险待遇为:一次性补助金:7个月本人工资、一次性工伤医疗补助金和一次性伤残就业补助金(金额为10个月统筹地区上年度平均工资,5万元左右)。被告赔偿原告的金额显著低于工伤保险待遇。

原告向德阳市中级人民法院提起上诉。法院审理后认为:①上诉人在一审中起诉的是广汉市亿达胶合板加工厂,列明的案由为工伤事故损害赔偿纠纷,广汉市人民法院擅自将被告变更为刘三明,将案由变更为撤销权纠纷,严重侵犯上诉人的合法权益;②上诉人不知被上诉人刘三明提交了工伤认定申请,故广汉市人民法院认定"原告在广汉市亿达胶合板厂已向德阳市劳动和社会保障局提交了工伤认定申请的情况下,自愿放弃工伤认定和伤残等级鉴定"系认定事实错误;③上诉人十级伤残依法获得的各项赔偿应在5万元左右,签订的协议显失公平,且违反法律强制性规范,以合法形式掩盖非法目的,当属无效。

本案说明,用人单位与劳动者就工伤事故达成赔偿协议,但约定的赔偿金额明显低于劳动者应当享受的工伤保险待遇的,应当认定为显失公平。劳动者请求撤销该赔偿协议的,人民法院应予支持。

——摘自《中华人民共和国最高人民法院公报》,2013年第1期

案例4

从薄熙来案看我国反腐和司法公正

2013年8月22日,济南市中级人民法院一审公开开庭审理被告人薄熙来受贿、贪污、滥用职权案,薄熙来出庭受审。本案引发了国人的集体关注。案件在审理过程中首次引入了微博直播的方式,济南中院采用文字、图片相结合的方式,及时、充分、客观、准确地披露庭审重要信息。济南中院官方微博最初的粉丝仅为9万左右,庭审两天后已经超过45万,足以看出人们对此案的关注热情。

公开审理薄熙来案,微博直播庭审过程,一方面彰显了法治精神,实现了审判活动应有的程序正义与实体正义;另一方面,也体现了中央反腐败工作的力度与自信,在强大的证据事实面前,任何腐败分子都难逃法网。

公开审判薄熙来案彰显法治精神

《中华人民共和国宪法》第一百二十五条规定:"人民法院审理案件,除法律规定的特别情况外,一律公开进行。被告人有权获得辩护。"我国刑事诉讼法第十一条也规定:"人民法院审判案件,除本法另有规定的以外,一律公开进行。"由此可见,公开审判是法律的应有之义。相比于之前的秘密审判,公开审判是诉讼制度文明进步的表现,同时对于社会发展和司法进步有

着积极、深远的影响。

公审薄熙来案，一方面有利于保障庭审现场各方的利益。在社会监督下，有利于辩护人合法行使辩护权利，有利于被告人合法保障自身权益，同时也可以督促公诉方及审判人员正确行使公诉权和审判权。这样的审判是正义的，是经得起历史考验的。

另一方面，公审薄熙来案，是一节生动的法律课。人们在关注庭审过程中认识到了法律程序、法律规定等知识，极大地增强了民众的法律信仰，有利于法律知识的普及与推广。

公开审判薄熙来案彰显中央反腐自信

新一届党中央领导集体主政之后，我们看到了中央反腐的决心和力度。包括刘志军、刘铁男、雷政富等在内的一大批贪官纷纷落马。党中央提出的"让权力在阳光下运行""反腐要坚持老虎、苍蝇一起打"等观念极大地鼓舞了反腐士气，有效地震慑了腐败分子。

此次公开审理薄熙来案，并通过微博现场直播，充分体现了反腐的决心，也彰显了反腐的信心。

薄熙来曾位居高官，享有丰富的权力资源，但他没有把这种权力用到老百姓手里，而是当成满足私欲、滥用职权的工具，这是一只名副其实的"大老虎"。对待如此高官，党中央果断采取各种措施，冲破各种阻挠，用充分的证据和确凿的事实将其"收网"，这直接地告诉我们，不管多大的官，只要存在贪腐行为、危害人民，必然受到法律的严惩。

另外，对于薄熙来案这样的大案，能够采取公开审理、微博直播，充分彰显了党中央的反腐自信。对于反腐，我们采取了行之有效的侦查手段，我们搜集了各种无可辩驳的证据，我们有信心保障公正的司法审判，我们也有信心彻底打掉腐败分子。

公审薄熙来案，在司法史和反腐史上必然会留下重重一笔，它让我们看到了法治的希望与信心，也让我们看到反腐的决心与真实。"一切权力必须在阳光下运行"，这是反腐的强硬姿态，也是法治的必然要求。

——转载自法制网，2013年8月26日

案例5

医疗事故鉴定注重程序公正

对医疗事故的鉴定结果，是事故处理最直接同时也是最重要的依据。以往的办法关于鉴定的规定仅为5条，新《医疗事故处理条例》相关规定则多达12条，且多数条文里都有多达6、7项的详细规定。对比新、旧规定可以看出，新条例在鉴定主体和鉴定程序上有了较为详细的合理规定，其中很多体现了"程序公正"。

首先，新规定将鉴定主体由过去卫生行政部门设置的"医疗事故技术鉴定委员会"改为"医学会"。科学公正的医疗事故鉴定是处理医疗事故的关键，鉴定结论是判定是否为医疗事故及事故等级的依据。因此，负责鉴定的专家组织应当是中立的。现有78个专科分会、43万名会员的中华医学会成立于1915年，是我国医学界的最高学术团体。有关人士指出，由于医学会地位的相对独立性，由它来负责医疗事故鉴定，不仅可以克服以往医疗机构实质上的"自我鉴定弊端"，还可以发挥医学会会员众多、技术权威的优势，有助于提高事故鉴定的权威性和公正性。

其次，新规定对鉴定中可能涉及公正问题的程序做了明确规定。这些规定体现在：一是建立鉴定专家库，鉴定成员从专家库中随机抽取。条例还规定，专家库的成员不受地域限制，这就防止了纠纷双方利用熟人优势或者拉拢个别专家的可能性。二是规定鉴定委员会的组成人员应该是单数，实行合议制。这样能有效防止个别"权威专家"的一言堂，更具公平色彩。三是对原有《办法》的鉴定成员回避制度做了更完备的明确规定，增加了"与医疗事故争议当事人有其他关系，可能影响公正鉴定的"应当回避的规定。

患者及其家属有权要求复印病历

病历一直是医疗纠纷中的一个敏感话题。按照以往的惯例，医疗机构不向患者及其家属提供病历或者复印件，病历无一例外都被医疗机构保存。由于病历是记载病员患病情况和诊疗过程中所有详细事项的载体，如果发生医疗纠纷或者事故，病历就成了处理事故和纠纷最重要的直接证据。但是，医疗事故的受害人都是患者，当患者没有病历在手时，显然无法提供足够的可靠证据。

虽然最高人民法院最新的关于民事诉讼证据规则的司法解释为医疗纠纷中的患者免除了许多举证责任，但是，这毕竟不能从根本上解决问题。换句话说，如果医疗机构提供了伪造的病历，由于患者在病历的制作和保存过程中无权参与，因此对病历的真伪的判断束手无策。因此，即使实行举证责任倒置，医疗机构仍然可能利用单独掌管病历的机会，用篡改的病历赢得官司。

针对这些弊端，新条例一方面规定，患者有权复印或者复制其门诊病历、住院志、体温单、医嘱单、化验单（检验报告）、医学影像检查资料、特殊检查同意书、手术同意书、手术及麻醉记录单、病理资料、护理记录以及国务院卫生行政部门规定的其他病历资料。患者依照前款规定要求复印或者复制病历资料的，医疗机构应当提供复印或者复制服务并在复印或者复制的病历资料上加盖证明印记，复印或者复制病历资料时，应当有患者在场。

另一方面，条例还规定医疗机构应当按照国务院卫生行政部门规定的要求，书写并妥善保管病历资料。因抢救急危患者，未能及时书写病历的，有关医务人员应当在抢救结束后6小时内据实补记，并加以注明。严禁涂改、伪造、隐匿、销毁或者抢夺病历资料。此外，对于医疗机构没有正当理由，拒绝为患者提供复印或者复制病历资料服务以及未按照规定要求书写和妥善保管病历资料等情形,应当由卫生行政部门责令改正,情节严重的,对负有责任的主管人员和其他直接责任人员依法给予行政处分或者纪律处分。这些规定无疑为患者获得病历资料、保存医疗事故证据提供了重要的保障。

——http://china.findlaw.cn/,2011年4月20日

案例6

子告父刷爆9张信用卡　父怨子谁叫你不常回家

前不久,小张因为父亲刷爆其9张信用卡且不归还所欠款项,前来法院提起诉讼。案子开庭前,小张听取了诉前联调人民调解员的建议,决定先进行调解。小张在电话中颇为激动地说,父亲是在他出差期间,未经他同意而擅自使用信用卡,并先后将9张信用卡都刷爆,至今未归还所欠款项,故一气之下来到法院,对父亲提起诉讼。

得知上述情况,调解员在安抚小张情绪之后,告知他这样做不可取,理由有二:一是就算父亲擅自使用其信用卡,但毕竟是父亲;二是父亲年纪较大,且老人家大多好面子,若此案进入审判程序,担心父亲经受不住左邻右里的流言蜚语。挂下小张的电话,调解员立即与小张父亲取得联系,细心询问起事情的来龙去脉。原来,作为家中独子的小张自参加工作以来,由于业务上的原因,需要经常出差。父母与小张相处交流的时间日趋减少,父母抱怨儿子不回家,儿子怪父母不体谅,长此以往,双方相互埋怨的程度日趋加深。小张希望父母能多体谅其工作的艰辛,给予自己多一些的独处空间;父母则希望儿子能在工作之余,多抽时间常回家看看,让老两口享享天伦之乐。多次与儿子沟通未果之后,父亲便趁小张出差之际,采用刷爆其9张信用卡并拒不还款的方式来引起儿子的注意。调解员促使小张在被模拟出的情景中换位思考,以此来体会老年人晚年生活的寂寞及渴望子女关心的心情。还帮小张回想起童年时代,父母如何在工作之余兼顾家人,做到事业家庭两不误。

几经调解,小张撤销了对父亲的起诉,从法院取回了材料,父子俩冰释前嫌。"渐渐地,他开始经常回家看望我们,两父子之间的隔阂少了,感谢你在我们父子间搭建了一座沟通桥梁。"小张的父亲对回访调解员说。

专家说法:"在这个案例里,从法律层面而言,儿子可以告父母,父母其实也可以告儿子,因为儿子对其情感关怀、抚慰不够。"广东省心理学会心理咨询与治疗专委会副秘书长张小璃说,父母采取极端的方式来引起子女的关注,子女首先应该从道德伦理上反省自己。他认为,案例也影射了一些社会问题。我国计划生育政策实行至今已逾30年,当时响应计划生育政策号召的独生子女父母现在有的已经或者陆续地进入老年,第一代独生子女也大多已经就业并且即将或已经组建了新的家庭。伴随独生子女的成家立业,"四二一"家庭的大量出现,子女养老压力大,生活压力大,只能更多地从物质层面上关心父母。他建议,经常出差在外的年轻

人应该经常电话问候父母,或者与父母进行视频聊天。家中独子小张(化名)因工作太忙,长期不回家看望父母。父亲盛怒之下生出一计,悄悄刷爆了小张9张信用卡且拒不还款,以引起儿子关注逼其回家。小张也火了,将父亲告上了法庭。好在有人民调解员巧施妙招,父子俩终于冰释前嫌,"化干戈为玉帛"。

——摘自南方日报,2013年8月16日

案例7
经济性裁员程序违法败诉案

2005年3月12日,张某应聘某电器公司工作,双方概括性约定工作岗位为技术工程师,合同期为5年(从2005年3月12日起至2010年3月11日止)。合同签订后,张某立即到电器公司上班,工作兢兢业业,深得同事和领导赞许。2007年年底,由于受到同行业无序竞争的冲击,某电器公司海外订单减少,经营发生严重困难,公司高层虽已采取种种挽救措施,亏损却越来越大,某电器公司决定裁员。

2008年1月,某电器公司制定并颁布了《某电器公司裁员规定》。该《规定》要求各部门主管对本部门员工进行业务考核,以考核结果为参考按原有员工数的40%上报裁员名单。《规定》称,"在公司经营状况发生严重困难时,公司可以裁减人员,但应提前30日通知被裁员工,并按照有关法律规定发给相应的经济补偿金。"2008年3月,上述规定正式公布,各部门均裁掉了40%的员工,张某是本部门被裁员工中的一员。企业人事管理干部找张某谈话,解释裁员是迫于公司的经济状况,属于经济性裁员。他告知张某,30天后双方解除劳动关系,公司会按有关法律规定发放相应的经济补偿金。张某不服,认为某公司裁员程序不合法,未向相关部门申报,遂向当地劳动争议仲裁委员会提出仲裁申请,请求仲裁委员会裁决撤销某电器公司的解除劳动合同决定,继续履行与张某的劳动合同。

某劳动争议仲裁委员会经审查认为,某公司的裁员虽符合法律规定的经济性裁员的条件,但公司裁员时既没有提前向员工说明情况,也没有就裁员方案征求工会意见,更没有向当地劳动行政部门报告,这种不按照法律规定程序进行的裁员是无效的,该行为属于任意裁员,因此张某所在公司应当撤销其裁员决定,继续履行与张某的劳动合同。

这起劳动争议并不复杂,关键就在裁员程序的合法性。经济性裁员是用人单位克服经营困难的内在需要的通常做法,法律予以允许。张某服务的用人单位生产经营发生严重困难,符合法律规定的裁员实体条件,问题在于没有按法定程序裁员,因此败诉。

——资料来源:百度文库

思想精华

　　法律如果没有法院来阐说和界定其真正含义和实际操作就是一纸空文。

——汉密尔顿

　　在一个秩序良好的国家中,司法部门应得到人民的信任和支持。从这个意义出发,公信力的丧失就意味着司法权的丧失。

——马丁

　　法律的调整对象是行为,而所谓社会关系不过是人与人之间的行为互动或交互行为。没有人们之间的交互行为,就没有社会关系。法律通过影响人们的行为而实现对社会关系的调整。

——张文显

　　法律用惩罚、预防、特定救济和代替救济来保障各种利益,除此之外,人类的智慧还没有在司法行动上发现其他更多的可能性。

——罗庞德

　　法律的目的是创造一个稳定的、可以理解的行动结构,在这个结构中个人能够执行其计划并多少意识到可能产生的结果。

——斯蒂芬

　　明智的创智者也并不从制订良好的法律本身入手,而是事先要考察一下,他要为之而立法的那些人民是否适宜于那些法律。

——卢梭

　　法律,在它支配着地球上所有人民的场合,就是人类的理性。

——孟德斯鸠(法)《论法的精神》

　　法律只不过是我们意志的记录。

——卢梭(法)《社会契约论》

　　法律是人民意志的自由而庄严的表现。

——罗伯斯庇尔(法)《革命法制和审判》

　　所谓人的法律,是指生活的一种方策,使生命与国家皆得安全。

——斯宾诺莎(荷)《神学政治论》

　　大海和陆地服从宇宙,而人类生活是受最高法律的命令的管辖。

——西塞罗(古希腊)《法律篇》

法者,天下之仪也。所以决疑而明是非也,百姓所县命也。

——管子(战国)《管子·禁藏》

律者,所以定分止争也。

——管子(战国)《管子·七臣七主》

守一而制万物者,法也。

——鹖冠子(战国·楚)《鹖冠子·度一》

法令所以导民也,刑罚所以禁奸也。

——司马迁(汉)《史记·循吏列传》

法令者,所以抑暴扶弱,欲其难犯而易避也。

——班固(汉)《汉书·刑法志》

辅助练习

一、单项选择题

1. 就我国现行法律而论,"法律"一词有广义和狭义两种用法。广义的法律是指法律的政体。狭义的法律指的是(　　)。
   A. 国务院部门规章和地方政府规章等
   B. 全国人民代表大会及其常务委员会制定的法律
   C. 国务院制定的行政法规,中央军事委员会制定的军事法规
   D. 地方国家权力机关制定的地方性法规,民族自治地方的自治条例和单行条例

2. 柏拉图曾经说过,"在一个国家中,法律永远是由强者的权力制定的。"此话蕴含的核心意义是(　　)。
   A. 法律是由特定社会物质生活条件决定的
   B. 法律是调整社会关系的行为规范
   C. 法律是规定权利和义务的行为规范
   D. 法律是统治阶级意识的体现

3. 法律与道德规范、宗教规范、风俗习惯、社会礼仪等其他社会规范的本质区别在于(　　)。
   A. 法律是统治阶级意志的体现
   B. 法律是由特定社会物质生活条件所决定的

  C. 法律是由国家制定并保证实施的

  D. 法律的制定有利于维护社会稳定

4. "法律不但由国家制定或认可,而且由国家保证实施",这句话说明了法律具有(　　)。

  A. 国家强制性　　　　　　　　　B. 有阶级性

  C. 反映统治阶级意志的体现　　　D. 上层建筑的特点

5. 资本主义法律尽管强调形式上的平等和自由,但仍然属于剥削类型的法律的原因在于(　　)。

  A. 它反应的是统治阶级意志

  B. 它是由国家制定或认可的

  C. 它主要是依靠国家强制力保证实施的

  D. 它是建立在生产资料私有制的经济基础之上

6. 法律的作用是指法律对人的行为和社会关系所产生的影响。社会主义法律除确立和维护社会主义的政治制度、经济制度、社会秩序以及推动社会改革与进步外,还具有指引、预测、评价、强制、教育等重要作用。在法律的所有这些作用之中,最首要的作用是(　　)。

  A. 指引作用　　　　　　　　　　B. 教育作用

  C. 强制作用　　　　　　　　　　D. 教育作用

7. 法律的评价作用是指法律所具有的、能够评价人们行为的法律意义的作用。法律评价的标准是(　　)。

  A. 合理与不合理　　　　　　　　B. 合法与不合法

  C. 是否既合法又合理　　　　　　D. 是否符合道德要求

8. 法律强制作用主要表现为公民等法律主体必须实施某种行为或者不实施某种行为,以及公民等社会主体实施违法行为后应当受到的惩罚。由此可见,法律强制作用的最主要目的在于(　　)。

  A. 制裁违法犯罪行为　　　　　　B. 保障权利得以实现

  C. 保障义务得以履行　　　　　　D. 实现法律权利与法律义务

9. 国家对权利和义务,即社会利益和负担进行权威分配的法律运行环节是(　　)。

  A. 法律制定　　　　　　　　　　B. 法律遵守

  C. 法律执行　　　　　　　　　　D. 法律适用

10. 法律的运行是一个从创制、实施到实现的过程。在这个过程中,起始性、关键性环节是(　　)。

A. 法律制定 B. 法律遵守
C. 法律执行 D. 法律适用

11. 在法律运行过程中,法律实施和实现的基本途径是(　　)。
    A. 立法 B. 守法
    C. 执法 D. 司法

12. 在法律运行中,最大量、最经常的工作指的是(　　)。
    A. 立法 B. 守法
    C. 行政执法 D. 司法

13. 在法律适用过程中,代表国家行使法律监督权的是(　　)。
    A. 人民法院 B. 人民检察院
    C. 人民代表大会 D. 国务院

14. 一般来说,主权是指国家的最高权力。人民主权指的是(　　)。
    A. 人民所拥有的政治生活的权利和自由
    B. 人基于生存和发展所必需的自由、平等权
    C. 国家绝大多数人拥有国家的最高权力
    D. 国家最高权力归属于这个国家的所有公民

15. 我国宪法明确规定实行依法治国,建设社会主义法治国家。依法治国首先依照的是(　　)。
    A. 国家根本制度 B. 宪法
    C. 行政法规 D. 地方性法规

16. 人民当家作主是社会主义民主政治的本质和核心。人民当家作主的重要途径和最高实现形式是(　　)。
    A. 共产党领导的多党合作和政治协商制度
    B. 人民民主专政制度
    C. 基层群众自治制度
    D. 人民代表大会制度

17. 中国共产党领导的多党合作和政治协商制度是我国的一项基本政治制度,是中国特色社会主义政党制度。我国社会主义政党制度的基本特色是(　　)。
    A. 政治协商、民主监督、参政议政
    B. 共产党领导、多党派合作,共产党执政、多党派参政
    C. 长期共存、互相监督、肝胆相照、荣辱与共

D. 协调关系、汇聚力量、建言献策、服务大局

18. 民法是调整平等主体的公民之间、法人之间、公民和法人之间的财产关系和人身关系的法律规范。下列选项属于民法必须遵循的原则是(　　)。

    A. 职权法定、程序法定、公正公开、有效监督等

    B. 主体地位平等、意思自治、公平、诚实信用等

    C. 罪刑法定、法律面前人人平等、罪刑相适应等

    D. 公平和谐和国家适度干预

19. "重罪重罚、轻罪轻罚、无罪不罚、罪行相当、罚当其罪",这条决定刑罚轻重的主要依据,特指我国刑法的基本原则是(　　)。

    A. 罪刑法定　　　　　　　　B. 法律面前人人平等

    C. 罪刑相适应　　　　　　　D. 程序法定

20. 在我国的程序法律部门中,被称之为"民告官"的是(　　)。

    A. 刑事诉讼　　　　　　　　B. 民事诉讼

    C. 行政诉讼　　　　　　　　D. 仲裁和调节

21. 培根曾经说过,"一次不公正的审判,其恶果甚至超过十次犯罪。因为犯罪虽然是无视法律——好比污染了水流,而不公正的审判则毁坏法律——好比污染了水源。"此话的核心蕴意是(　　)。

    A. 全民守法是实施依法治国的基础

    B. 科学立法是实现社会公平正义的起点

    C. 严格执法是实现社会公平正义的关键

    D. 公正司法是维护社会公平正义的最后一道防线

二、多项选择题

1. 我国法学界将法律的概念定义为,法律是由国家制定或认可并依靠国家强制力保证实施的,反映由特定社会物质生活条件所决定的统治阶级意志,规定权利和义务,以确认、保护和发展有利于统治阶级的社会关系和社会秩序为目的的行为规范体系。这一定义所揭示的法律的特征是(　　)。

    A. 法律是调整一部分重要的社会关系的行为规范

    B. 法律是由国家创制并保证实施的行为规范

    C. 法律是唯一一种维护社会秩序的手段

    D. 法律是规定权利和义务的行为规范

2. 国家创制法律规范的方式主要有两种,一是制定,二是认可。其中,国家机关在法定的

职权范围内,依照法律程序制定法律的形式,除补充、修改规范性法律文件的活动外,还包括(　　)。

A. 制定规范性法律文件的活动

B. 赋予某些先前判例以法律效力的活动

C. 赋予某些既存社会规范以法律效力的活动

D. 废止规范性法律文件的活动

3. 法律的国家强制性主要表现在(　　)。

A. 国家对违法行为的否定和制裁　　B. 国家对合法行为的肯定和保护

C. 法律是统治阶级意志的体现　　D. 法律是所有社会成员都应遵守的行为准则

4. 下列选项中,关于"法律是统治阶级意志的体现"的理解正确的有(　　)。

A. 法律所体现的是统治阶级的整体意志

B. 法律是所有统治者个人意志的累加

C. 法律所体现的是统治阶级意志中上升为国家意志的那部分

D. 只有被统治阶级遵守法律,统治阶级可以不遵守法律

5. 法律是由国家制定或认可并以国家强制力保证实施的,反映由特定社会物质生活条件所决定的统治阶级意志的规范体系。由此说明(　　)。

A. 只有法律才是由国家创制并保证实施的社会规范

B. 中国特色社会主义法律是所有中国人民意志的体现

C. 国家强制力是保证法律实施的唯一力量

D. 生产力的发展水平决定了法律的完善程度

6. 我国社会主义法律的科学性和先进性主要体现在(　　)。

A. 我国社会主义法律是广大人民共同意志的体现

B. 坚持了以马克思主义的世界观、方法论为指导

C. 善于借鉴我国传统法和外国法的成功经验

D. 立法体制、立法程序和立法技术与时俱进

7. 2011年3月10日,在十一届全国人大四次会议上,人大常委会委员长吴邦国同志对外宣布,一个立足中国国情和实际、适应改革开放和社会主义现代化建设需要、集中体现党和人民意志的中国特色社会主义法律体系已经形成。随着经济社会的发展,法律体系要不断丰富、完善、创新。原因在于(　　)。

A. 由我国处于并将长期处于社会主义初级阶段的基本国情决定的

B. 生产方式是决定法律的本质、内容和发展方向的根本因素

C. 符合我国社会主义法律科学性、先进性的要求

D. 这是作为上层建筑的法律本身所具有的特性

8. 法律的作用是引导人们选择合法的行为,约束非法的行为。法律指引作用得以实现的形式有( )。

　　A. 社会性规范　　　　　　　　B. 授权性规范

　　C. 禁止性规范　　　　　　　　D. 义务性规范

9. 社会主义法律的规范作用根据其指向和侧重可以分为指引作用、预测作用、评价作用、强制作用和教育作用。除教育作用外,其他作用中具有教育意义的还有( )。

　　A. 指引作用　　　　　　　　　B. 预测作用

　　C. 强制作用　　　　　　　　　D. 评价作用

10. 我国社会主义法律的作用,除指引、预测、评价、教育作用外,还体现在( )。

　　A. 确立和维护社会主义的政治制度　　B. 确立和维护社会主义的经济制度

　　C. 确立和维护和谐稳定的社会秩序　　D. 推动社会改革与进步

11. 法律的运行是一个从创制、实施到实现的过程。这个过程包括( )。

　　A. 立法　　　　　　　　　　　B. 守法

　　C. 执法　　　　　　　　　　　D. 司法

12. 在我国社会主义法律的运行环节中,把法定的权利和义务转化为现实的权利和义务,把文本上的法律转化为现实中的法律的法律运行环节有( )。

　　A. 法律制定　　　　　　　　　B. 法律遵守

　　C. 法律执行　　　　　　　　　D. 法律适用

13. 守法意味着一切组织和个人严格依法办事的活动和状态。依法办事的含义有( )。

　　A. 依法行使权利　　　　　　　B. 依法承担并履行义务

　　C. 保障和实现人民民主权利　　D. 实现国家职能和法律价值

14. 法律遵守是指国家机关、社会组织和公民个人依照法律规定行使权力和权利,以及履行职责和义务的活动。在社会主义国家,守法的主体有( )。

　　A. 国家　　　　　　　　　　　B. 社会组织

　　C. 公民个人　　　　　　　　　D. 行政机关

15. 法律适用,又称司法,是指国家司法机关及其公职人员依照法定职权和程序适用法律处理案件的专门活动。其基本原则除要求公民在法律面前人人平等外,还包括( )。

A. 司法公正 B. 正确、合法、合理、及时
C. 司法机关依法独立行使职权 D. 以事实为依据,以法律为准绳

16. 宪法作为国家的根本大法,其地位主要体现在,宪法（　　）。
   A. 具有最高法律地位、法律权威、法律效力
   B. 具有根本性、全局性、稳定性、长期性
   C. 规定了公民的权利和义务
   D. 是治国安邦的总章程

17. 我国宪法明确规定了人民主权、人权保障、法治以及民主集中制等基本原则。下列宪法确认的内容中,体现了人民主权原则的是（　　）。
   A. 确认了我国人民民主专政的国体
   B. 确认了人民代表大会制度的政体
   C. 确认了以公有制为主体、多种所有制经济共同发展的基本经济制度
   D. 确认了广大人民依照法律规定,通过各种途径和形式,管理国家事务,管理经济和文化事业,管理社会事务的权利。

18. 我国宪法确立的基本政治制度主要有（　　）。
   A. 人民代表大会制度 B. 共产党领导的多党合作和政治协商制度
   C. 民族区域自治制度 D. 基层群众自治制度

19. 宪法作为我国的根本大法,具有最高法律地位、法律权威、法律效力。其最高法律效力主要体现在（　　）。
   A. 确立了人民主权这一基本原则
   B. 确立了我国的根本政治制度和基本政治制度
   C. 宪法是一切国家机关、社会团体和全体公民必须遵循的最高行为准则
   D. 是制定普通法的依据,任何普通法律、法规都不得与宪法的原则和精神相违背

20. 人民代表大会制度是我们党把马克思主义基本原理同中国具体实际相结合的伟大创造,是近代中国发展的必然选择,是中国共产党带领全国各族人民长期奋斗的重要成果,反映了全国各族人民的共同利益和共同愿望,在实践中显示出强大的生命力和巨大的优越性。其强大的生命力和巨大的优越性体现在（　　）。
   A. 它保障了人民当家作主,充分调动了人民群众的积极性、主动性、创造性
   B. 它能使广大人民在国家政治生活中直接行使民主权利
   C. 它保证了国家机关协调高效运转
   D. 有利于维护国家统一和民族团结

21. 中国采取的不是民族共和国的联邦制度,而是民族区域自治的制度。实践证明,这一制度( )。

   A. 有利于消除民族差别,实现民族融合

   B. 它可以保证少数民族当家作主,更好地管理本民族的内部事务

   C. 它可以促进少数民族地区尽快发展,促进全国各民族的共同繁荣昌盛

   D. 它可以促进民族团结,保证国家的统一,有利于加强边疆建设和巩固国防

22. 基层群众自治制度是中国特色社会主义政治制度之一。其优越性主要体现在( )。

   A. 有利于城乡基层群众依法直接行使民主权利,管理基层公共事务和公益事业

   B. 有利于城乡基层群众实行自我管理、自我服务、自我教育、自我监督

   C. 它是人民当家作主的最高实现形式

   D. 它是人民当家作主最有效、最广泛的途径

23. 根据法律规定内容的不同,可以将法律分为实体法和程序法。实体法是指规定具体权利义务内容或者法律保护的具体情况的法律。程序法是规定以保证权利和职权得以实现或行使,义务和责任得以履行的有关程序为主要内容的法律。下列选项属于程序法律部门的有( )。

   A. 民法商法　　　　　　　　B. 刑法

   C. 诉讼法　　　　　　　　　D. 非诉讼程序法

24. 中国特色社会主义法律体系的层次包括( )。

   A. 宪法　　　　　　　　　　B. 法律

   C. 行政法规、地方性法规　　D. 民法商法

25. 以下属于我国现存独立的法律部门的有( )。

   A. 宪法及宪法相关法　　　　B. 诉讼与非诉讼程序法

   C. 民法商法　　　　　　　　D. 合同法

26. 宪法相关法是与宪法相配套、直接保障宪法实施和国家政权运作,调整国家政治关系等方面的法律规范。以下属于宪法相关法规定的内容之一的是( )。

   A. 国家机构的产生、组织、职权和基本工作原则方面的法律

   B. 民族区域自治制度、特别行政区制度、基层群众自治制度方面的法律

   C. 维护国家主权、领土完整、国家安全、国家标准象征方面的法律

   D. 保障公民基本政治权利方面的法律

27. 我国民法调整的主要内容包括( )。

A. 财产关系　　　　　　　　B. 人身关系
C. 特殊群体权益　　　　　　D. 劳动关系

28. 诉讼法是规范国家司法机关解决社会纠纷的法律规范。我国程序法律部门中,被称为"三大诉讼"的是(　　)。

    A. 刑事诉讼　　　　　　　　B. 民事诉讼
    C. 行政诉讼　　　　　　　　D. 仲裁和调节

29. 仲裁是指纠纷当事人在自愿基础上达成协议,将纠纷提交非司法机构的第三者审理,由第三者做出对争议各方均有约束力的裁决的一种解决纠纷的制度和方式。我国制定了仲裁法,其基本原则有(　　)。

    A. 自愿　　　　　　　　　　B. 仲裁独立
    C. 一裁终局　　　　　　　　D. 罪行法定

30. 党的十八届四中全会提出和确立了建设中国特色社会主义法治体系、建设社会主义法治国家的总目标。提出建设中国特色社会主义法治体系的现实意义主要体现在建设中国特色社会主义法治体系(　　)。

    A. 是推进国家治理现代化的重要举措　B. 是法律体系形成的重要基础
    C. 是全面依法治国的基础工程　　　　D. 是凝聚思想共识的法治航标

31. 党的十八届四中全会提出了建设中国特色社会主义法治体系的总目标。建设中国特色社会主义法治体系的内容包括形成完备的法律规范体系、高效的法治实施体系和(　　)。

    A. 严密的法治监督体系　　　B. 完善的社会保障体系
    C. 有力的法治保障体系　　　D. 完善的党内法规体系

32. 形成完备的法律规范体系,是建设中国特色社会主义法治体系的内容之一。其基本要求有(　　)。

    A. 加快完善法律、行政法规、地方性法规体系,完善包括市民公约、乡规民约、行业规章、团体章程在内的社会规范体系
    B. 要畅通民意表达机制以及民意与立法的对接机制
    C. 要坚持依法治国与以德治国相结合
    D. 要保证法律规范的质量

33. 建设高效的法治实施体系,是建设中国特色社会主义法治体系的内容之一。其基本要求有(　　)。

    A. 要增强法律规范本身的可实施性
    B. 要完善法律实施体制以及法律设施

C. 要提高执法和司法人员的素质与能力

D. 要优化法律实施的环境因素

34. 建设有力的法治保障体系,是建设中国特色社会主义法治体系的内容之一。其基本要求有(　　)。

   A. 加强法制宣传教育,提高人们信仰法律程度

   B. 加强法律服务队伍建设,创新法治人才培养机制

   C. 深化行政执法体制改革,做到严格规范公正文明执法

   D. 改革司法管理体制,确保依法独立公正行使审判权检察权

35. 形成完善的党内法规体系,是建设中国特色社会主义法治体系的内容之一。其基本要求有(　　)。

   A. 坚持党规党纪严于国家法律

   B. 形成配套完备的党内法规制度体系

   C. 加快完善法律、行政法规、地方性法规体系建设

   D. 注重党内法规同国家法律的衔接和协调,提高党内法规执行力

36. 党的十八届四中全会所确定的全面依法治国的基本格局包括(　　)。

   A. 科学立法　　　　　　　B. 严格执法

   C. 公正司法　　　　　　　D. 全民守法

【参考答案】

一、单项选择题

1. B 2. D 3. C 4. A 5. D 6. A 7. B 8. D 9. A 10. A 11. B 12. C 13. B
14. C 15. B 16. D 17. B 18. B 19. C 20. C 21. D

二、多项选择题

1. ABD 2. AD 3. AB 4. AC 5. AD 6. ABCD 7. ABC 8. BCD 9. ABCD 10. ABCD
11. ABCD 12. BCD 13. AB 14. BCD 15. ACD 16. ABD 17. ABC 18. BCD
19. CD 20. ACD 21. BCD 22. ABD 23. CD 24. ABC 25. ABC 26. ABCD 27. AB
28. ABC 29. ABC 30. ACD 31. ACD 32. ABD 33. ABC 34. BCD 35. ABD
36. ABCD

实践活动方案

实践内容:开展法律知识竞赛

实践目的与要求:通过本活动,让学生自觉学习法律知识,提高对法律的认识。
实践步骤:
1. 任课教师布置学生自学法律知识。
2. 在班级中开展法律知识竞赛。
考核方法:任课教师根据学生参与情况给出实践教学环节的成绩。

参考文献

[1] 习近平.青年要自觉践行社会主义核心价值观[N].人民日报,2014-05-05(2).
[2] 习近平.共圆中华民族伟大复兴的中国梦[N].人民日报,2014-02-18(1).
[3] 江泽民.在庆祝清华大学建校九十周年大会上的讲话[N].人民日报,2001-04-29[2014-03-20].http://news.xinhuanet.com/ziliao/2001-12/02/content-497800.htm.
[4] 胡锦涛.在共青团十四届四中全会上的讲话[N].光明日报,2000-12-20[2015-05-20].http://www.people.com.cn/GB/shizheng/8198/28774/28793/1970556.htm.
[5] 胡锦涛.牢固树立社会主义荣辱观[J].求是,2006(9):1.
[6] 恩格斯.社会主义从空想到科学的发展[M]//马克思恩格斯选集:第3卷.北京:人民出版社,1995.
[7] 列宁.青年团的任务[M]//列宁选集:第4卷.北京:人民出版社,1995.
[8] 毛泽东.青年运动的方向[M]//毛泽东选集:第2卷.北京:人民出版社,1991.
[9] 邓小平.一靠理想二靠纪律才能团结起来[M]//邓小平文选:第3卷.北京:人民出版社,1993.
[10] 刘宏伟,廉清.思想道德修养教学案例[M].北京:中国人民大学出版社,2004.
[11] 戴艳军,杨慧民."思想道德修养"课教学案例解析[M].北京:高等教育出版社,2004.
[12] 本书编写组.〈公民道德建设实施纲要〉学习读本[M].北京:人民出版社,2001.
[13] 胡锦涛.在纪念中国人民抗日战争暨世界反法西斯战争胜利六十周年大会上的讲话[J].求是,2005(18):3-11.
[14] 罗国杰.为人民服务:社会主义道德建设的核心[J].党建,2002(2):18-19.
[15] 毛泽东.为人民服务[M]//毛泽东选集:第3卷.北京:人民出版社,1991.
[16] 周恩来.我的修养要则[M]//周恩来选集:上卷.北京:人民出版社,1980.
[17] 江泽民.在庆祝中国共产党成立80周年大会上的讲话[M]//论"三个代表".北京:人民出版社,2001.
[18] 中共中央关于加强社会主义精神文明建设若干重要问题的决议[M].北京:中央文献出版社,2002.
[19] 檀传宝.网络环境与青少年德育[M].福州:福建教育出版社,2005.
[20] 乔刚,张乐敏,吴玮,等.大学生职业生涯规划与管理[M].上海:复旦大学出版社,2008.
[21] 钟谷兰,杨开.大学生职业生涯发展与规划[M].上海:华东师范大学出版社,2008.
[22] 邓小平.民主和法制两手都不能削弱[M]//邓小平文选:第2卷.北京:人民出版社,

1994.

[23] 恩格斯.家庭、私有制和国家的起源[M]//马克思恩格斯选集:第4卷.北京:人民出版社,1995.

[24] 中共中央关于加强党的执政能力建设的决定(2004年9月19日中国共产党第十六届中央委员会第四次全体会议通过)[M].北京:人民出版社,2004.

[25] 胡锦涛.在首都各界纪念中华人民共和国宪法公布施行二十周年大会上的讲话[M]//十六大以来重要文献选编:上.北京:中央文献出版社,2005.

[26] 胡锦涛.在首都各界纪念全国人民代表大会成立五十周年大会上的讲话[M]//十六大以来重要文献选编:中.北京:中央文献出版社,2006.

[27] 本书编写组.社会主义荣辱观教育读本[M].北京:人民出版社,2006.

[28] 全国人大.中华人民共和国治安管理处罚法[M].北京:法律出版社,2012.

[29] 全国人大.中华人民共和国集会游行示威法[M].北京:法律出版社,2014.

[30] 全国人大法工委.中华人民共和国环境保护法[M].北京:中国法制出版社,2014.

[31] 国务院法制办公室.中华人民共和国道路交通安全法[M].北京:中国法制出版社,2011.

[32] 全国人大.全国人民代表大会常务委员会关于维护互联网安全的决定[M].北京:中国法制出版社,2000.

[33] 国务院法制办公室.中华人民共和国宪法[M].北京:中国法制出版社,2010.

[34] 国务院法制办公室.中华人民共和国民法通则[M].北京:中国法制出版社,2009.

[35] 国务院法制办公室.中华人民共和国刑法[M].北京:中国法制出版社,2011.